国家社科基金重大项目"构建全民共建共享的社会矛盾纠纷多元化解机制研究"（15ZDC029）阶段性成果

中国调解研究文丛（实务系列）

总主编　廖永安

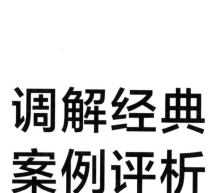

调解经典
案例评析

主　编◉廖永安　覃斌武

副主编◉段　明

中国人民大学出版社

·北京·

总　序

美国法理学者富勒曾言："法治的目的之一在于以和平而非暴力的方式来解决争端"。在所有第三方纠纷解决机制中，调解无疑是合意最多、强制最少的和平方式。从古代儒家的"无讼"理念，到抗日民主政权时期的"马锡五"审判模式，再到新时代的"枫桥经验"，调解凝聚为中华民族独特的法律文化意识，不仅是外显于中华社会的治理模式，而且是内嵌于淳朴人心的处事习惯与生活方式；不仅是人们定分止争的理想选择、思维习惯，而且是为人称颂的息事宁人、和睦相处的传统美德。更为弥足珍贵的是，源自于东方的调解文化，在发展和传播的过程中，其理念和价值早已为域外文明所接受，成为西方话语主导下的现代司法体系中一个难得的东方元素和中国印记。

然而，在我国现代化转型的过程中，调解制度仍主要是遵循由政府主导的自上而下式发展进路，要么在法治现代化改革中被边缘化，要么在维护社会稳定大局中被急功近利地运动化推进，导致各种调解制度处于不确定、不规范的运作状态。与之相伴随的是，法律人对调解的研究也大多埋首于优势、意义等"形而上"的宏大叙事问题，对调解现代化面临的困境与对策则缺乏深入分析，就像一只"无脚的鸟"，始终没有落到可以栖息、生长的实地，调解研究呈现浮躁、幼稚的状态。在现实的调解实战中，调解队伍庞大但素质参差不齐、调解基准多样但缺乏法律支撑、调解程序灵活但少有必要规范、调解方法多元但囿于直接经验等，这些都成为制约调解实践进一步发展的瓶颈。由此观之，我国调解在现代化转型中仍滞留在经验层面，缺乏理论化、系统化、规模化、现代化的升华，以致有些人视其为"与现代法治精神相悖"的历史遗留，对中华民族自身的调解传统、制度和实践缺乏足够的道路自信、理论自信、制度自信和文化自信。

　　放眼域外，西方法治发达国家为克服对抗式诉讼代价昂贵等固有弊端，自 20 世纪 70 年代末以来，提倡推行以调解为核心的非诉纠纷解决机制，形成了接近正义运动的"第三次浪潮"。目前，在不少西方发达国家，调解的学科化或科学化发展趋势十分明显。社会学、心理学、经济学等研究成果在调解领域的广泛应用，不仅大大提升了调解的科学化水平，还使调解成为一门新兴的综合学科。体系化、标准化的调解课程不仅是调解员培训必修的课程，而且成了法学院的常规课程。调解学科的兴起，还催生了一个行业。在一些国家，调解已经成为人们可以终身从事的一种职业。

　　因此，在调解的现代化转型上，不得不承认在不少方面我们已经落后了。这引起了我们的忧思。我们的文化传统在异域他乡能呈现出科学化、体系化、职业化与商业化的欣欣向荣景象，实用主义的引导与作用，或许可以成为答案之一，但从技术层面而言，精细化的研究始终是一个不可逾越的基础。如果我们再不警醒，再不转变调解的研究方式，再不提升调解的精细化研究水平，长此以往，调解话语权的流失将成为必然。因此，调解的实践者和研究者需要有持之以恒的毅力去推动中国调解制度的发展，基于这样的使命感，我们策划出版了《新时代调解研究文丛》，力图在以下方面有所裨益。

　　其一，促进调解制度改革，提升社会治理水平。党的十九大报告提出，要打造全民共建共治共享的社会治理格局，强调加强预防和化解社会矛盾机制建设，正确处理人民内部矛盾。毋庸置疑，调解在我国社会矛盾化解中起着举足轻重的作用。而政策性因素对调解的长久发展而言，更像是一个"药引子"，真正让调解养成"健康体魄"的还是制度性因素。我国现行的调解制度主要包括人民调解、法院调解、行政调解、仲裁调解、商事调解、行业调解等。丛书将充分回应如何夯实人民调解制度、规范行政调解制度、改革法院调解制度、发展商事调解等新型调解制度等关键问题，并注重各种制度之间的对接、协调与平衡，探寻科学的制度创新与改革路径，以此建立起一套科学高效的社会矛盾化解机制，提升我国的社会治理水平。

　　其二，创新调解研究范式，构建调解的"中国话语体系"。调解研究范式不论是彻头彻尾的洋腔洋调，还是墨守成规的自说自话，抑或是一孔之见的片面窥探，都无法铿锵有力并落地生根。我们只有立足本土资源，把握国际调解新动向，并展开跨学科研究，才有可能使调解的中国话语掷地有声。丛书就其实证性而言，它客观、可信，考证严密；就其国际性而言，它深刻、独到，视野宽阔；就其跨学科性而言，它多元、缜密，交叉融合，希冀为构建调解的"中国话语体系"指明基本方向。

其三，建立调解教材体系，增强调解人才培养能力。开发一套科学、系统、规范、实用的调解教材，为调解人才培养提供强有力的理论指导和体系化的培训支撑，具有重要的现实意义。丛书力图填补国内系统化调解教材的空白，改进当前少量既有教材存在的理论性不全、实践性不强、操作性不便等不足，希望抓住调解员这一核心要素，从调解经验总结、调解经典案例评析、社会心理学在调解中的应用、中国调解文化解读、调解策略梳理等多维度构筑我国调解教材体系，进而提升我国调解人才的培养能力。

文丛的开发得到了最高人民法院和司法部的鼎力支持，并分为两个子系列：一个是调解理论系列，由最高人民法院李少平副院长担任顾问，其编写主要依托最高人民法院与湘潭大学共建的多元化纠纷解决机制研究基地；另一个是调解实务系列，由司法部刘振宇副部长担任顾问，其编写主要依托司法部与湘潭大学共建的调解理论研究与人才培训基地。此外，文丛的编写与出版还获得了中国民事诉讼法学研究会ADR理论研究专业委员会、中国仲裁法学研究会调解与谈判专业委员会、调解研究领域的知名学者、调解实务界权威专家以及中国人民大学出版社的大力支持。我们期望并相信，丛书的面世将为构筑我国科学的调解员培养培训体系提供理论指导，为全面发挥调解在促进社会矛盾化解、社会治理创新中的作用提供智力支持，为构建适应我国现代化进程和独具中国特色的调解话语体系作出贡献。

是为序。

谢　勇　廖永安
2019年2月

前　言

调解是中国特色社会主义法治体系的重要组成部分，在国家治理体系和治理能力现代化建设中居于重要位置。随着我国社会转型进入关键期，各类矛盾纠纷日益复杂化、人民群众利益诉求日益多样化、纠纷解决需求日益多元化。面对这些新情况、新问题，我们需要及时总结我国调解制度运行的成效和经验、问题与不足，不断提高解决纠纷的能力和水平。站在新的历史起点上，习近平总书记指出，要坚持把非诉讼纠纷解决机制挺在前面。这是适应新时代我国社会主要矛盾变化、推动社会治理创新的重要论断，赋予调解新的时代价值，对健全多元化纠纷解决体系、促进国家治理体系和治理能力现代化具有重要意义。

现代调解所要追求的就是多元利益视域下的综合正义。"综合正义"的概念打破了传统的诉讼（裁判）中心主义的纠纷解决观，强调以调解为主要方式的 ADR 与诉讼的相互协作支撑社会正义的实现。长期以来，我们的传统法学教育和法学研究都是围绕"权利—诉讼"话语而展开的，调解作为诉讼的参照物，一直被置于边缘地位。这种认知模式遮蔽了调解的本来面目和应有价值。因此，深入认识调解的法理和价值，是建立独立自洽的调解学的必备功课，也是完善我国调解制度的题中应有之义。现代调解的价值追求可以从三个维度进行阐释。

第一，利益均衡：现代调解立足的价值原点。马克思曾说，人们奋斗所争取的一切，都同他们的利益有关。现实生活中的一切纠纷均源于利益纷争。传统法学话语以权利义务为基础概念而展开，"为权利而斗争"表明了权利话语的刚性与矛盾的不可调和性，以此来评价调解价值，具有明显的局限性；而且"权利"（right）是从西方移植而来的舶来品，割裂了本土历史传统。因此，将权利置换为利益更加契合中国历史传统语境中的"天下熙熙，皆为利来；天下攘攘，皆为利往"。利益具有比权利更为丰富的含义和多面的维度，包括直接利益与间接利益、长远利益与短期利益、物质利益与精神利益、整体利益与局部利益等。权利往往只是法律对眼前最迫切、最现实、最直接利益的表达与确认，无法也不可能涵盖全部的社会生活利益，因此司法裁判只能试图修复受损的法律权利，而无暇顾及全部社会生活利益。最经典的例子莫过于侵权法上的赔礼道歉。赔礼道歉是一种难以用物质衡量的利益，法律赋予权利人要求侵权人赔礼道歉的权利，如果侵权人拒绝道歉，法院将面临强制执行的难题。虽然法院可以通过登报方式拟制执行，但这种无可奈何之举早已不是当事人所欲求的赔礼道歉。由此不难看出，赔礼道歉中的精神（面子）利益无法通过权利路径来获得真正救济，司法裁判对此无能为力。如果把权利视角转换为利益视角，运用调解的方法，促使双方握手言和，案结事了人和，赔礼道歉的执行难题也就迎刃而解了。诉讼的构造是形成当事人之间的利益对抗体，并利用相互的攻击防御去发现真实。调解的构造是努力挖掘当事人之间的共同利益，积极通过构建当事人利益共同体去促成合意。受处分权主义和辩论主义的约束，诉讼是一种"向后看"的解纷方式，所秉持的是一种单一的静态利益观，它聚焦解决的是当事人诉争之内的利益。而调解是一种"向前看"的解纷方式，所倡导的则是多元动态的利益观，既着眼于物质利益，又着眼于非物质利益；既关注诉争内利益，又关注诉争外利益；既重视眼前利益，更重视未来利益。对个案当事人而言，他难免会因为妥协而失去眼前的部分物质利益，但却因为诚信、包容、理解而获得更大的利益。调解的利益均衡调整方式减少了当事人之间的摩擦，降低了纠纷解决的成本，提高了纠纷解决的效率，重整了当事人之间的利益格局。因此，用"权利打折"来批评调解显然失之片面、偏颇。即便是主张价值无涉的纯粹法学派代表人物凯尔森也对利益均衡的法律秩序报以赞许："只有这样一种法律秩序，它并不满足这一利益而牺牲另一利益，而是促成对立利益间的妥协，以便使可能的冲突达到最小的限度，才有希望比较持久地存在。只有这样一种法律秩序才能在比较永久的基础上为其主体保障社会和平。"①

　　第二，情理法兼容：现代调解遵循的价值准则。司法以事实为依据，以法律为准绳，运用三段论作出判决。判决所追求的是法律权利的实现，无论当事人是否同意，纠纷都会以强制性的方式解决。而调解最鲜明的特色在于，基于合意与协商来妥善解决纠纷。所谓"妥善"解决，就是日本调解学者草野芳郎所称的"依理、依实际情况来解决"，也是我们时下耳熟能详的"案结事了人和"。我国清代幕僚汪祖辉的表达则更为精练："盖听断以法，而调处以情，法则泾渭不可不分，情则是非不妨稍借。"司法裁判是一种单纯的法律评价，调解则是情理法的综合评价。其中，合情合理甚至被置于优先位置，法律在调解时只是作为"审判的阴影"发挥潜在的后盾作用。司法裁判以法律程序上结案为终点，调解则是以纠纷的实质性解决为终点。正是通过综合运用习俗、政策、情感与道德伦理等法律之外的调整手段，调解促使双方当事人重新认识彼此，促进彼此间情感的沟通、关系的和谐、利益的衡平，实现互谅互让、互利共赢，人际融洽、社会和谐。

　　讲求情理法统一、通情达理、合情合理是中国人判断是非曲直、公平正义的朴素准则，也是调解所应遵循的价值准则。尽管今日中国社会处于现代化发展过程中，但仍然具有"熟人社会"、人情社会的特征，这是我国社会环境与西方"陌生人社会"的根本差异，由此也导致了我国情理法兼容的正义观念与西方法律形式主义正义观念之间的鲜明对比。情理法兼容体现了现代调解的灵活性，与我国"无讼""和为贵"等传统法律文化价值一脉相承，更与社会主义核心价值观具有天然的契合性。调解的运作理念与社会主义核心价值观在国家、社会、公民层面倡导的价值目标、价值取向、价值追求并行不悖。调解在案结事了方面追求人际关系的文明和谐，在纠纷解决过程方面凸显当事人的主体地位，尊重当事人意思自治，体现社会交往的自由民主，在纠纷解决结果方面强调当事人诚信友善，遵守法律和合约，体现平等、公正与法治。情理法兼容的调解准则正是缓和形式合理性与实质合理性之现代性冲突的"技术装置"，也是避免坠入现代性陷阱即韦伯所谓"理性之铁笼"的不二法门。

---

　　① 〔奥〕凯尔森.法与国家的一般理论.沈宗灵译.北京：中国大百科全书出版社，1996：13.

　　第三，共存正义：现代调解追求的价值归宿。"共存正义"的社会基础在于人们总是与他人共生共存，而非像"鲁滨逊"那般离群索居。在具体纠纷的解决过程中，需要当事人能找到特定情境下各方都接受和满意的均衡点，形成利益均衡，这种基于相互妥协所形成的利益均衡就是"共存正义"。司法裁判所追求的是一种单向度的形式正义、程序正义、绝对正义，而调解更多追求的是一种综合性的实体正义、情境正义、相对正义，更加从整体上考量每个纠纷背后的原因、当事人特有的个性需求、将来关系的维护等因素，去谋求纠纷的合理解决。只要当事人自愿，程序可以简化、事实可以模糊、情理可以优先、界限可以调整。如果说判决是一种旁观者眼中的抽象正义，调解则是当事人之间的具体正义。如果说判决是一种"要么全有，要么全无"的零和博弈，那么现代调解的情理法兼容、多元利益的同生共存，则为价值多元的现代社会生活提供了稳定装置，实现了法律世界与生活世界、形式正义与实体正义、法治德治与自治的对接。

　　诚然，世上没有任何一种制度可以解决所有矛盾纠纷，诉讼不是万能的，调解也不是万能的。在新时代，我们需要诉讼和调解两套不同的话语体系在国家治理体系中取长补短、实现同频共振，充分发挥各自优势。当前，在"强诉讼、弱调解"的法学话语格局下，要真正落实习近平总书记提出的"把非诉讼纠纷解决机制挺在前面"，我们不能再简单地用以诉讼为中心的法学话语体系去评价调解，而是迫切需要在多元利益视域下重构调解独立的价值追求，形成自洽的调解话语体系，实现当事人所共同认可的综合正义。

　　以上是对现代调解价值追求的简要探讨，若要实现调解的价值追求还需依赖具体的调解实践。有鉴于此，本书专门遴选调解实践中的若干经典案例，通过案例评析的形式呈现调解实践中常用的调解策略与技巧，从而还原调解的原貌。希望通过本书，能让读者更为直观地了解调解的具体实践，并能够比较全面地掌握调解的常用策略与技巧。关于本书案例的来源说明如下：第二、六章案例由美国 JAMS 公司调解专家 James McGuire 提供；第四、七、九章案例由美国哈佛大学法学博士、调解专家 David Matz 提供；第八章案例由美国萨福克大学法学院 Dwight Golann 教授授权本书编者翻译使用；第三、五、十一章案例由本书作者覃斌武副教授收集和编写；第十章案例原型来源于湖南省司法厅 2013 年调解案例大赛，由湘潭市司法局提供；谨向以上单位或人员为本书案例编写作出的贡献表示感谢。

　　本书是司法部 2019 年度司法行政（法律服务）案例理论委托课题"调解经典案例与评析"的阶段性成果，本书的写作得到了司法部人民参与和促进法治局的大力支持。同时，中国人民大学法学院博士后段明，湘潭大学法学院博士研究生谢米隆、谢珉慧，以及硕士研究生李静茵，共同参与了本书的编写工作，并提供了诸多完善建议，在此一并表示感谢。本书不当之处，还请各位专家同人批评指正！

廖永安

2020 年 4 月 8 日于湘潭

目　录

第一章　调解的模式、策略与技巧

现有的纠纷解决方式依据不同的导向，可以划分为"权利导向型"与"利益导向型"，前者如诉讼和仲裁，后者如调解和谈判。"权利导向型"自然是以权利为出发点，讲究的是"黑白分明""是非对错"；"利益导向型"则是以利益为出发点，追求的是"利益均衡"甚至"双赢"。利益具有比权利更为丰富的含义和多面的维度，包括直接利益与间接利益、长远利益与短期利益、物质利益与精神利益、整体利益与局部利益等。权利往往只是法律对眼前最迫切、最现实、最直接利益的表达与确认，无法也不可能涵盖全部的社会生活利益。[①] 相较于"权利导向型"，"利益导向型"纠纷解决方式的比较优势表现在：有利于维持友好关系、节约纠纷解决成本、纠纷当事人的程序满意度较高、纠纷再次发生的概率较低等。尤其是调解，因其受"利益多元化"的影响格外突出，在这些方面的优势更为明显。也正是由于利益的"多种面孔"，调解在实践中必然呈现出不同风格和模式，需要运用不同的策略和技巧。

第一节　调解的三种模式

作为一种极具丰富性、创造性、开放性的纠纷解决方式，调解在实践中存在各种风格迥异的模式。长期以来，国内外学术界和实务界总结实践经验，根据调解的策略、方式等特征对调解进行了不同的模式分类。日本

---

① 廖永安. 科学认识调解价值推动社会治理创新. 中国社会科学报，2020 - 03 - 26.

学者棚濑孝雄以调解的功能为标准，将调解模式划分为判断型调解、交涉型调解、教化型调解和治疗型调解等四种模式。① 而在美国，学者齐娜·祖米塔则将调解模式划分为辅助型调解（Facilitative Mediation）、评估式调解（Evaluative Mediation）、转化型调解（Transformative Mediation）等三种模式②，其中辅助型调解又称促进型调解，评估式调解也称评价型调解。当然，这些都只是国外学者对调解模式的分类。众所周知，调解是极具本土性的活动，不同国家和地域在调解的风格和类型上大为不同。尤其是在中国这样具有几千年调解历史的国度里，调解的模式更是丰富多彩，加之调解过程灵活多变，因此很难做到精准划分各种调解模式。不过，通过总结和分析我国大部分纠纷的调解风格和策略，在借鉴国外调解模式分类的基础上，可将我国常见的调解模式划分为教谕式、促进式、评估式三种类型。

一、教谕式调解

教谕式调解是典型的中国传统调解模式，它契合了中国的传统文化和社会观念，具有悠久的历史传统和广泛的适用空间。教谕式调解可以说是棚濑孝雄教授提出的教化型调解和治疗型调解的综合体，兼具这两种调解模式的特点和功能。通常来说，教谕式调解常见于熟人社会，尤其是在乡村社会之中。教谕式调解注重纠纷的圆满解决和社会秩序的安定，通常是调解员凭借高尚的道德权威和社会声誉，以"居高临下"的姿态用道德感化、心理劝服、教训批评等方式，对纠纷当事人进行教育和劝导，以此消除当事人的利益冲突，恢复彼此之间的关系秩序。在教谕式调解过程中，调解员主要运用的是传统的道德规范，如仁义、孝顺、诚信、和谐等。这些传统的道德规范对于中国人而言，已经融入每个人的基因里，因此运用这些道德规范对于平复当事人的争议具有很好的调解效果。与此同时，这些优秀的道德规范本身也是社会主义核心价值观的重要体现，因此，教谕式调解是一种较为契合当前社会主义核心价值体系的调解模式。教谕式调解的价值目标大概包含三个层次：表层次为私人纠纷的化解；中间层次为

---

① 棚濑孝雄. 纠纷解决与审判制度. 王亚新，译. 北京：中国政法大学出版社，1994：62.

② Robert Rubinson. The Socioeconomics of Mediation. Cardozo Journal of Conflict Resolution，Vol. 17，Issue 3（Spring 2016）：873-908.

整个社会政治秩序的修复与维持；深层次为"礼"制正统地位的确立与
"以和为贵"的价值信念的养成。[①]

　　在当前的调解实践中，教谕式调解常运用于家事纠纷、邻里纠纷等倾
向于熟人社会的民事纠纷中。运用教谕式调解解决这些纠纷的优势在于，
一方面有利于恢复和维持当事人之间的关系，另一方面也有利于节约纠纷的
解决成本。不过，教谕式调解也不可避免地存在一些局限和缺点，如：它的
适用范围比较窄，只适用于特定的纠纷类型；它对调解员的资质要求很高，
通常必须是德高望重或具有公权力背景的人；它需要纠纷当事人对传统美德
和社会主义核心价值观的认同，才能使其在受教谕之后真正心悦诚服并化解
纠纷，而对于那些欠缺道德素养者却难以见效。因此，调解员在选择适用教
谕式调解之前，必须首先考虑清楚该纠纷适不适合采用这种调解方式？身为
调解员是否有足够的道德权威和影响力感化当事人放弃争议？

二、促进式调解

　　促进式调解是典型的美国调解模式，近年来逐渐在中国兴起。促进式
调解是指调解员以纠纷双方具体的利益诉求为出发点，通过居中斡旋与说
和，协助双方当事人实现顺畅的沟通与交流，由此充分挖掘双方潜在的利
益重叠或交融之处，最终帮助双方创造性地寻求"共赢"的方案来了结彼
此的争议。[②] 促进式调解的本质在于：调解员不从立场出发，而是不断协助
当事人双方寻找其共同利益，进而达成调解协议。调解过程中，由调解员
提出相关问题、归纳当事人观点、挖掘当事人主张背后的利益、帮助当事
人提出并分析解决方案。调解员不就调解结果向当事人建言献策，也不对
法院判决结果进行预测，在当事人潜在的需要和利益层面而不是严格的法
律权利层面与当事人进行沟通。[③] 促进式调解充分体现了当代调解"从利益
对抗体到利益共同体"和"从静态利益观到动态利益观"的新理念。[④] 尤其

---

　　①　邓春梅. 调解现代化运动：一种范式转换. 湘潭大学学报（哲学社会科学版），2017（2）.
　　②　同①.
　　③　齐娜·祖米塔. 调解的模式：辅助型·评估式·转化型. 赵昕，译. 人民法院报，2010 -
08 - 06.
　　④　廖永安. 当代调解的新理念与新思维. 新华文摘，2017（19）.

需要注意的是，促进式调解员往往需要跳脱传统的权利义务思维，即不局限于法律层面的权利义务，更多关注双方当事人的利益和负担。从某种程度上说，这也正是调解独立于诉讼的基本体现。

目前，促进式调解已经广泛运用于世界各地的调解实践中，通常来说，促进式调解具有以下特征：（1）调解员主要负责促进双方有效沟通、达致互相了解；（2）强调当事人深度把握和总结双方之需求及利益；（3）调解并非判断性的，无对错之分；（4）注重纠纷的现在及未来，而非过去。也有学者将促进式调解的特征概括为"三要"和"三不"①。"三不"即不表明个人的价值、不介入评断当事人的是非、不表露对案件的情绪。"三要"即要引领双方思考方向、要引领双方思考退路及后果、要用中立的态度控制场面。总而言之，促进式调解的精髓在于调解员并不在双方当事人之间分清是非责任，只需要引导双方当事人放弃各自坚持的立场，寻求共同的利益所在，以求双方利益的最大化。②

具体到促进式调解的实践操作，调解员通常会通过召集由各方当事人全体出席的联席会议，以便双方能够倾听彼此的观点与看法；同时也会经常采用"背靠背"的单方和私下商谈的方法。③ 促进式调解常用的调解技巧有：给当事人发泄的机会、挖掘立场背后的利益、引导当事人主动诉说、进行利益排序等，这些技巧的适用具体可以参见下文。促进式调解尽管具有诸多优势，但同时也存在耗时较长的局限，因此调解员在适用促进式调解时，需要考虑调解的时间成本，如果难以在合理的期间内使当事人达成合意，便可以转而使用其他调解模式。

三、评估式调解

评估式调解也是美国调解实践中常见的调解模式。评估式调解是指调解员从对案件进行法律评估出发，分析双方当事人在案件中的利害得失，

---

① 邱星美 . 调解的回顾与展望 . 北京：中国政法大学出版社，2013：72.
② 张思琪 . 浅析香港促进式调解与律师在多元化纠纷解决机制下的机遇 . 多元化纠纷解决机制公众号 .［2019 - 08 - 23］. https：//mp. weixin. qq. com/s/RyDET8YwJ3y0SEBujMWEiw.
③ 齐娜·祖米塔 . 调解的模式：辅助型·评估式·转化型 . 赵昕，译 . 人民法院报，2010 - 08 - 06.

由此影响当事人达成调解协议。与促进式调解不同，评估式调解可以就调解结果向当事人提出正式或非正式建议，更加关注当事人的法律权利而非其实际利益和需求，即评估式调解提倡根据公正的法律理念和现行的法律规范对案件事实进行法律评估，进而影响当事人的调解心理。评估式调解通常采用"背靠背式"的会见，因此在实践中也被称为"穿梭外交"。此外，评估式调解员通常需要具备争议领域相关的专业知识或法律知识，而且由于评估式调解与法院之间的密切关系，因而大部分评估式调解员由律师担任。[①]

评估式调解适用于比较专业性和复杂性的商事纠纷，其实践优势主要在于[②]：（1）在评估式调解中，调解员可以利用自身的经验，帮助当事人集中注意力，以此决定在每个问题上花多少时间；评估潜在的优势、劣势；利用自身的经验（法律的或非法律的），指导当事人找到一个合理的解决方法。（2）评估式调解可以增加调解成功的概率。"即使不看调解结果，在实际调解进程中使用评估式调解仍然存在好处"。评估式调解不要求调解员扮演法官的角色，并作出最终的正确或错误的判决。恰恰相反，评估式调解可以帮助各方当事人获得额外信息，然后再重新评估其立场，并建议双方都作出让步，从而进一步解决问题。（3）调解员的评估还提供了一种引起当事各方注意的方法。正如许多成功调解员所言，评估式调解能够帮助当事人找到解决办法，各方在调解过程中都知道他们自己的立场，通过提供额外信息，调解员可以使各方重新评估自己的立场。不过也有学者指出，评估式调解在过程中会体现出一定的压制性、严厉性、操纵性，而且可能有失公平。[③]

第二节　常见的调解策略与技巧

以上是目前调解实践中常见的三种模式，具体在不同的纠纷中，调解员通常会在采取特定的调解模式后，制定相应的调解策略，综合使用各种

---

① 齐娜·祖米塔. 调解的模式：辅助型·评估式·转化型. 赵昕，译. 人民法院报，2010 - 08 - 06.

② 朱楠. 商事调解原理与实务. 上海：上海交通大学出版社，2014：144.

③ 同①.

不同的调解技巧，以此实现调解目的。实践中，调解的环节主要包括：赢得信任、挖掘利益、打破僵局、形成方案、保证执行等，而在不同的调解环节中往往又有相关调解策略与技巧可供调解员参考使用。

一、赢得信任

调解的首要环节就是调解员能够有效地赢得当事人的信任。俗话说，好的开头是成功的一半。调解源于信任也终于信任，只有赢得当事人的信任，调解才能获得最终成功。调解开始之际，调解员只有获得当事人的信任，才能顺利开展后续的调解工作。如果无法赢得当事人的信任，调解员恐怕难以促进当事人的有效参与，获得当事人的真实想法，甚至会遭到当事人的质疑。实际上，要赢得当事人的信任，这是十分考验一名调解员的经验和技巧的，需要调解员长期观察和领悟。通过梳理和总结，调解员赢得当事人信任的常见策略和技巧有以下几种。

（一）保持实质中立和形式中立

保持实质中立和形式中立，是指调解员在调解过程中无论是在实质上还是在形式上都应当始终保持中立，对双方当事人不能存在偏见或偏袒，做到不偏不倚。调解是指在第三人的主持下，通过斡旋、协商、劝说、教育等手段，促使纠纷当事人之间达成基于自主意志的协议，以消除争议的一种法律制度。公正原则是调解的基本原则之一。调解的公正原则要求调解员在调解的过程中尽可能保持中立，包括实质中立和形式中立。实质中立要求调解员在调解中，内心不偏袒任意一方，以促进双方当事人达成和解、化解纠纷为目标，对当事人之间的矛盾进行调和。形式中立则要求调解员在调解过程中不偏不倚，给双方当事人同样的程序对待。

调解员在调解中表明自己中立性的方式主要有：一是在调解开始前明确表示自己的中立立场。调解程序的开始一般是基于当事人的自愿，当事人愿意接受调解便意味着对调解组织或调解员的中立立场有一定的了解与信任。调解员在接触到当事人时，可以向其介绍自己的基本信息，如身份、背景、资历等，以此凸显自己的专业性与中立性，这往往能够有效强化当事人对调解员的信任。二是在调解过程中避免作出偏袒一方当事人的行为。调解员应当注意两个方面的行为：第一，在调解过程中，调解员应当保证双方当事人有相同的待遇。如要给予双方当事人同样充分的调解程序权利，以相同的态度与双方当事人沟通交流。第二，在调解结果上，调解员要避免主动提出与一方当事人预期相差甚远的解决方案。在调解中，调解员并非对调解的纠纷作出非黑即白的判断，而是促成一个双方当事人都能接受的和解方案。这一和解方案更多的是要当事人能自愿接受，让其之后也能够自动履行。因此，通过调解达成的调解方案应当是当事人内心认可的方案，而不是调解员为了快速解决纠纷而主动提出方案让当事人被动接受。并且，如若调解员提出的方案离一方当事人的预期较远，让一方当事人认为该方案更有利于另一方当事人，则容易引起当事人对调解的中立性的质疑。

（二）有效地管控当事人与自己的情绪

"情绪在调解中起着核心作用，因为它们有助于定义冲突的范围和方向"。调解员如何看待自己及他人的情绪，以及其在调解时所产生的情绪往往决定了纠纷处理的方式和质量。研究表明，分析和管理情绪的训练有助于调解员：（1）提高对情绪表达的容忍度；（2）培养超然的态度；（3）减少自身压力；（4）灌输耐心。因此，情绪的有效管理对维持调解员的中立原则进而赢得当事人的信任具有至关重要的作用。人们如何处理自己和他人的情绪是一项被称为情商的研究。

心理学家戈尔曼将情商定义为"辨别自己和他人的情绪，激发及管理在人际交往中所产生的情绪的能力"。他将情商划分成五个方面，其中三个涉及个人能力（自我意识、自我调节和动机），另外两个属于社交能力（同理心和社交技能）。戈尔曼将纠纷管理技能（包括谈判及冲突解决）纳入社交技能的类别中，认为具备这类能力的人善于通过运用灵活的沟通方式消除隔阂，化解紧张的局势。同时，他们善于发现纠纷双方潜在的冲突，并将分歧公开化，鼓励双方沟通和讨论，消除分歧，并策划一个双赢的解决方案，从而帮助他人获得满意的结果。在情商领域，冲突管理是一种高级技能，它涉及多种情绪管理能力，如积极聆听、情绪的发泄、引导当事人开口、表达同理心、运用道歉、鼓励让步等。

（三）利用称呼放松当事人的戒备

所谓利用称呼放松当事人的戒备，是指在调解开始的阶段不直奔纠纷主题，而是通过一种和缓的方式分别与当事人讨论应该如何称呼双方，并且根据不同的案情确定一个能够让当事人感到尊重，又能够放松情绪的称呼。比如，称呼50岁左右姓李的中年男性为"老李"。利用称呼放松当事人的戒备是中国调解和西方调解的共同经验，在中国传统调解中，这种方法运用得比较普遍。西方调解对于该方法给出了原理性的解释，他们认为对人的称呼有抽象化和具象化两种方式，如称呼为"申请人"和"老李"。抽象化的称呼会带来紧张感和距离感，而具象化的称呼会带来放松感并且能够拉近距离。从心理学的角度来看，"申请人"这样的称呼抽离了当事人作为一个活生生的人所具有的各种品质和特点，强调其作为申请人的特质，这自然会带来距离感和紧张感。

　　运用利用称呼放松当事人戒备的方法有以下几个需要注意的地方。首先，称呼当事人可以有和当事人探讨的环节，也可以用合适的称呼不动声色地称呼当事人，要根据具体的情景去巧妙地确定。与当事人探讨其称呼，能够表现出调解员对当事人的尊重，但是运用不好可能太着痕迹，让当事人感受到调解员强行要放松气氛，反而让当事人紧张。其次，如果是和当事人探讨称呼，在双方当事人中原则上应当先与心理较脆弱或者在纠纷中处于弱势地位的一方交流。再次，并非所有情况下都适合使用拉近距离的称呼，而应该结合案情和当事人的身份来确定。对当事人的称呼有很多种，大致可以分为三大类：在本案中的地位、当事人的职业身份、当事人的民众身份，举例即分别为：申请人、李老师、老李。原则上来说，调解员不应当使用申请人这样的表述，如前所述，这样的表述会造成距离感和紧张感，增加调解难度。对于有职业身份的当事人，用其职业身份去称呼而不是强行称呼其为"老李""老张"，可能更为稳妥。此外，对于大学教授这样身份的当事人，称其为"老师"比称其为"教授"更能缓和气氛，使当事人放松戒备。最后，对当事人的称呼在整个调解过程中可以变化，调解员可以把握好时机切换称呼。在调解过程中，随着当事人和调解员的互相了解，调解员可以把握时机切换称呼。一般而言，从"面对面"调解进入"背靠背"调解，或者由"背靠背"调解进入"面对面"调解时是较好的切换时机。

　　（四）积极聆听

　　正如迈耶所言，调解员"必须是一个优秀的倾听者"，因为"调解员所做的事情几乎都是为了促进沟通"。为了有效地促进争端各方之间的谈判，"调解员总是听取各方的利益诉求，并以建设性的方式将这些利益诉求摊在桌面上"。因此，在当事各方"互诉衷肠"之前，调解员务必履行好一位倾听者的义务，了解当事各方不同的利益诉求。随后，调解员才能进一步引导纠纷解决的进程。

调解员存在的意义在于帮助当事各方明确及澄清他们之间的争议焦点。在认真听取当事各方争端事实，理解各方争议内容之后，调解员可帮助那些思维陷入困境的当事人明确其争议之所在，找到解决问题的突破口。冲突的构架元素往往是解决冲突的关键，而信息的整合重组是调解员在促进谈判中的主要工作。

因此，调解员必须积极聆听当事各方在谈判交流中出现的分歧，并将这些分歧重塑为"需要共同解决的问题"。有时候，这些分歧被明确地表达出来，但有时也不一定。为了听得更清楚，调解员不仅要注意当事各方所说的话，而且还要关注他们"对话之间的沉默"。

那么，如何才能成为一个更好的"倾听者"呢？（1）倾听重在理解而不是回应。这种做法从心理上讲，体现了调解员对当事人足够的关心，有助于拉近调解员与当事人的距离，使调解员更全面地了解当事人想要什么、烦恼什么、为什么产生这类情绪。这为调解员开展调解工作提供了必要的信息，以便在之后的调解过程中灵活运用。（2）避免过早下结论。作为调解员，我们常常会接触到一些细节类似的案件。冲突纠纷所导致的烦恼万变不离其宗，当事人的需求大多也围绕着尊重、理解及解决方式来展开。然而，无论这些情况表面看起来多么相似，细分之下，它们总是独一无二的。调解员应当学会倾听当事人的心声，避免把自己的主观结论和判断强加于他人。（3）在作出回应之前先提问。在当事人陈述完之后，调解员应当及时整理思绪并根据所听到的内容进行信息整合，提出相关问题。其目的是确保调解员能够充分理解当事各方，并使当事人有机会就调解员提出的问题进行深入思考。此外，问一些后续问题能让当事人感受到你真的在努力理解他，从而增加信任感。

（五）给当事人情绪发泄的机会

情绪自我调节的内容中包括了对于负面情绪的引导与释放：即使在极

度愤怒的情况下，也要保持镇静。积极、清晰地进行思考，并保持专注。调解者需要在一定的时间内尽快识别当事人在沟通过程中已经表现或是隐藏起来的情绪特征，并帮助当事人引导、安抚他们的情绪。因此，情绪的管理并非人为地压抑情绪，尽管有时这是必要的。

在调解过程中，调解员应当有意识地引导当事各方的情感宣泄，这有利于探知当事各方的潜在目的和利益需求，继而为调解过程设立一个建设性的谈判基调。调解员对于情绪的干预能力通常会影响整个调解过程中的情绪基调，这与当事人本身情绪的强烈与否并无太大关联，因此适当的情绪宣泄不会影响整个调解过程。事实上，一旦调解员感受到一方的强烈情绪，通常会对其进行识别，并甄选出干预它的方式。此时，有经验的调解员往往会允许在单方会谈或联席会议上帮助当事人发泄情绪。其技巧包括：（1）建立信任感。调解员需要适时地向当事人表达同情心及认同感，拉近与当事人之间的距离，消除心理隔阂。例如"我十分能理解您的感受……"，"听到这些我感到很抱歉……"等。这有利于帮助当事人卸下心理防备，袒露心声。（2）帮助当事人进行自我控制，有效管理自己的情绪。管理的内容就包括了在适当的时候释放自己的负面情绪。（3）增强处理意外事件和挑战的灵活性。情绪往往是不可控的。有时，不适宜的情绪的宣泄可能会导致场面的失控。调解员需要根据情况合理地干预、引导当事人进行情绪发泄，将其保持在可控范围之内。总之，引导当事人宣泄情绪的目的，是利用强烈的情绪作为培养调解员与当事人之间相互理解、认可的媒介。

（六）引导当事人主动诉说

在调解过程中，一些当事人总会选择性地遗漏和忽略一些重要的事实，或者是对自己有利的则说，对自己不利的则少说或者干脆隐瞒不说。此时调解员应当主动发问，让当事人来回答。其目的，首先是弄清楚事件的来龙去脉；其次，通过深入沟通进一步挖掘当事人潜在的利益需求。

好的调解员会通过提问促使当事人开口说话并逐渐展露自己的真实想法。值得注意的是，不同的询问方式可能会导致当事人情绪的变化，从而造成不同的结果。对涉及当事人隐私或比较敏感的问题，应当委婉、旁敲侧击式地提问。考虑到当事人的感受，不使其因误解而产生抵触情绪，调解员提问的方式需根据不同的对象和问题而有所区分，具体区分为三类：封闭式提问、开放式提问和引导式提问。

（1）封闭式提问。当需要特定的信息时，封闭式提问是合适的。然而，在调解实践中，封闭式提问往往不提倡使用。因为，不恰当地使用封闭式提问会导致当事人产生情感上的拒绝，从而适得其反。例如："你是不是……？能不能……？可不可以……？"（2）开放式提问。开放式提问对探究当事人的利益需求比较有用。使用开放式提问有助于调解员获得更多的信息，并防止调解员无意中将自己的主观情绪和意愿带入调解进程。例如："能否多说一些？洗耳恭听。""这种情况将给您的生活带来什么影响？""能否具体描述一下整件事的来龙去脉？"（3）引导式提问。当调解员想确认某件事或者验证一个假设时，引导性提问是合适的。例如："我认为保住工作对你来说很重要，这种假设是正确的吗？"

（七）表达同理心

自我意识的提高促进了调解员专业技能的发展，例如在调解过程中甄别当事人的情绪及表达同理心。同理心，即"理解他人并感同身受的能力"。同理心的运用将会对当事人的情绪产生直接影响，调解员的同理心是帮助当事人打开心扉的金钥匙。同理心是指能够识别和理解他人的情感。与同情不同，同理心不是对别人的不幸感到难过。实际上，有时对别人的同情会使这种负面的情绪更加深入人心，最终令对方更加无法释怀。与之相比，表达同理心则显得更加客观，因为它认识到一个人的情绪每时每刻都在发生变化，并试图去理解为什么人们会产生这种情绪。人类是情绪化的，每个人的感受各有不同，同理心的目的是运用自身的经验，探索对方心理变化，寻找对方行为情绪的真相。

举个例子，如果一个孩子在操场上哭，有个人走到孩子身边试图安抚他的情绪。通常，有经验的成年人会花时间去听孩子为什么会有这种感觉，此时孩子感受到了他人的理解和支持便容易吐露自己的心声。成年人通过倾听孩子的情感，可以推断他的行为，以及他为什么会有这样的反应。成年人的倾听意味着承认了孩子的悲伤，并发自内心地去理解这种情绪，这是一种同理心的表现。为了比较，另一个略微极端的案例是试图表达同情心，当一个成年人走到孩子身边开始和孩子一起哭时，他只是从表面上意识到孩子在哭泣的行为，实际上并没有花时间去理解这种行为。因此，他也无法真正从心理上安慰孩子。因此，同理心的运用对于纠纷的有效解决将起到积极促进作用，有助于拉近心与心之间的距离。

在调解过程中，某些方式方法可以帮助调解员增强运用同理心的积极效应：（1）当事人宣泄情感时调解员应给予高度关注。（2）用肢体语言告诉当事人你在认真倾听，例如偶尔点头、微笑、必要的眼神交流、将身体微微倾向对方。（3）尽量克制自己的情绪、想法，不要轻易打断对方。将注意力集中在对方的故事上，而不是思考"我应该说什么"。（4）尽量问开放式的问题，引导对方吐露更多心声。（5）识别对方情绪的同时也要准确识别自身的情绪。

二、挖掘利益

调解从本质上来说就是利益均衡的活动，调解的核心就是让各方当事人都能在利益分配上达成新的共识。因此，调解成功与否关键就看新的利益分配方案能否让各方当事人都满意。而要实现利益均衡，调解员的首要任务就是真正地了解当事人的利益诉求，如果调解员做不到这一点，所谓的利益均衡也将陷入"巧妇难为无米之炊"的窘境。因此，调解在赢得当事人的信任之后，应当乘胜追击，努力地挖掘和认清当事人立场背后的利益诉求。正如前文所述，当事人的利益诉求在现实生活中具有"多种面孔"，因此调解员在调解中挖掘当事人立场背后利益的方式也多种多样，调解实践中常见的策略和技巧主要有以下几种。

（一）挖掘立场背后的利益

挖掘立场背后的利益是调解中最重要的技巧之一。要想顺利挖掘立场背后的利益，必须先区分好"立场"和"利益"之间的关系。立场是指当事人在纠纷中所持有的主张，即当事人主张采用何种方案解决纠纷；利益是当事人立场背后的原因，是当事人通过采取相应主张想要实现的最终目的。立场本身是具体明确的，但是立场背后的利益通常是隐蔽而难以捉摸的。在一场纠纷中，当事人之间的立场肯定是对立的，而当事人立场背后的利益却不一定绝对对立。或者说，当事人的立场很难统一，但是利益是有可能达成一致的。只要找到立场背后的利益所在，就可以对当事人的利益进行协调，最终使其利益达成一致，甚至还可能因利益的一致而改变当事人的立场。因此，只要厘清了当事人立场背后的根本利益需求，就能更好地引导当事人进行调解。要想挖掘当事人立场背后的利益，具体可以通过提开放性的问题、运用沉默使当事人主动诉说、表达同理心、解释并明确信息、进行利益排序、营造积极的氛围从而赢得信任、总结及引出反馈等一系列方式技巧来开展。不过，当事人在调解过程中的陈述和发言可能会受到自身主观意识、观念、立场等因素的影响而有所删减或改变，调解员在挖掘立场背后的利益时要注意区分当事人所述事件和信息的真实性，只有这样才能够准确地挖掘当事人的真实利益所在。总而言之，只有挖掘出当事人立场背后的利益，调解员才能因势利导，引导双方形成能够解决当事人利益需求的调解方案，最终成功地达成调解协议。

（二）进行利益排序

前面我们介绍了调解中重要的技巧之——挖掘立场背后的利益。在充分挖掘出各方当事人立场背后的利益之后，调解员还需要对各方当事人的利益进行分析，并找出当事人背后利益的冲突之处并解决该冲突，只有这样才能更好地促成和解，化解纠纷。通常情况下，解决利益冲突一般需要当事人放弃自身的部分利益或在利益问题上进行一定的让步妥协才能成功实现。此时调解员就需要将当事人的各项利益进行排序，帮助当事人想清楚自己的哪些利益是不能放弃的，而哪些利益是可以与对方协商的、可以让步的，将当事人的多项利益需求按照重要程度或者紧迫程度进行排序，让当事人更清晰、更明确地看清自身利益需求。正是通过利益排序，调解员才能协助当事双方发现核心利益所在，并让当事人进一步明确哪些利益不能放弃，而哪些利益可以让步，进而形成一个各方都可以接受的解决方案。不过很多情况下，对当事人来说任何利益上的让步都会使自己处于弱势或处于被动，因此即使是要当事人放弃排序在后的利益也是有一定困难的。在面临各方当事人均不愿放弃或让步时，调解员可以通过提出最优替代方案与最差替代方案来促使当事人互相妥协、互相让步。所谓最优替代方案就是指和解之外达成目标最好的可能性，反之，最差替代方案则是和解之外达成目标最差的可能性。调解员要做的就是提醒当事人考虑清楚最优替代方案和最差替代方案的具体情形。在最优替代方案并不比调解方案明显更好的情况下，或者出现最差替代方案的可能性比较大的情况下，当事人一般都会继续选择调解。

（三）形成替代性方案

最优替代方案与最差替代方案是调解员在挖掘出当事人立场背后的利益后帮助当事人进行利益排序的一种方式。在调解中，最优替代方案与最差替代方案指的是假如调解不成功或不采取调解方式而选择其他方式时，最终达成各方当事人目标或最终利益需求的可能性最大与最小的两种方案。调解协议替代方案所反映的是如果被提议的交易无法实现，则当事人可能采取的行动过程。为了了解当事人是否能接受一种调解方案、能否作出让步，很有必要让当事人明白选择其他替代性方式能否得到比调解更好的结果。具体操作的时候，调解员可以先分析放弃调解或调解失败的后果，分别预测己方和对方的损失，然后根据后果尽可能多地提出调解的替代方案，并向当事人分析每种方案的可行性及达成最终目标的可能性大小。在进行各种方案的比较后，如果通过调解所得到的解决方法比最优替代方案达成目标、解决纠纷的可能性更大、效果更好，那么证明调解的解决方式就是可以接受的，当事人也会选择尽量将调解达成，甚至会重新结合利益排序的情况，主动选择放弃某项非关键性的利益，进行让步。

（四）做大蛋糕

调解出现僵局往往是因为双方不能就有限的利益达成合适的分配方案。此时调解员可以运用"做大蛋糕"的方法寻找破解僵局的契机。大部分冲突的实质就是对有限的资源如何分配的问题，而扩大资源则可以改变冲突的结构。"做大蛋糕"指的就是在了解当事人的利益所在之后，通过与当事人的交流来探寻不损害一方当事人需求的情况下能够满足另一方当事人需求的一种方法，即扩大当事人可能获得的利益总和，并用这种方法实现当事人之间利益分配上的某种满足，最终实现和解。要想"做大蛋糕"，首先要跳出将利益分配视为"切蛋糕"的固化思维。在"切蛋糕"的思维方式下，蛋糕的大小，也即双方的利益是固定的，给一方切得多，给另外一方就必然切得少，因此双方当事人之间一直处于零和博弈竞争状态。在调解中"做大蛋糕"就是要跳出"切蛋糕"的定式思维，在调解过程中采取"做大蛋糕"的思维，始终致力于探寻各种能够把"蛋糕"（也就是双方可能获得的利益总和）做大的可能，使双方当事人之间形成一种合作共赢的关系，从而同时满足双方的利益诉求，进而能够更好地促成纠纷的解决。

此外，如今社会关系错综复杂，纠纷的类型也各种各样，不同纠纷背后可以挖掘的利益也是多元的。在调解中，"做大蛋糕"的方式并不仅仅限于做大当事人所诉求的经济利益，还有可能是在纠纷中维护了一方当事人的面子，或者维持了一段当事人在乎的关系，事实上，这些类似"维护面子""维持关系"等做法也可以视为一种扩大利益、做大蛋糕的方式。因此，调解员要善于观察，结合调解的具体情形及调解当事人之间的关系来选择合适的"做大蛋糕"的方式。

（五）非特定性补偿

非特定性补偿，是指为了让纠纷的当事一方实现其目标，而对另一方的利益采用新的方式进行补偿的行为。现代社会的纠纷大多是围绕利益展开的，一般表现为一方想要获得一部分利益，而另一方不愿意付出该利益，或者是，双方就同一种利益展开争夺，双方对该利益均有明确的目标。调解员要做的并非对具体的利益进行划分，而是让双方当事人在纠纷中达成和解，达成和解的方案是多样的，其中就包括通过非特定性补偿让当事人退让部分特定性利益。

要通过非特定性补偿达成调解，调解员首先要做的就是了解当事人可能接受的非特定补偿的内容是什么，即还有哪些当事人未关注到的、可能接受的利益。我们所谈到的纠纷中所涉及的利益与当事人最终所要实现的利益并不一定是同种类的，这里利益的种类并非单一的。如金钱纠纷中，双方争执的是金额的多少，通过调解，本该获得金钱的一方最终获得的金钱数额减少了，但相较于诉讼获得金钱的时间与其他成本也减少了，这些对于当事人来说也是一种利益。还比如在婚姻纠纷中，夫妻一方可能会为了取得孩子的抚养权，而在财产分割上作出退让，对于当事人来说，孩子的抚养权与财产都是利益。只有明白这一点，才能用更开放的思维思考当事人可能接受的非特定性补偿是什么。对于如何挖掘当事人关注的利益，其他知识点已有介绍，在此不再赘述。

调解员在了解当事人可能接受的非特定性补偿后，便要促使当事人接受。鱼与熊掌不可兼得，在双方当事人都积极寻求解决方案时，当事人也会进行考量，选择较为可行的方案，同时，调解员也可以诱导当事人关注多方面的利益，以便找到合适的非特定性补偿。

三、打破僵局

调解的对象是各类纠纷，是纠纷自然就有可能陷入僵局。在调解过程中，如果双方当事人在长时间内无法就相关争议事项达成共识，尤其是那些"爱钻牛角尖"和"固执"的当事人，往往会因某些"小事"而不能自拔，最终使调解陷入僵局。此时就需要调解员能够及时采取有效措施，将当事人从僵局中挣脱出来，从而使调解的格局"柳暗花明又一村"。使调解当事人陷入僵局的因素非常之多，这就需要调解员能够准确抓住某些关因素，采取比较妥当的方式，打破调解的僵局，实践中常见的策略和技巧有以下几种。

（一）跳出法律争讼思维

跳出法律争讼思维，是指调解员要避免过多地以法律规定来判断纠纷中的权利义务关系，避免以法律思维进行调解。随着我国法治建设的不断完善，群众的法律意识不断增强，在纠纷发生时均会首先从法律的角度寻找有利于自己的法律规定作为支撑，以此主张权利。这实际上容易将当事人导向一种"切片性思维"，即仅仅是将纠纷所涉及的部分事实，以提前设置好的法律规范为标准进行审视。调解与诉讼不同，调解是通过各种手段促成当事人达成基于自主意志的纠纷解决的合意。调解在纠纷解决中运用的是"整体性思维"，即将当事人纠纷解决置于经济、法律、道德、习惯、心理、社会等多维视野之中，在对纠纷的性质、发生的原因、矛盾的程度、所关涉的其他社会关系、事实查明的状况等予以整体性考察的基础上，才能在符合或不违背法律规范的前提下，针对纠纷解决的具体需要寻求妥善的解决方案，通过适当的技巧和方式，促成当事人在权利义务关系的处理上达成基于自主意志的合意。因此，从法律的角度思考问题，其程式往往是固定不变的，而通过调解则能够寻找到更多创造性的解决纠纷的方案。

因此，在调解中，调解员要提醒当事人，调解并非诉讼，不应当仅以法律规定上的标准来评判利益得失，还要关注其他因素，如亲戚关系、邻里关系、合作关系以及诉讼风险等。此外，调解员自己也要避免以法律争讼思维进行调解。调解员并非对纠纷进行非黑即白的判断，而是要从纠纷的整体性进行思考，以促成当事人达成合意为目标，综合运用斡旋、劝解、教育、说服等手段化解纠纷。

（二）削减代价

削减代价是指在调解陷入僵局时，一方当事人按照对方的需求通过一些替代性的方式使对方让步的成本减小，换取对方在特定要求下的让步。这里的削减代价不是指直接削减对方立场里面明确包含的价格（代价），而是指隐含的甚至是与纠纷本身无关的。削减代价就是增加纠纷解决的思考范围，在表面的争议之外寻找对方的代价并且给予一定的利益，从而换取对方让步的一种战略思路——客观上来说，就是重新定义纠纷的范围。

使用削减代价的方法，要注意以下几个问题。首先，调解员要理解代价不一定为金钱利益，代价可以是多种多样的，比如是否方便、是否能够向上级交差、是否会引发连锁反应——比如在本纠纷中让步会确立先例，导致案外的其他人提出同样的索赔。

其次，调解员必须运用挖掘立场背后利益的方法，掌握和了解当事人的利益需求，在了解当事人的利益需求的前提下帮助当事人认清自己的利益需求，包括如果向对方让步会有什么样的困难——代价往往体现为困难，在这个过程中自然就掌握了当事人的代价点以及削减代价的可能性。

再次，削减代价应当在调解有所进展，接近达成和解方案但是遇到障碍时使用。削减代价是典型的打破僵局的有效方法，应当在调解遇到僵局时使用，而不应该在调解的前半程过早使用。其原因有二：第一，在前半程调解员都不清楚当事人的利益所在，贸然提出一些其他的代价可能性和削减代价的方案，不见得适合当事人的利益；第二，削减代价的主动方总要付出一些东西才能够削减对方的代价，如果过早使用削减代价的方法，再遇到僵局时再次使用，难免使当事人产生抗拒心理，认为调解员一再要求己方让步。

最后，调解员应该引导当事人提出己方代价所在，而不宜直接代表一方当事人向对方提出代价所在而要求对方有所作为；除非该项代价于本纠纷具有天然的合理性，调解员提出亦不会使双方感到不自然。一般来说，卖方往往把自己搬离房屋本身的费用计入他想要取得的房屋价款之中，但他不会明说将其作为要求的较高价款的组成。因此，如果双方不能够打开思路，那么他们的讨价还价注意力始终会放在房屋本身值多少钱，而不会关注为什么卖方要的数额要稍微超出房屋的价值，此时就会陷入僵局。如果重新定义纠纷，将搬家费的问题考虑进来，若买方能够削减对方的代价，则可以在价款上获得对方的让步。

（三）搭建新的桥梁

调解过程中搭建新的桥梁，并不是指在双方当事人沟通不畅的情况下帮助其恢复交流，而是指在调解陷入僵局时，调解员通过引入新的元素，并将新的元素与既有的、已知的元素融合在一起，寻找新的纠纷解决方案的思维方式。搭建新的桥梁是调解活动中非常有效的思维方式，其核心内涵在于通过引入新元素促成新的解决方案，从而推动各方当事人最终达成调解协议。尤其是当调解陷入僵局，双方当事人均不愿意作任何让步时，调解员此时若恰到好处地引入新元素，搭建新的桥梁，就能够将双方当事人重新拉回到调解沟通中来，继续进行新的调解进程。

具体到调解实践中，虽然有时当事人表面上看起来存在异议和分歧，但在真正的利益诉求上，可能并不存在根本对立。如果调解员发现，一方当事人想要解决实质问题，而对方当事人想要解决表面问题，如果搭建新的桥梁，矛盾纠纷往往就能迎刃而解；如果调解员发现一方当事人关注的是眼前利益，而对方当事人关注的是长远利益，也可以引入新的元素搭建新的桥梁，使纠纷得以化解。这就需要调解员具备足够丰富的社会经验，并能在调解过程中善于观察和总结，从而在关键时刻提出富有创造性的解决方案。

（四）消除零和思维

零和思维是博弈论中的概念，具体是指参与博弈的各方在严格竞争的情况下，一方收益必然意味着另一方的损失，博弈各方的收益和损失相加永远为"零"，因而双方不存在合作的可能。生活中，纠纷当事人很容易陷入零和思维的陷阱，双方当事人经常抱持"势不两立""水火不容"的心态，导致调解进程难以开启和推进。因此在调解过程中，调解员尤其需要学会如何消除双方当事人的零和思维，代之以双赢思维，通过沟通和合作达成皆大欢喜的调解结果。

具体到调解实践中，调解员通常可以通过以下两种方式消除各方当事人的零和思维。第一种是调解员应在合适的时机当面指出双方当事人的认知模式偏差。众所周知，许多对抗性的行为和情绪都源于敌对的、非建设性的认知模式，而当事人有时却难以意识到自身的认知误区，更难意识到这对纠纷解决的阻碍。因此调解员在调解过程中如果发现一方当事人的思维中存在不利于达成调解协议的思维障碍时，可以当面指出该当事人的认知偏差，从而使其认识到自己思维方式中的问题，进而使其能够主动改变调解心态和利益倾向。不过，需要注意的是，调解员当面指出当事人的认知偏差必须以和当事人已经建立较好的信任关系为前提，否则容易直接激起当事人对调解员的反抗情绪，不利于纠纷的继续调解。第二种是调解员在比较复杂的纠纷中可以鼓励当事人同时考虑多个议题。一般而言，调解员在调解之前，需考虑好先解决什么问题，是先解决较为简单的议题，还是先解决最为重要的议题。若先从简单议题调解，虽然调解初始会比较顺利，但却容易陷入调解僵局；若先从重要议题调解，则往往会在调解起步阶段便中断。因此对于较为复杂的纠纷，调解员可以鼓励当事人同时考虑多个议题，再看双方当事人在多个议题之间是否有利益交换或利益平衡的空间，这样更加有利于调解的灵活进行。

（五）提醒换位思考

换位思考即设身处地地去考虑谈判对方是否还有其他需要是己方可以满足的，然后明确向对方表示，并在条件允许时尽可能地满足对方的要求和利益需求等，这是在调解过程中帮助双方当事人明确立场的一项非常重要的技巧。在纠纷发生后，当事人之间针对某些事实或者观点或多或少都存在分歧和认识偏差。调解员在发现这些差距的存在后，可以通过引导和提醒，让一方当事人将自己对事实的看法直接陈述给对方当事人，进而促进双方换位思考。从某种意义上说，如果调解员能够做到使一方当事人站在对方当事人的角度考虑问题，调解就已经成功了一半。让当事人双方换位思考，可以帮助当事人对案件事实认识得更加客观详细，从而发现当事人之间对事实认识的差距，还可以帮助一方当事人了解对方的主张、利益需求等。不过调解员在提醒引导当事人换位思考时要谨慎，要根据双方当事人纠纷的严重程度及当事人的性格等因素，注意用词，循序渐进地引导，否则容易给一方当事人造成调解员不中立、偏向对方的假象。一旦当事人认为调解员不公、不信任调解员，最后达成调解协议的可能性微乎其微。调解员在进行提醒和引导时还需做好当事人换位思考失败的准备，做好控制当事人失控局面的准备。一旦通过提醒和引导能让当事人主动换位思考，当事人就能站在对方的角度考虑问题，能更好地理解对方的想法和要求，甚至可能会改变自己原有的立场或利益诉求，同时也不会让当事人产生调解员偏袒另一方的错误认识。

（六）平复当事人情感和情绪

情绪是人类对认知对象所具有的一种特殊心理体验，是以个体的愿望和需要为中介的一种主观心理活动，包括情绪体验、情绪认知、情绪行为等因素。调解员在调解过程中，当事人也常常会产生各种各样的情绪体验，这些情绪无时无刻不在影响着调解进程中的每一个环节——从调解的开始、推进、妥协直到达成和解协议。尤其是在当事人消极情绪激增的情况下，很有可能会对调解产生抵触情绪，进而影响调解的继续进行。适当疏导当事人的情绪，是调解员调解工作的重要任务之一，也是促进调解程序顺利进行的有效手段。调解员可以通过观察当事人的面部表情、语调音调、肢体动作等细节来判断当事人的情绪状态，一旦发现当事人在情绪上有愤怒、焦虑、悲伤、恐惧等负面情绪无法释放时，调解员应及时给当事人创造机会帮助其释放情绪，如果放任消极情绪不管，往往极易导致当事人产生抗拒和拒绝心理，进而阻碍调解进程。平复当事人情绪的方法有很多，调解员最常采用的一种方法就是疏导宣泄，即引导当事人将内心的烦闷焦虑或其他内心真实想法开诚布公地说出来，使其内心的情绪得以宣泄。帮助当事人宣泄情绪不仅可以平复当事人的心情，维持调解程序的正常进行，调解员还可以通过观察当事人情绪宣泄的过程，获取更多当事人内心的真实想法，这对后续调解的进行也具有重要意义。

（七）鼓励乐观精神

鼓励乐观精神是一种常见的调解方法。调解员对于纠纷解决应当保持乐观的心态，并用自己的乐观心态去影响当事人，从而帮助和促进调解成功。在心理学上，有一种现象叫作"自我实现的预言"：人们对于未来有什么样的预期，就能够在心理因素的引导刺激下朝这个方向前进，最终实现该预期，从而验证预言的准确性。质言之，在调解中，如果调解员和当事人都对调解成功充满乐观心态，那么调解成功的机会就会明显增加。

在鼓励乐观精神的应用上要注意以下几个方面。首先，调解员要保持乐观，好的开头是成功的一半，这在调解中尤其突出。其原因在于，既然当事人愿意来进行调解，那么，第一，当事人肯定有达成和解的意愿，第二，当事人有作出适当让步的预判。因此，在任何调解中，调解员有理由相信调解有相当大的成功机会。调解员一定要坚信这一点。

其次，调解员在鼓励乐观精神时一定要站在主动者、引导者的稍强势的地位，这样才能利用好"自我实现的预言"的心理学现象。在"自我实现的预言"中，预言可以是自己的，也可以是具有主动地位的人加诸被动地位的人的——比如老师引导学生。因此，在鼓励乐观精神时，调解员要想办法占据主动者、引导者的稍强势地位。当然，这并不是说要态度强硬，不尊重当事人。

最后，鼓励乐观精神的具体做法包括以下几种：第一，调解员介绍自己的调解成功的经历（可以一定程度夸大）；第二，对当事人来调解的态度表示赞赏；第三，和当事人确认其来调解的诚意，有时可以采取挤兑的办法；第四，直接陈述自己对本次调解将会成功充满信心。

（八）鼓励让步

调解过程中当事人各方就意见相左的问题展开讨论，由于立场、利益的不同而产生分歧并开始"讨价还价"，此时各方即进入谈判状态。在这种情况下，通常当事人双方除了有竞争的动机之外，也有合作和创新的意向，他们的目的是通过合理的让步获得最大份额的回报。[①] 因此，调解也是谈判的一种表现形式，没有谈判就没有调解。[②]

调解是由第三方介入的解纷程序，引导当事各方进行有效的谈判。合理的让步能促成谈判的成功。当事各方通过协商一致，就某些分歧进行相

---

① Norman R. Page. Mediate：Everything Mediation，June 2007. https：//www. mediate. com/articles/pagen4. cfm.

② McCorkle，S.，Reese，M. J. Mediation theory and practice. Boston：Allyn & Bacon，2005；Moore，C. W. The mediation process：Practical strategies for resolving conflict. San Francisco，CA：Jossey-Bass，2003.

互妥协可加快谈判的进程。而以强凌弱，以权压人，并要求对方作出不合理的让步的行为是无法从根本上解决纠纷的。① 为了使调解发挥作用，调解员必须引导各方真诚地进行谈判，鼓励当事人相互作出合理的让步，具体操作如下：（1）帮助当事各方了解，调解过程中的相互妥协是必须的，如果他们想尽快解决纠纷，获得双赢的话就必须充分承认和适当考虑让步。（2）调解过程中调解员需要充分挖掘当事人立场背后的利益，并进行利益排序，帮助当事人进行合理的利益取舍。（3）利用移情方式，引导当事人换位思考。（4）鼓励各方将自己已经作出的让步及获得的利益列成清单。（5）巩固已经作出的让步。

（九）设置时限

设置时限是一种不常用但是在特定纠纷的调解中效果很好的方法。所谓设置时限是指在调解中调解员利用自己的优势地位给当事人施加压力，让其在特定的时间之内达成和解方案的一种方法。一般来说，基于调解自愿原则，当事人对于是否达成和解以及什么时间达成和解都是有自主权的，因此，一般的调解中都不会设置达成和解的时限。调解是否存在最终的时限，对当事人的行为模式有明显的影响，利用得当，时限能够使当事人关注问题的焦点，而不是关注问题的细枝末节，从而有利于达成和解。

设置时限的方法虽然用起来很有效，但是只能在有限类型的纠纷调解中使用，如果使用不得当，可能适得其反。设置时限在一定程度上类似于最后通牒，关键是通牒的威慑力，而不是通牒本身。调解员设置时限，要注意以下几个问题。首先，调解一般不设时限——至少调解员不能设立时限，特定类型的纠纷调解中调解员可以设定时限。第一，基于调解的特殊类型，调解员处于相当大的优势地位，比如法院调解或者行政调解；第二，基于调解员和当事人的特殊身份关系，比如调解员是当事人的长辈亲属等。如果不是以上类型，但是调解员有相当的把握而且当事人不反对的，调解员也可以设置调解的时限。其次，设置时限的时机很重要，在当事人有可能达成和解但是双方又存在一定的（可以克服的）差距时，设置时限往往效果最好。原则上来说，在双方差距还比较明显，不可能一次让步就能达

---

① Norman R. Page. Mediate：Everything Mediation，June 2007. https：//www. mediate. com/articles/pagen4. cfm.

成和解时，调解员不宜设置时限。最后，在设置时限时，为了尽量让当事人信服，最好是能够告诉当事人设置时限的客观理由，比如，调解已经进行了多次，如果仍然达不成和解，继续调解就是浪费时间；又比如，一方当事人权利的诉讼时效或者除斥期间即将届满等。

（十）借助案外人的协助

借助案外人的协助，是指调解员借助除双方当事人之外的第三人促成调解。这里所说的案外人并非指除双方当事人之外的所有人，一般是指与当事人有关系的"重要他人"。调解中的"重要他人"是指对当事人具有影响力或者对当事人的决策具有重要影响的具体人物，他们可能是与当事人关系密切的亲人、朋友或者是当事人尊敬的单位领导、学校老师、村里或者宗族中有威望的人。① 当事人与这些"重要他人"一般处于相同的社会关系网络中，如家庭、单位、学校，相互之间对彼此的行为都具有影响力。且从我国当前的纠纷解决现状来看，通过调解进行化解的纠纷中，有相当大的一部分纠纷类型是家庭纠纷、邻里纠纷、物业纠纷等人际关系较为紧密的纠纷，借助案外人的协助对这类纠纷的处理往往能起到较好的效果。借助案外人的协助主要有两种方式：一是通过案外人获取有利于调解的信息。调解员在调解之前，对纠纷的当事人往往较为陌生，一般仅通过调解前阅读相关资料或经人述说了解当事人的信息，这样了解到的信息相当有限。调解强调的是运用整体性思维进行纠纷化解，要将纠纷置于经济、法律、道德、习惯、心理、社会等多维视野之中进行考量，而运用整体性思维的前提，就是要获得相当充足的相关信息，与当事人有联系的案外人便是获取这些信息的渠道之一。调解员在调解中要关注当事人身边是否有这样的人，可以向他们询问一些当事人不太愿意表达或表达不清楚的信息，以便帮助调解的达成。二是引入案外人帮助共同调解。一方面，如上所述，案外人一般知悉当事人诸多信息，有时候相比调解员更了解当事人的想法，更有利于沟通。另一方面，调解的主要手段是斡旋、劝解、教育、说服，其效果往往取决于当事人对实施主体的信服度。案外人与当事人由于平时生活中的交往或特定关系，如亲人、同事、师生等，当事人对案外人具有

---

① 谢勇，邹欣言，廖永安. 社会心理学在调解中的运用. 湘潭：湘潭大学出版社，2016：53.

较高的信任度，调解员邀请其进入调解更容易让当事人信服。但应当注意的是，调解员在邀请案外人进入调解时，应当取得当事人的同意或默许，避免引起当事人的反感情绪，不利于调解的进行。

（十一）挖掘周边信息

挖掘周边信息是指调解员在调解过程中不能过于专注于纠纷乃至当事人的立场本身，而应该留意和关注与纠纷不直接相关的其他周边信息。当事人之所以发生纠纷，其对立的立场背后往往有深层次的利益冲突。利益纠纷一般呈现为经济冲突、金钱冲突，但是也往往包含面子、情感、被认可感等非经济因素。所以，要想解决纠纷，挖掘周边信息是非常有必要的调解方法。通过挖掘周边信息，调解员可以深入地认识和了解当事人的思维方式、内心诉求，这为调解员挖掘当事人立场背后的利益创造契机。之所以要强调"挖掘"周边信息，是因为在面子、情感、被认可感等非经济因素导致的纠纷中，当事人不会明确主动地说明自己内心的想法。比如在两个室友为一个橘子争吵的案例中，明知道橘子并非自己的那一方可能是因为室友未开车接他而心生怨恨，但是这一方在调解时不会主动讲明其内心的怨恨，所以挖掘周边信息需要调解员非常注意当事人的各种表述，包括对对方的称呼，而且调解员要在合适的时机以迂回的方式向当事人了解一些看似无关的信息。

挖掘周边信息是一个有效的调解方法，使用该方法应该注意以下问题。首先，调解员要建立一个信念——调解过程中没有任何信息是纯粹无用的，相反，看似无用的信息有时候是解决纠纷的关键，或者是了解当事人真实利益诉求的线索。其次，挖掘周边信息一定要掌握进一步询问了解的时机和方法。就时机而言，在面对面会谈中搜集的有用信息，往往在背对背会谈的中后期最合适深入了解。如果是一个表面看起来与纠纷本身无关的信息，询问当事人时要尽量漫不经心，以避免当事人感觉调解员工作方法生硬。比如在涉及亲情的纠纷中，如果调解员不关心纠纷本身，而是一上来就谈对方对这一方当事人的关心，则很可能引发反感。在方法上，调解员的提问应当更多采用开放式提问，让当事人放松戒备，从而敞开心扉侃侃而谈；应当尽量避免追求是或不是的问题——因为那样容易造成压迫感。再次，在获得周边信息时，有一个非常好的契机是当事人吵嘴，一方反唇相讥的时候。所以，从挖掘周边信息的角度，放任当事人在可控的范围内吵嘴反而有利于发现有用信息。最后，典型的有用周边信息有以下类型：第一，一方当事人对另一方当事人的特别称呼，比如不是亲人的一方年轻人称呼对方为叔叔；第二，一方当事人在回应对方指责的时候反唇相讥的看似与纠纷本身无关的事情；第三，当事人欲言又止的事情；第四，当事人委婉承认对方的主张或者观点正确的相关事实（一般发生在背对背会谈中）。

（十二）先行解决部分问题

先行解决部分问题是指在一宗调解案件包含多个问题的时候，先解决一部分可以解决的问题，最终推动其他问题解决的调解策略。经验告诉我们，哪怕是简单的纠纷，也往往包含许多争议和分歧；而这些争议和分歧，有的解决起来容易，有的解决起来相对难度较大。但是基于人们往往害怕失去已经获得的东西的心理机制，解决容易的争议和分歧，往往能够推动整个纠纷的最终解决。在调解中，如果当事人已经就一部分问题作出了让步，而在剩下的部分问题中，若再作出一些让步就能解决纠纷的话，当事人可能会更倾向于再作出让步；除非再让步触及了其底线。有一句话叫"来都来了"，就很形象地反映了人们的这种心理。因此，先行解决部分问题的策略有双重效果：第一，它能够解决一宗调解案件中的部分问题，实现纠纷解决的功能；第二，先行解决部分问题能够推动其他问题的解决，最终实现纠纷的整体解决。

使用先行解决部分问题策略，有几个注意事项：第一，先行解决部分问题与最终问题的解决不能间隔太久，否则难以取得通过先解决部分问题推动其他问题解决的效果。一般情况下，先行解决的问题应该是在赢得了信任，大致挖掘了当事人的利益之后。当然也存在例外——如果特定简单问题的解决能够推动赢得信任或者推动调解进程，则可以在调解的开始阶段先行解决部分问题。如邻居院墙垮塌受伤案中，调解员在开始阶段就要求李某代表自己儿子向张某国道歉，有效地推动了调解的进程。第二，调解员不能简单地将调解中的一类问题理解为简单问题，另一类问题理解为复杂问题，一定要结合案件的具体情况去判断哪些问题可以先行解决，哪些难以先行解决。很多情况下，涉及金钱赔偿内容的部分不一定难以解决，而涉及道德情感的问题也不见得可以通过道歉、和解等方式简单解决。第三，先行解决部分问题也必须要双方当事人有较明确的意愿，不能由调解员强行推动。如果调解员强行推动部分问题先行解决，也许当事人在让步时会发出最后通牒——"我现在让步，是最后一次让步；这次让步之后，能够达成和解就达成和解，达不成和解就算了"。第四，先行解决部分问题的时候一定要通过复述、确认等方式明确下来，不给当事人反悔的机会。在我国，结合民众的心理，一般不要当场签订部分和解的文件，但是可以和当事人口头反复确定。第五，先行解决部分问题取得成功的时候，除了要通过复述和确认强化成功，还要通过赞许等方式给予正面反馈，让当事人感觉受到认可，从而有助于纠纷的整体解决。

四、形成方案

通常来说，调解活动在进行到一定程度的时候，需要调解员顺势而为的"临门一脚"，从而使调解圆满成功。这其中的"临门一脚"就是调解的"形成方案"环节。双方当事人之所以寻求调解，其目的就是要找到解决争议的方案，而针对不同的利益争端又会有不同的解决方案，这就需要调解员巧妙运用各种不同的策略和技巧。实践中形成方案的常见策略和技巧有以下几种。

（一）固定已经达成的成果

固定已经达成的成果，是指在双方当事人通过调解已经就部分争议达成妥协意愿的时候，调解员应当及时将这些妥协的意愿固定下来，防止当事人在最终达成完整的和解方案之前反悔。美国调解专家认为，调解员有义务勤勉地主持调解、尽最大可能促成当事人和解；但是这并不意味着调解员非要把纠纷完整地调解好不可。在现实中，经过初步调解，当事人往往能够就部分争议达成和解或者在部分当事人之间达成和解，却在部分纠纷内容或者部分当事人之间形成僵局。如果调解员通过努力仍然无法打破僵局，调解员应当及时放弃无法调解的部分，转而固定已经达成的成果。固定已经达成的成果就意味着将案件分割为几个可以独立的部分，一项一项地解决。那么通过调解，就可能在部分争议点或者当事人之间达成和解。除了通过签署部分和解协议之外，固定已经达成的成果还可以是在一方作出让步的时候及时明确、并记录在案或者反馈给当事人。

固定已经达成的成果的方式主要包括以下几种：（1）调解员重述。具体是指在当事人不是特别明确地表示就部分争议可以达成和解时，调解员应当及时将其意愿提炼，以明确的语言表述出来，再要求当事人确认。（2）案件切割。具体是指调解员将案件的争议分割成几个部分，告诉并取得当事人的同意，一部分争议不能达成和解不影响其他部分达成和解。一宗纠纷中包含几部分争议，其中有的容易解决，有的难以解决，在此情况下，这种措施往往非常有效。（3）签订部分和解协议和部分履行。具体是指调解员可以在达成部分和解的情况下签订和解协议甚至履行。美国调解遵循心理学的原理，人们害怕失去已经拥有的东西。一旦当事人签订部分和解协议或者部分履行，当事人往往容易就剩余的部分达成和解。

（二）变换和解的形式或名义

变换和解的形式或名义是一种打破僵局的调解方法，一般来说在纠纷涉及面子、情感等问题时往往可以适用。变换和解的形式或名义是指在当事人愿意作出实质让步但是基于面子、情感等原因产生障碍的情况下，变换让步的名义从而打破让步的障碍。比如在张建国与李萍邻里纠纷案中，张建国家境富裕，愿意给李萍几千元的费用进行治疗，但是不愿意接受张建国"赔偿"李萍的表述——因为这事关责任。在这种情况下，张建国不愿意赔偿，李萍不愿意接受"施舍"，因此只有变换张建国补偿李萍的形式和名义，才能最终解决纠纷。在该案中，最终的和解方案是张建国出材料和人工帮李萍粉刷房屋，而不是赔偿李萍医疗费，纠纷据此得以解决。

变换和解的形式或名义在使用时要注意以下几个问题：首先，该方法是一个典型的打破僵局的方法，因此，不适合在调解开始阶段使用。其次，变换和解的形式或名义必须是当事人愿意实质让步，但是无法接受对让步的表述——往往是涉及面子或者情感，因此，调解员必须挖掘当事人的心理，了解当事人愿意让步却又存在障碍的理由；同时，调解员还必须与当事人一起思考，如何变换和解的形式或名义。再次，调解员除了考虑让步方能够接受哪种变换后的形式或名义，还必须考虑对方当事人能否接受的问题。比如在张建国与李萍邻里纠纷案中，既然张建国愿意出钱但是不愿意承认该笔钱是赔偿，那么调解员是不是可以将该笔钱定性为赠与呢？答案显然是张建国可以接受，但是李萍不会接受。因此，一定要处理好和解的形式或名义是否为对方所接受的问题。最后，在涉及法律规则比较明确而和解方案与法律规则有出入的情况时，调解员要考虑两个问题：其一，该法律规则是强行性规则还是任意性规则，从法律上看是否能采用该方案；其二，向当事人说明调解的自愿性原则，避免和解之后再次产生纠纷。

（三）进行优劣势分析

进行优劣势分析，是指调解员通过帮助当事人分析其在当前纠纷中所选择的不同解决方案的优劣势，使其充分考量纠纷解决相关的各种可能性，从而调整自己对纠纷解决结果的预期收益。在优劣势分析中较为常用的方法是让当事人考虑最优替代方案与最差替代方案。最优替代方案是在既有的现实情况下可能实现的最优结果。比如通过诉讼解决纠纷，法院完全接受本方的观点，采纳本方的证据等，并且据此判决。最差替代方案是在既有的现实情况下可能实现的最差结果。比如通过诉讼解决纠纷，法院完全不接受本方的观点，不采纳本方的证据等，并且据此判决，或者即便是在诉讼中胜诉，但也无法实际获得应得的利益。调解员要做的不是帮助当事人考虑这个结果本身有多么有利，而是帮助当事人考虑追求最优结果带来的巨大风险和成本。

当事人在纠纷解决的过程中，往往因为实现自己利益的迫切需求与对不利因素的刻意回避等因素，导致其对纠纷解决结果的盲目乐观，对纠纷解决的结果也只有一个大致的考虑。调解员通过与当事人进行优劣势分析，使当事人认真思考纠纷解决的不同结果以及涉及的各种因素，如最优或最差结果的程度，最优或最差结果发生的可能性，最优结果可能存在的巨大的风险和成本，包括败诉的风险、高昂的律师费、时间成本等，通过引导当事人对这些情况的思考，改变当事人的盲目乐观，促进当事人调整预期，从而促成和解。

（四）着眼未来利益

着眼未来利益，是指调解员要引导当事人不仅仅局限于争夺纠纷中的现有的有限利益，而是要引导双方当事人去关注未来利益，基于对这种未来利益的考量，从而放弃追求分辨当前纠纷的是非对错，形成符合当事人意愿的解决争议的方案。比如在贸易纠纷中，单纯从法律角度考虑就只能判定谁负有责任且应当如何赔偿，但是双方当事人长期的贸易合作关系也许就因此恶化。调解员在调解中可以提醒当事人双方如果能够继续保持良好的贸易合作关系，未来可能获得更多有利于双方的利益，以此让一方或双方当事人对当前争夺的利益作出让步，达成和解。

着眼未来利益在美国商事调解中的运用较为常见。众所周知，调解起源于中国，被称为"东方经验"。目前，中国调解有一种普遍的做法就是调解员运用法律对当事人进行说服教育，换言之，中国调解以分辨法律上的是非对错作为调解的基本手段。但是与中国调解不同，首先，美国调解完全撇开法律上的是非对错，只问当事人的意愿即可。如果当事人坚持要分辨是非，完全可以走诉讼和仲裁的途径。其次，美国诉讼成本高昂，通过调解妥协获得部分赔偿不失为明智之举。最后，美国社会是典型的商业社会，人们会比较务实地从经济角度考虑问题。如涉及金钱的纠纷，人们更多的是关注怎么获得赔偿，而不是过于强调谁对谁错。这样的理念在美国这样一个商业社会已经为法律界和商界所接受。美国调解专家认为调解要向前看，着眼于解决问题；不要向后看，调解不是判断谁对谁错的问题。法律问题固然很重要，但是相对于解决争议问题来说就不是那么重要了；调解不追求判定谁对谁错的问题，只要当事人自愿，他们就可以以自己同意的方式解决争议。举例来说，在买卖合同欠款纠纷中，在走诉讼途径全部追偿和走调解途径追偿大部分欠款的选择中，很多债权人都会选择后者。从实体法律上来讲，债权人可能有权追回全额欠款，而且法院可能判决债务人承担诉讼费用；但是诉讼有时间成本、败诉风险，还有执行成本和风险，因而通过调解能获得大部分的资金是一个合理的解决方案。显然这个解决方案就不注重法律分析，也不计较债务人是否有恶意，关键是高效地解决纠纷。总而言之，法律的规定和当事人的需求往往不一致，在出现这种情况的时候，当事人宁愿不按照法律（强行法除外）规定来解决争议。

着眼未来利益在现代中国调解中也有很大的应用空间。首先，现代调解面临大量经济类纠纷。当前中国的经济发展水平已处于世界前列，经济的快速发展也带来了大量的经济类纠纷，与传统调解主要解决的是非经济类纠纷不同，现代调解解决的经济类纠纷数量激增，纠纷解决的效率与对未来利益的期许成为纠纷当事人考量的重要因素。其次，未来利益并非仅指在未来可获得的经济利益，未来利益的内容很丰富，可以是未来良好的贸易合作关系，也可以是未来和谐的家庭关系。

（五）提供参照点调整当事人预期

调整当事人预期是指通过各种方式使双方当事人预期的目标变得更为接近，达到可能和解的区域。所谓可能和解的区域是当事人双方和解预期重合的范围。如当事人矛盾的焦点是赔偿的金额，一方主张最低要获得 100 万元的赔偿金，而另一方最高只愿意赔偿 60 万元，此时双方很难就赔偿的金额达成共识，调解员要做的便是运用调解技巧使双方预期的目标发生重合，从而形成可能和解的区域，如运用调解技巧降低一方要求赔偿的金额数或提高另一方愿意赔偿的金额数。

在调整当事人预期之前，调解员可以给当事人提出一个参照点。参照点是指一个预设的目标，根据心理学原理，当调解员提出这个预设目标时，当事人会将自己的预期目标与调解员提出来的预设目标进行比较，以便形成调解员调整当事人预期的空间。当事人在进入调解阶段的时候往往就有一个参照点，这个参照点可能是基于片面或者错误的信息而形成的。如果调解员能够认识到这个问题，通过一定的方式将一个合理的参照点信息传达给当事人，就能影响当事人的想法，使其对争议解决的预期趋于合理。美国调解专家认为任何人或多或少都会受到旁人提供的信息参照的影响。调解员和律师能够影响当事人，当事人也可以反过来影响调解员和律师。比如一个律师认为一宗案件索赔的合理空间大概为 10 万美元，而当事人和律师对话时说他认为案件索赔的合理空间在 100 万美元左右，这时候律师就会重新考虑自己之前的估计。美国调解专家表示从心理学的角度来考虑，除非人们对参照点信息非常确信，否则即使是没有根据的参照点信息也能影响人们的看法。

给出参照点调整当事人预期，其实就是我们所说的"锚定效应"，即当人们对某个事件做定量评估时，会将某些特定数值作为起始值，起始值像锚一样制约着估测值。"锚定"是指人们倾向于把对将来的估计和已采用过的估计联系起来，同时易受到他人的影响。在做决策的时候，会不自觉地给予获得的信息过多的重视。这种情况说明人们倾向于把对将来的估计和已采用过的估计联系起来，同时易受到他人建议的影响。当人们对某件事的好坏做估测的时候，其实并不存在绝对意义上的好与坏，一切都是相对的，关键看你如何定位参照点。参照点定位就像锚一样，它定了，评价体系也就定了，好坏也就评定出来了。锚定效应在绝大多数情况下是潜意识里自然生成的，是人类的一种天性，正是这种天性的存在，才导致人们在实际决策过程中容易形成偏差，从而影响最终的结果。

在调解中，当事人对相关因素进行评测时，并没有一个绝对正确的标准，好坏都是相对的，关键在于以什么为参照。首先，调解员在给出参照点时，为了避免使当事人质疑其中立性，调解员可以通过暗示参照点的方式给出参照点。所谓暗设参照点是指调解员不明确主张赔偿额应该是多少，这样做很可能会激发当事人的逆反心理或者厌恶情绪，导致当事人顽固坚持自己的预期。其次，也可以通过交换诉求的方式设定参照点，即调解员可以让当事人交换关于赔偿数额的意见，让其相互影响，使双方的预期数额趋于接近。最后，调解员也可以通过律师评估的方式让当事人自己找到参照点。律师评估是指通过鼓励当事人询问律师意见的方式，通过律师的法律意见，调整当事人预期。

（六）运用道歉

美国调解非常重视道歉的作用，虽然道歉不能保证调解一定成功，但是在很多纠纷中，道歉是调解成功的必要因素。道歉的行为要求当事人能够战胜自身羞耻情绪，向对方承认过失，接受责任。因此，通常人们对于道歉很难启齿，但它却是修复人际关系、解决纠纷的重要环节。

道歉可从方式上区分为表达同情心和运用同理心。同情心是指一方当事人对另一方所受到的伤害流露出遗憾的情绪并致以歉意，即说话一方从自己的立场出发采取的一种态度。例如，"对不起，您丢失了您的爱犬，对此我感到很抱歉"。而同理心是对另一方所受的伤害表示感同身受，即说话人从对方的立场出发而采取的态度。例如，"对于您爱犬的走失我很抱歉，我曾经也走失过一只十分可爱的幼犬，所以十分理解那种心痛的感受"。

道歉的过程可分为三个阶段：承认错误，表达歉意，请求原谅。道歉强调的是当事人之间的相互理解与尊重，所以道歉必须真诚，因为它在和解中的有效性取决于被道歉的一方接受与否。缺乏诚意的道歉是毫无意义的，它仅仅是一种言语行为。那么，如何让道歉显得真诚？（1）情出自愿，真心悔过。道歉应出自本意而非他人逼迫，或是为了谋取其他利益而不得不为的"缓兵之计"。（2）从主观出发，表达悔意。学会用"我"来开头。例如用"我很抱歉……"来取代"对不起"。（3）不要为自己的行为找借口，要勇于承担责任。例如，"我为我之前的粗暴态度而道歉"。（4）人同此心，多站在对方的角度思考自己的行为。运用同理心，想想自己的行为给对方造成了什么样的影响。例如，"我很抱歉，我来迟了。我明白这打乱了您的计划，使您十分苦恼……"从心理学的角度来说，在多数情况下，只要道歉是真诚的，被道歉一方都会有一种倾向于接受道歉的压力，所以一般接受道歉比不接受的可能性要大。

（七）由当事人提出解决方案

无疑，当事人才是调解程序真正的主体，只有当事人最清楚自己的利益需求和调解目标。因此，鼓励当事人自己提出解决方案，是调解过程中引导当事人形成调解协议的有效方式，这也是促进式调解的重要特征之一。心理学领域有一个著名的"空白效应"理论，即在演讲过程中最好适当地留下一些空白，这样可以很好地提升演讲效果。"空白效应"理论同样适用于调解过程中，这就要求调解员在调解过程中也要试着留白，如针对某些关键问题，调解员可以先不表达出自己的观点和方案，而是鼓励当事人自己提出富有创造性的方案，这样可以有效提高达成调解协议的效率和概率。

通常来说，相对于调解员提出的解决方案，当事人更加倾向于自己提出的解决方案，如调解员提出被告赔偿 10 万元的方案和被告自己提出赔偿 10 万元的方案，其调解效果显然不同。其原因在于：首先，当事人提出的解决方案肯定最符合自己的利益需求；其次，当事人往往不会违反自己提出的解决方案；最后，由当事人自己提出解决方案对对方当事人而言显得更有诚意。① 因此，调解员在调解过程中应当时刻坚持"当事人才是调解主体"的理念，不轻易提出自己的解决方案，尽量引导当事人自己提出理想的解决方案。

（八）运用无异议调解方案认可机制

所谓无异议调解方案认可机制，是指经过调解员调解未能达成调解协议，但是双方当事人对争议事实其实并无重大分歧，调解员在征得各方当

---

① 程波．美国调解技巧的心理学解读．湘潭：湘潭大学出版社，2016：145．

事人同意之后，可以提出调解方案书面送达双方当事人；当事人在 7 日内未提出书面异议的，该调解方案即视为双方当事人自愿达成的调解协议，当事人提出书面异议的，视为调解不能成立，该调解方案也归于无效。无异议调解方案认可机制是我国调解领域探索出的新机制，其不仅有利于引导和促进调解协议的形成，还有利于避免调解资源的浪费。这项机制最初形成于上海浦东新区的调解实践中。在日本和我国台湾地区也有类似的机制。目前这一机制已经获得《最高人民法院关于人民法院进一步深化多元化纠纷解决机制的改革的意见》的认可。

　　运用无异议调解方案认可机制，其正当性基础主要体现在两个方面：其一，调解员提出调解方案之前必须获得双方当事人的同意和授权，这是对调解自愿原则的遵循；其二，调解方案送达当事人之后，必须获得当事人的默示认可，而且当事人拥有提出异议的权利。如此既尊重了当事人的调解主体地位和基本权益，也提高了调解协议达成的概率和纠纷解决的效率。[1] 具体而言，该机制的适用流程为，先由调解员询问当事人是否同意适用无异议调解方案认可机制，若同意则由当事人出具书面同意意见，再由调解员提出调解方案并送达双方当事人，同时告知当事人异议期限和法律效果，若当事人没有在期限内提出异议，该调解方案即转化为当事人之间的调解协议。

五、保证执行

　　经由调解达成调解协议之后，最为关键的问题就是如何保证调解协议的顺利执行，避免调解沦为竹篮打水一场空的"空调"。因为如果调解协议最终不能得以顺利执行，不仅会浪费当事人的时间和成本，还会浪费调解员和调解机构的解纷成本，长此以往更会影响调解机制的用户吸引力和市场欢迎度。根据目前的法律规定，国内调解协议在法律效力上等同于"民事合同"[2]，无法像其他争端解决机制的结果一样能够得到强制执行制度的

---

　　① 肖建国，黄忠顺．多元化纠纷解决机制中的几个创新点．人民法院报，2016 - 07 - 07．
　　② 不同于国内调解协议，国际商事调解协议在符合《新加坡调解公约》规定的前提下，能够在缔约国获得强制力。目前中国等 53 个国家已经签署《新加坡调解公约》，公约已于 2020 年 9 月 12 日正式生效，将对国际商事争端解决领域产生重大影响。

保障。通常来说，调解协议的执行往往只能寄希望于双方当事人心甘情愿地自动履行，但在这个问题上常常具有一定的"不确定性"，容易出现当事人"失信"的情况。因此，在实践中，调解员为了保证调解协议的执行，会采取以下几种策略和技巧。

（一）鼓励调解协议的即时履行

通常来说，调解协议达成之际往往是双方当事人对调解结果认可度和接受度最高的时候。俗话说，夜长梦多，履行期限拖得越长，当事人发生反悔和变卦的可能性就越高。因此在调解协议达成之后，为了避免让"煮熟的鸭子飞走了"，最好的方式就是"趁热打铁"，鼓励和引导当事人即时履行调解协议约定的权利义务，彻底终结调解活动。与此同时，调解员在和当事人商定调解协议时，可以尽量避免采取分期履行的方式，对于那些涉及标的额较小、赔礼道歉、排除妨碍等内容的调解协议，调解员则应当鼓励和引导当事人在协议签订之后当即履行，实现案结事了。譬如说，对于给付金钱的小额纠纷，达成调解协议之后可以立即通过支付宝、微信等移动支付方式，完成调解协议的履行。

鼓励调解协议的即时履行，能够有效提升纠纷解决实效，真正实现案结事了。国家层面也逐渐意识到了调解协议即时履行的重要性，在最高人民法院和司法部发布的《关于开展律师调解试点工作的意见》（司发通〔2017〕105号）中即规定，"经律师调解工作室或律师调解中心调解，当事人达成调解协议的，律师调解员应当鼓励和引导当事人及时履行协议。当事人无正当理由拒绝或者拖延履行的，调解和执行的相关费用由未履行协议一方当事人全部或部分负担。"这为调解员在调解实践中鼓励调解协议的即时履行提供了有力的政策依据。虽然这一规定目前只适用于律师调解领域，但将其类推适用于其他调解机制亦不乏合理性与正当性，如行业调解、商事调解、行政调解等。根据以上规定，若调解协议达成之后，当事人无正当理由拒绝或者拖延履行的，该当事人应当为此负担调解和执行的相关费用，这种责任倒逼机制将更加有效地推动调解协议的即时履行。

（二）将调解协议进行司法确认

将调解协议进行司法确认是保障调解协议顺利履行的重要方式。根据《民事诉讼法》《人民调解法》等法律和司法解释的规定，凡经过司法确认的诉讼外调解协议，可以转化为具有强制执行效力的民事裁定。所谓司法确认程序，是指对符合法律规定的非诉调解协议，法院依申请进行司法审查后，赋予具有明确性给付内容的非诉调解协议以强制执行力的程序机制。① 非诉调解协议司法确认最早起源于甘肃省的"定西做法"，后经中央推广和立法肯定而走向全国，是一项独具中国特色的制度创新。

最初，司法确认程序只适用于人民调解委员会调解达成的调解协议，经过一系列司法解释和规范性文件的完善②，该程序的适用范围逐步扩大至经行政机关、人民调解组织、商事调解组织、行业调解组织、律师调解组织或者其他具有调解职能的组织达成的具有民事合同性质的协议。换言之，凡经具有法定调解职能的调解组织调解所达成的具有合同性质的调解协议，均可申请人民法院进行司法确认进而获得强制执行效力。根据民事诉讼法及相关司法解释的规定，非诉调解协议的司法确认主要程序规则如下：（1）申请和管辖。调解双方当事人须在调解协议生效之日起 30 日内共同向法院申请司法确认。申请司法确认的，由调解组织所在地的基层法院或人民法庭管辖；委派调解的，由作出委派的人民法院管辖；当事人选择由人民调解委员会或者特邀调解组织调解的，由调解组织所在地基层人民法院管辖；当事人选择由特邀调解员调解的，由调解协议签订地基层人民法院管辖。案件符合级别管辖或者专门管辖标准的，由对应的中级人民法院或者专门人民法院管辖。③（2）受理和审查。法院收到当事人的司法确认申请之后，应在 3 日内决定是否受理，若受理则送达受理通知书，不受理即驳回申请；法院需在受理申请之日起 15 日（可申请延长 10 日）内作出是否确认的决定，法院审查事项主要包括该调解协议是否违反法律强制性规定，是否损害国家利益、社会公共利益、他人合法权益，是否违反公序良俗，是

---

① 刘加良. 非诉调解协议司法确认程序的实践误区及其矫正. 政治与法律，2018（6）.

② 相关司法解释和规范性文件主要有：《最高人民法院关于审理涉及人民调解协议的民事案件的若干规定》（法释〔2002〕29 号，现已失效）、《最高人民法院关于建立健全诉讼与非诉讼相衔接的矛盾纠纷解决机制的若干意见》（法发〔2009〕45 号）、《最高人民法院关于人民调解协议司法确认程序的若干规定》（法释〔2011〕5 号）、《最高人民法院关于人民法院进一步深化多元化纠纷解决机制改革的意见》（法发〔2016〕14 号）、《最高人民法院关于人民法院特邀调解的规定》（法释〔2016〕14 号）。

③ 参见最高人民法院于 2020 年 1 月 15 日发布的《民事诉讼程序繁简分流改革试点实施办法》。

否违反调解自愿原则，调解协议内容是否明确等内容。（3）裁定和效力。法院经审查，若确认调解协议有效，即可作出书面裁定，若一方当事人拒绝履行调解协议，另一方当事人可以向法院申请强制执行。实践考察发现，将调解协议进行司法确认是保障调解协议顺利履行较为行之有效的方式，尤其是对不能及时履行的调解协议，当事人可以优先考虑使用这一免费机制。

（三）将调解协议进行赋强公证

证明效力、执行效力、要件效力是法律赋予公证的三大效力。将调解协议进行赋强公证，就是由当事人共同向公证机构申请办理赋强公证，从而将调解协议转化为具有强制执行效力的公证债权文书，进而保障调解协议获得顺利履行。根据《公证法》第 37 条第 1 款之规定，对经公证的以给付为内容并载明债务人愿意接受强制执行承诺的债权文书，债务人不履行或者履行不适当的，债权人可以依法向有管辖权的人民法院申请执行。此即只要是以给付为内容的债权文书，且债务人作出若自己不履行或者履行不适当时接受强制执行的承诺，公证机构审查有效之后即可出具公证债权文书。通常来说，大多数调解协议都具有相应的给付内容，由此便可向公证机构申请出具公证债权文书，以此督促具有履行义务的当事人及时履行调解协议。这一机制先后在《最高人民法院关于建立健全诉讼与非诉讼相衔接的矛盾纠纷解决机制的若干意见》和《最高人民法院关于人民法院进一步深化多元化纠纷解决机制改革的意见》中进行了规定。根据相关规定，经行政机关、人民调解组织、商事调解组织、行业调解组织或者其他具有调解职能的组织对民事纠纷调解后达成的具有给付内容的协议，当事人可以按照《公证法》的规定申请公证机构依法赋予强制执行效力。债务人不履行或者不适当履行具有强制执行效力的公证文书的，债权人可以依法向有管辖权的人民法院申请执行。

将调解协议进行赋强公证，通常包括以下几个环节：首先，是由调解当事人共同携调解协议向公证机构申请办理赋强公证，公证机构对调解协议进行真实性与合法性审查之后，即可向当事人出具公证债权文书。其中，公证债权文书须载明调解协议的给付内容、履行期间等内容。其次，若负有履行义务的当事人在履行期间届满之后没有实际履行公证债权文书载明的权利义务，另一方当事人可以向公证机构申请出具执行证书，公证机构经过债务核实之后即可出具执行证书。最后，当事人可以凭公证债权文书、执行证书向相应的执行法院申请执行该公证债权文书，法院经司法审查无误后即可依据公证债权文书进行强制执行。与调解协议司法确认相比，办理赋强公证的优势在于其并无申请时间的限制，但却存在赋强公证必须收费这一劣势。

（四）将调解协议转化为支付令

运用督促程序将特定类型的调解协议转化为支付令与运用赋强公证程序将调解协议转化为公证债权文书较为相似。[①] 督促程序，是指法院根据债权人提出的给付金钱或者有价证券的申请，不经过开庭就直接向债务人发出支付令，如果债务人不在法定期间内提出异议，则该支付令就具有强制执行效力的程序。[②] 国家层面为了加强调解与督促程序的衔接，先后在《最高人民法院关于建立健全诉讼与非诉讼相衔接的矛盾纠纷解决机制的若干意见》和《最高人民法院关于人民法院进一步深化多元化纠纷解决机制改革的意见》中明确规定，以金钱或者有价证券为给付内容的调解协议，债权人依据民事诉讼法及其司法解释的相关规定，向有管辖权的基层法院申请支付令的，法院应当依法发出支付令。债务人未在法定期限内提出书面异议且逾期不履行支付令的，法院可以强制执行。由此可知，将仅具有民事合同效力的调解协议转化为具有强制执行效力的支付令，不失为保障调解协议顺利履行的又一有效方式。

调解协议如何运用支付令程序，具体可以参照民事诉讼法及其司法解释的相关规定。此处需要注意的是，将调解协议转化为支付令与司法确认、赋强公证相比，其最大的劣势在于只要债务人在收到支付令之日起 15 日内向法院提出书面异议，该支付令也即失效，沦为白纸一张。因此，调解协议的当事人在运用支付令程序之前，需要仔细考虑支付令本身存在的效力缺陷。此外，申请适用支付令程序还需按照标的额的三分之一进行收费，故成本问题也是调解协议当事人需要考虑的重要因素之一。

（五）将调解协议转化为仲裁裁决

将调解协议转化为具有强制执行效力的仲裁裁决，亦是保障调解协议

---

① 肖建国，黄忠顺．调解协议向执行名义转化机制研究．法学杂志，2011（4）.
② 张卫平．民事诉讼法．北京：法律出版社，2016：464.

获得顺利履行的可行方式。虽然这一机制尚无明确的法律及政策依据，但在许多地方已经开始探索将调解与仲裁相结合的模式运用于纠纷解决。如深圳证券期货业纠纷调解中心即在其《调解规则》的第 17 条中规定，当事人达成调解协议的，为使调解协议的内容具有可强制执行的法律效力，任何一方当事人可依据调解协议中的仲裁条款，申请深圳国际仲裁院根据其仲裁规则的规定，按照调解协议的内容依法快速作出仲裁裁决。此外，香港和解中心在国际商事调解领域也创设了"港式调解＋内地仲裁"的纠纷解决模式，即经由商事调解达成调解协议之后，当事人可以向深圳国际仲裁院或深圳仲裁委员会就调解协议快速作出仲裁裁决，从而使这份裁决得以在中国境内以及所有 159 个《承认及执行外国仲裁裁决公约》签署国或地区获得执行，充分有效地保障了国际商事调解的执行。① 综上可知，虽然调解协议也可以经由仲裁程序转化为具有强制执行效力的仲裁裁决，但其与其他几种机制相比存在法律依据不足、程序较为烦琐、费用相对高昂等方面的劣势。因此，对于在国内调解达成的调解协议而言，不太建议运用调仲结合这一机制，但国际商事调解领域达成的调解协议则较为适合运用这项机制保障调解协议的履行。

---

① 廖永安，段明 . 我国发展"一带一路"商事调解的机遇、挑战与路径选择 . 南华大学学报（社会科学版），2018（4）.

第二章　商业地产租金案

第一节　案情简介

本案例中的纠纷是一个商业地产租金纠纷，纠纷双方当事人分别是马克房产管理公司（以下简称"马克公司"）和诺瓦贸易责任有限公司（以下简称"诺瓦公司"）。1991年，马克公司和诺瓦公司签订了一项为期五年的租赁合同（以下简称"原合同"），合同约定：马克公司将一处商业地产租给诺瓦公司，诺瓦公司按月支付租金。合同履行了一段时间之后，诺瓦公司开始拖欠租金。在马克公司的催讨下，诺瓦公司支付了部分拖欠的租金。然而不久之后，诺瓦公司又开始拖欠租金。马克公司于是威胁要解除合同并收回该商业地产。诺瓦公司请求马克公司宽限，于是双方通过协商达成了新的租赁合同（以下简称"新合同"），约定租户诺瓦公司将该商业地产的一部分的占有使用权归还给马克公司，诺瓦公司对剩下的部分按月付给租金；之前拖欠的租金则按照新的还款协议（以下简称"还款协议"）支付。新合同到期后，租户诺瓦公司搬出了该商业地产。之后租户诺瓦公司按照还款协议支付欠款，直到1997年年底，诺瓦公司停止支付欠款。截止到1997年年底，诺瓦公司还欠马克公司17.6万美元。还款协议中约定的月利率为1.5%，并且约定在马克公司必须采取法律措施追偿债务的情况下，由此产生的费用均由诺瓦公司承担，其中包括律师费。

1998年，马克公司的代理人告知诺瓦公司：马克公司将把诺瓦公司所欠的债务划为坏账。对此，诺瓦公司理解为马克公司放弃了该债权。马克公司和诺瓦公司向国家税务局申报的 1998 年年度税务报表也表明了这一点，马克公司获得了对应这部分钱款的税务豁免，而诺瓦公司则将该笔账款计入了营业外收入。之后的四年时间里，马克公司和诺瓦公司没有任何书面联系。直到 2002 年 6 月，马克公司向诺瓦公司发出催收函，催收函声称马克公司多次电话要求诺瓦公司偿还债款但是诺瓦公司置之不理，因此马克公司要求诺瓦公司马上支付款项，否则马克公司将到法院起诉诺瓦公司。诺瓦公司声称自从 1998 年马克公司通知债务被列为坏账之后就没有接到过马克公司的电话。马克公司随后起诉了诺瓦公司，请求法院判令诺瓦公司支付 41.2 万美元，其中本金 17.6 万美元，利息 14.2 万美元，以及律师费 9.4 万美元。

第二节　背景资料

一、法律背景资料

本案例中，双方争议的第一个焦点是房主马克公司的代理人告知租户诺瓦公司将债务划为坏账的行为是否构成债务豁免。

原告马克公司主张告知行为和债务豁免是两件独立的事情，原告马克公司并没有在任何情况下表明放弃债务。并且，原告指出还款协议约定对该协议的修改必须是书面形式。因而，即使本案中原告告知了豁免债务，因为告知不是书面形式，口头豁免债务当属无效，从法律上来说，马克公司并没有真正豁免债务。

相反，被告则主张对方的告知行为就是债务豁免，而且原被告双方1998 年年度税务报表也表明了这一点。被告进一步主张，即使还款协议约定对协议的修改必须是书面形式，但是债务豁免并不是对协议的修改，而是一种合同权利义务终止的方式。被告最后一条理由是，原告的行为从整体上看构成禁止反言，原告首先表明将债务列为坏账，其次在此后几年之间从未追讨，因此原告的行为已经向被告传达出豁免债务的意思。而且被告信赖原告所传达出来的信息，因此如果原告现在反悔就会对被告不公平，这将违反禁止反言原则。

本案的第二个争议焦点是在债权有效的情况下利率的计算方式。

还款协议约定年利率为 18%（月利率 1.5%），原告主张适用该利率。合同之所以约定 18% 的年利率主要是因为美国的反高利贷法。美国各州基本上都将高利贷列为法律禁止的行为，佛罗里达州规定年利率超过 25% 的借贷行为就是高利贷行为，纽约州规定的为 16%，北卡罗来纳州规定的为 8%。本案所在的马萨诸塞州规定超过 20% 年利率的借贷行为就是高利贷行为。而被告主张，虽然还款协议约定了 18% 的年利率，但是这个利率明显不合理。当初合同约定 18% 的年利率的真实用意是促使被告尽快还款，而并非真的要收取 18% 的利息。事实上，自 20 世纪末期开始美国一直实行低利率政策，一般来说借款的年利率在 1%～5%，所以被告的主张也有道理。

二、双方的背景资料

（一）马克公司的背景资料

本案原告马克公司是房东兼债主。在诺瓦公司拖延支付租金之后，马克公司曾经坚持要收回房产，后来诺瓦公司请求宽限。经过几次谈判，诺瓦公司在债务问题上给予了非常优惠的条件：1.5% 的月利率以及如果必须通过法律手段追偿债务，由此产生的相关费用由诺瓦公司负责。还款协议签订时的银行利率远低于这个约定利率。

马克公司之所以通知将债务划为坏账，是从经营的角度出发，通过将这笔债务划为坏账，马克公司获得了这笔款项上的税务减免。事实上，马克公司的确没有要豁免诺瓦公司债务的意图。马克公司之所以通知诺瓦公司，是追债代理人的建议，这样做的目的是避免涉嫌偷税。在进行调解之前，马克公司咨询了律师，律师表示通知诺瓦公司将债务划为坏账并不意味着放弃债权，但是律师也表示不能保证胜诉，案件的结果要看证据、陪审团的态度等一系列因素，因此律师建议马克公司可以申请调解。

马克公司是通过代理人通知诺瓦公司将债务划为坏账的，在向诺瓦公司发出催收函之前，马克公司曾找代理人寻找相关书面材料。但代理人表示未能找到当时通知诺瓦公司将其债务划为坏账的书面材料。因此，马克公司现在也只能确定有发出将其债务划为坏账通知的事实，不能确定该通知是否采用书面形式。

（二）诺瓦公司的背景资料

诺瓦公司主张在长达四年的时间里，并未收到马克公司的任何催款请求，就这一情况是否也能表明马克公司放弃债权，诺瓦公司咨询了律师。律师表示有书面文件为证的债权诉讼时效为六年；但是依照相关的判例法，如果马克公司怠于行使债权，即使未过诉讼时效也可能构成债务豁免。而对方曾通知将债务划为坏账的行为也能够作为证据表明债务豁免。同时律师也表示，虽然诺瓦公司处于比较有利的形势，但进行诉讼仍然有败诉的风险。

之前马克公司的代理人是通过电话通知诺瓦公司的老板诺兰·富兰克林的，除此之外，诺瓦公司没有其他证据或者证人能够证明电话通知的内容。律师指出，这一点对诺瓦公司比较不利。

第三节　调解过程

第一次调解

说明：字母 M 代表调解员詹姆斯，字母 W 代表马克公司的老板麦克·韦恩斯，字母 F 代表诺瓦公司的老板诺兰·富兰克林。

M：欢迎来到 JAMS 公司。我是你们的调解员詹姆斯。你们叫我吉姆就好。

W：谢谢。

F：你好。

M：我已经和你们的律师通过电话，不过这是我第一次见到你们，请你们自我介绍一下吧。

W：我是马克公司的老板麦克·韦恩斯，你可以叫我麦克。

M：哦，这很好，我比较习惯称呼名字而不是姓，这样比较随意。那你呢？

F：我叫诺兰·富兰克林，我是诺瓦公司的老板。

M：我可以叫你诺兰吗？

F：当然可以。

M：再次欢迎你们的到来，我想先介绍一下我们调解的有关事项。如果对调解的程序有疑问的话随时可以提出来。

F：好的。

M：首先对你们选择我们 JAMS 公司表示感谢。我们公司是全美国最早也是最大的争议解决服务公司。而我自己也做了差不多 25 年的调解员，从事法律工作则差不多有 50 年了。请你们相信选我做调解员是非常正确的选择。

W：是我的律师向我推荐了你。

M：是的，没错。不过我要申明这并不代表我会因为这样而对你有所偏向。我向你们保证在整个调解过程中我都将保持中立。没问题吧？我要告诉你们今天的调解完全是自愿的，我的角色是一个中立的协助者。我协助你们找出一个和平解决纠纷的方案。最终的决定权在你们手上，你们决定要不要和解，以及最终的和解方案。

W：好的。

M：另外，我还得强调一下。我们这里不是法庭，调解是一个非正式的程序，我们在这个程序中会讨论你们之间的问题并想出解决的办法。我的工作不是对纠纷进行裁决，也不会对法律问题提供意见。你们知道我是个律师，虽然事实上我能够对一些法律上的问题提供建议，但是我现在的角色是调解员，因此我不会做法律上的分析。你们可以要求我做一个宏观的判断，但是那不会是法律意见。

F：那我们这里不按法律办事吗？

M：不是说不按法律办事，我们不能达成违反法律的和解协议。我的意思是说如何处理你们的问题关键在于什么样的结果能让你们双方都满意，而不需要执着于法律上谁对谁错。

F：好吧。

M：还有什么呢，哦！保密。我要告诉你们，整个调解程序是严格保密的。简单地说，就是我们大家都同意这个是保密的，而且今后法庭不得传唤我就你们之间的诉讼出庭作证。还有，在单方会谈中你们告诉我的一些保密信息，我也不会告诉对方，除非你授权我那样做。明白吗？

W：明白。

F：没问题。

M：我准备了一份同意调解确认书，之前有发给你们的律师，不知道他们是否转交给你们了。当然，这没有多大影响，因为我刚刚把主要的条款都告诉你们了，特别是关于保密的条款。现在，请你们再认真读一遍这个同意调解确认书，没问题的话就可以签署了。

W：好。（麦克和诺兰都签署了确认书）

M：好的，那我在这上面签字了。你们看，我在上面签了字代表我也受这个同意调解确认书的约束，我要保持中立，还要保守秘密。

W：嗯，我知道你会的。

F：嗯。

M：在开始调解之前，我还想说说后续调解的程序安排。首先，我们会先进行一个联席会议，你们和我都在场。联席会议的时候你们一方说，另外一方听。对方说的时候请不要着急打断，可以吗？

W：没问题

F：可以。

M：之后我会分别跟你们各方单独会谈，大概一两次，也可能三四次。如果有必要的话，我们还会再进行联席会议。在这期间，你们可以随时请求暂停调解过程，这是你们的自由。不过既然你们今天都大老远跑来了，我希望你们能够在今天把问题解决。没问题吧？

W：可以啊。

F：好的。

M：那这样吧，麦克，要不然你先说说看。

W：是这样，他们欠了我们租金，然后我们签订了一个租赁合同，其中……

M：据我了解是先有一个租赁合同，后来又签署了另外一个，对吗？

W：是的。在1991年，他们和我们签订了一个租赁合同，我们把一间大的门面租给他们使用，他们按月支付租金。刚开始还比较顺利，后来他们就开始拖欠租金。于是我们就开始追讨，但他们却说一时间没有足够的资金支付租金。于是，我们经过谈判重新签订了一个合同。

M：我们叫它"新合同"，可以吧？

W：可以。

F：可以。

M：你可以说说新合同的内容吗？

W：我正打算说。新合同有两部分，第一部分是关于房子的租赁问题。由于他们无法再继续承担全部门面的租金，因而在新合同中减少了房子租赁的面积，他们按照原来的租赁价格继续承租部分面积的门面。合同的第二部分是关于之前应当支付的租金。我们约定他们可以分期付款，每个月还一部分。

M：那新合同执行得怎么样？

W：他们还了一部分，但是依然欠我们一大笔。

F：我们已经还了绝大部分，而且后来的房租……

M：诺兰，我们等一下再听你说可以吗？

W：他们欠我们钱，1997 年年底之后就没有还过。到目前为止，本金是 17.6 万美元，加上利息和应当归他们承担的我们的律师费，现在他们总共还需要还我们 41.2 万美元。

F：什么，这是疯了吗？

M：诺兰，我们先让麦克把话说完，没问题吧？

F：可是……

M：我向你保证，你有机会说话，而且我和麦克都会听你说什么。

F：好吧。

M：我们说到哪儿了？哦，41.2 万美元。

W：对，41.2 万美元。

M：我记得你说 17.6 万美元啊？

W：17.6 万美元是本金，算上 14.2 万美元利息和 9.4 万美元律师费，总共 41.2 万美元。

M：明白了。14.2 万美元的利息，嗯……

W：我们的合同里头约定了利率是 1.5%。

M：1.5%？

W：对，1.5% 每个月。

M：哦，明白了，对了，你刚刚说 1997 年年底之后他们就没有还过钱。

W：是的。

M：好。那你现在希望怎么处理呢？

W：很简单，我们希望对方把钱付清。

M：好吧。你还有什么补充的吗？

W：暂时没有了。

M：好吧，那我们现在听听诺兰的说法。我得提醒你一下，麦克，诺兰说话的时候你不要打断，可以吗？

W：没问题。

M：诺兰。

F：我怎么说呢，他说的基本上都是事实。

M：诺兰，我希望听到具体一点的事实。

F：好吧。事情是这样，我们租了他们的一个很大的门面经营。租金是 4 万美元一个月。刚开始我们经营得很好，不过后来我们开始遇到一些困难，有些客户不能及时还款给我们。因此，我们也就开始拖欠他们的租金。

W：的确是如此，而且你们交租金交得越来越少……

M：麦克。

W：对不起。你继续。

F：后来我们的确欠了一些钱，我们通过各种途径想办法。这时候马克公司发信件过来要求我们还钱，要不然就把我们赶出去。我们就希望他们能够宽限一下。后来我们主动提出减少租赁的面积，这样我们每个月可以少付一些租金，余下的钱可以偿还之前欠下的债务。于是我们签订了新合同，并归还了部分店面，租金也降到了一个月 1.8 万美元。

M：对不起，新合同大概是什么时候签订的？

F：1994 年 7 月。我们当时大概欠了 40 万美元，也就是 10 个月的租金。我们一直还款，即使到 1996 年我们的租约到期了也是。

M：好吧，那现在你们还欠多少钱呢？

F：实际上我们不欠钱了。

M：这是怎么回事呢？

F：1998 年的时候，他们通知我们说他们将我们欠的钱计入坏账处理了。既然是这样，那债务就免除了啊。所以我们不欠他们的钱了。

W：对不起，我不得不插一句，就算我们将债务计入坏账，那也是我们自己的事，怎么可以说是免除债务了呢？

M：麦克，我知道你非常想说话，但是我还是想提醒你遵守规则好吗？你会有说话的时间的。

F：我们认为是免除了债务，我们还把这笔债务的免除计算到报税表里面了。另外，我们的律师告诉我们，他们也把坏账计算到当年的报税表了。所以这显然是债务免除。

M：那你们打算怎么办？

F：如果债务免除了，我们就不需要还钱了。

M：诺兰，你们愿意来调解说明还是有得谈的，不是吗？

F：这要看他们有多大诚意了。

W：你们钱都不还，还要我们讲诚意啊？

M：麦克、诺兰，我觉得你们双方都是有诚意的，我们没必要在这上面争执，不是吗？嗯，我明白你们双方的想法了，你们还有什么要补充的吗？

W：我们的合同里面规定对合同的修改必须是书面的形式……

M：我想这个问题我们放到单方会谈的时候再谈，可以吗？

W：好吧。

F：我都说完了。

M：那这样，我先和麦克谈一谈吧？诺兰你先休息一会儿，我让秘书给你拿杯咖啡好吗？

F：好的。

与麦克的第一次单方会谈

M：好，接下来我们先谈谈。你刚刚说书面修改的事情，你能给我解释一下吗？

W：是这样的。我们在后续签订的新合同里头规定任何对合同的修改都必须是书面形式。

M：嗯。

W：我们在收不到债务之后请了代理公司负责，结果代理公司也没能收到钱。1998 年，代理公司的人给他们打电话说债务计入坏账了。你知道，我们的合同规定的是书面修改，代理公司的人只是打了电话，我的律师进行过调查，他们没有给诺瓦公司任何书面通知。

M：所以你认为你们并没有免除债务？

W：嗯。

M：但是你们在报税的时候的确将它计入坏账了，不是吗？

W：这是两回事，我的律师告诉我合同规定必须是书面形式。

M：所以你的律师认为你们没有免除债务？

W：他是这么说的。

M：好吧，但也是他建议你们来进行调解的，不是吗？

W：嗯，是的。嗯，怎么说呢……

M：等一下，麦克，我想再提醒你，你在这里说的话我都必须为你保密，只有在你授权的情况下，我才能把你的话告诉诺兰。

W：好吧，律师说调解对我们更有利。

M：那你们有没有一个解决方案呢？

W：我们希望诺瓦公司先给一个方案。

M：那我怎么和他们说呢？

W：你就说我们希望他们全额支付，41.2 万美元。

M：你确定要这样做吗？

W：这样吧，还是这样说，但是你可以说得委婉一些。

M：好吧。

与诺兰的第一次单方会谈

M：我刚刚和麦克谈了谈。

F：嗯，他怎么说？

M：他的律师告诉他马克公司能赢这场官司，但是调解可能更好。

F：就是嘛，这不就是说他们打不赢官司。

M：诺兰，你们也请了律师对不对？

F：是的，没错。我们的律师认为我们能打赢官司。

M：我知道我说过我是不给法律意见的。不过我想你的律师应该没有告诉你说你们绝对能打赢官司是吧？我是个律师，我知道律师不会那样说的。

F：他说我们有很大的机会赢得官司。

M：那他知不知道你来参加调解呢？

F：他知道。

M：哦，他怎么说的？

F：他说我可以来参加调解，看看马克公司怎么说。

M：假设，我是说假设，马克公司非常有诚意，你的律师告诉你怎么办了吗？

F：他说如果对方提出的条件合适，那和解也不错。

M：我也这么认为。是这样的，我刚刚和麦克谈过了，他希望你们先提出一个方案。

F：什么？明显应该是他们提方案才对嘛。

M：诺兰，我在开始就说了我是中立的，你必须相信我。

F：我相信你，你在调解员中很有声誉。

M：好，我刚刚和麦克谈话，我觉得他们是有诚意通过调解解决你们的问题的。

F：我知道你的意思，但是如果我们先提方案，那我们不是占下风了？

M：我不这样认为。我认为先提方案反而有利，首先你们表现了你们的诚意；其次，提出一个方案，对方就必须也作出相应的反应，主动权在你。

F：好吧。这样我们愿意一次性支付 8 万美元。

M：8 万美元？

F：是的，我们愿意一次性支付 8 万美元。

M：嗯，我明白。你有和你的律师讨论过是否有其他的方案吗？

F：你的意思是？

M：比如采取一个付款方案，你先付一部分款项，然后再分期支付？

F：没有，我们没有讨论过。我们愿意一次性支付 8 万美元。

M：那假如，我是说假如，他们可以给你们更长的付款时间，你们支付的数额是否可以调整呢？

F：那要看他们给我们多长的时间。

M：现在你说的话我都有义务保密的。你不妨先和我说一说，你需要多长时间，你愿意出价多少。你授权我告诉麦克我再告诉他。

F：那这样，我们愿意出价 11 万美元，其中首付 1.4 万美元，剩下的 9.6 万美元分成 24 个月，每个月支付 4 000 美元。

M：你的方案提得很快嘛!

F：我来之前做了准备的。

M：那你现在打算要我怎么告诉麦克?

F：你把两套方案都告诉他，我已经迈出第一步了，接下来要看他们。

M：好吧，那如果他们提出一个数字，比你们的方案大一些，但是比原来的索赔小呢?

F：嗯，你先和他谈过了再说吧。

M：好吧。

与麦克的第二次单方会谈

M：麦克，我刚刚与诺兰谈过了。

W：好的，他怎么说?

M：这样，他说他可以支付你们 8 万美元……

W：什么? 你不是在开玩笑吧?

M：我还没说完，8 万美元一次性支付。另外呢，他们还提出另外一个方案。

W：什么方案?

M：分期付款，他们愿意支付 11 万美元，其中首期支付 1.4 万美元，剩余 9.6 万美元分 24 个月支付，每个月支付 4 000 美元。

W：不行，不行。这无法接受，太低了。

M：没关系啊，如果你觉得对方的出价太低，你可以提出你的方案。

W：我不愿意主动降低我们的要求。

M：麦克，我知道你的顾虑。但是你看，现在诺兰他们这边已经迈出第一步了，你们这边是不是也可以?

W：11 万美元，这根本就没有诚意嘛。他们欠我们的本金就有 17.6 万美元。

M：嗯，那你认为本金没得商量?

W：对，本金没得商量，然后我可以在利息上稍微让步。

M：你觉得你可以让步多少？

W：我不想提方案，应该是他们来提才对？

M：好吧。那我还有个问题，你们对分期付款没有问题吧？

W：我和我的律师讨论过。

M：他有没有告诉过你关于标准条款？

W：我不太明白你的意思。

M：是这样，你们的案件是已经在法院起诉之后才过来调解的。如果调解成功，你们必须回到法院结案。你们可以撤诉，也可以请求法院将和解协议纳入判决。

W：哦，我知道，他说过这个。

M：他有说过你们要采取哪种方式吗？

W：他说纳入判决对我们有利些，不过这个要看情况，还要看调解进行得怎样。

M：他有没有说权利放弃书的问题？

W：有，他说对方可能会要求我们签署权利放弃书。我们最好是等钱全部拿到手再将权利放弃书给他们。

M：好的，我知道了。

<u>与诺兰的第二次会谈</u>

M：我刚刚和麦克谈过。他不接受你们的出价。

F：那他想要多少？

M：他认为你们的出价太低，所以他不愿意接受你们的出价。

F：什么意思？我认为我们走出了第一步，现在也该轮到他们了，不是吗？否则我们还怎么谈？

M：诺兰，你不要着急啊。是这样，麦克是这么看的。他总共索赔41.2万美元，其中本金是17.6万美元，其他的是利息和律师费。他说本金没得商量，利息和律师费可以谈。

F：那他打算怎么个谈法呢？

M：他让你先提。

F：什么，这不公平啊？

M：诺兰，我知道你的意思。可是你看看，他们虽然没有出价，但是他们不是说利息可以谈吗？其实你先出价对你来说也有利。你先出价，他还价的时候肯定得考虑你的出价，对不对？

F：那这样，我们支付 17.6 万美元，首付 3.2 万美元，剩余款项在 24 个月之内每个月付 6 000 美元。

M：我就这样告诉他？

F：是的。

与麦克的第三次单方会谈

M：是这样，诺兰现在出价 17.6 万美元，3.2 万美元首付，然后在 24 个月之内每个月付 6 000 美元。

W：这离我们的要求还很远。你知道的。

M：我知道，没关系，我觉得我们调解进展很快，你可以提出你的方案嘛。

W：我们希望他们支付 29.4 万美元。

M：我可以问一下，你是怎么计算的吗？

W：本金 17.6 万美元，利息我们免掉一半，那就是还有 7.1 万美元，还有律师费，我们也愿意免掉一半，他们支付 4.7 万美元。

M：我想问一下还款的时间，你们接受多长的时间呢？

W：他们刚才不是说 24 个月吗？那就 24 个月好了。

M：好吧，我再和诺兰谈谈。

与诺兰的第三次单方会谈

M：我刚刚和麦克谈过，现在他提出了一套方案。

F：什么方案？

M：他们希望你们支付 29.4 万美元，给你们 24 个月的时间。

F：29.4 万美元，这是怎么来的？

M：本金 17.6 万美元全额支付，利息你们付一半，律师费付一半。

F：这不公平，就算是免掉一半利息，那利率还是有 9%。我查过最近几年的利率，最高才 8%，低的时候只有 3%。还有，我们是在调解，又不是在打官司，律师费不应该我们出。

M：嗯，那按照你的看法，你觉得怎么计算才公平呢？

F：本金 17.6 万美元，利率按 2% 计算那就是……

M：等一下，你刚刚说最低利率是 3%。

F：是的，但是因为他们一直没有追讨债款，所以我们才没有偿还的啊。再说 1998 年他们就通知我们不用还款了，现在又跑过来要还款，还要收利息，你说不是很过分吗？

M：别误会，我是中立的。我只是想知道你这样计算的原因。

F：好吧。嗯，那我们还可以支付 15 840 美元的利息。

M：那总额就是 191 840 美元。还款时间呢？

F：24 个月。先付……先付 23 840 美元，然后 24 个月每个月付 7 000 美元。

M：好吧。我再和麦克谈一谈。

F：好的。

与麦克的第四次单方会谈

M：刚刚诺兰又提出了新的方案。他们愿意支付 191 840 美元，首付 23 840美元，然后 24 个月每个月付 7 000 美元。

W：这个数字是怎么来的？

M：他是这样计算的。本金 17.6 万美元，按照 2% 的利率来计算，那么……

W：等一下，2% 的利率？这是什么意思？

M：是这样，诺兰查过最近几年的利率，最高的利率是 8%，最低的是 3%。

W：对啊，最低的也有 3% 啊。

M：诺兰的理由是这样，你们没有及时催讨债务，而且在 1998 年通知他们债务免除了。

W：债务从来就没有免除。

M：麦克，这是诺兰的看法，不是我的看法。

W：反正无论如何利率不可能这样低。

M：那你认为多少比较合理？

W：他刚刚说最高的利率是 8%，最低的是 3%是吗？那我觉得 7%吧。

M：我算一下，本金是 17.6 万美元，利率 7%，欠款时间 4 年半，那么利息是 55 440 美元。那个律师费的问题，诺兰说既然是在调解，应该你们自行支付，你怎么认为？

W：我看看，那按照 7%计算，总额就是 231 440 美元。这个是我能接受的底线。

M：好的，我觉得我们双方都做了很大的让步，现在我们非常接近成功了。我认为我们应该召开一次联席会议。

W：好。

第二次联席会议

M：我已经和你们分别谈了三四次。你们在这个过程中都表现出了和解的诚意。现在你们的出价已经非常接近了，我相信我们今天可以达成和解。

F：我还不知道他们的出价。

M：对。现在诺兰那边的出价是 191 840 美元，首付 23 840 美元，然后 24 个月每个月付 7 000 美元。而麦克这边的出价是 231 440 万美元，分 24 个月付清。

W：哦。

F：这个 231 440 美元是？

M：麦克，要不然你告诉诺兰你是怎么计算的？

W：本金 17.6 万，利率的话你自己说的最近几年最高的有 8%，所以我低一点，按 7%计算，那么利息就是……

F：你们一直没有催讨债务，反而同时免除了我们的债务……

W：债务从来就没有免除过。

M：两位，我想债务是否免除了，那是法庭的事，我们今天是要进行调解……

F：对啊，既然是法庭的事，那么他们就不能一口咬定债务没有免除。

说不定法庭认定债务已经免除了呢。我们愿意支付本金，还愿意支付 2% 的利息，已经相当有诚意了。

W：对啊，诉讼是有风险，但是风险不仅仅是我们有，你们也有风险。如果法庭认定债务没有免除呢？

F：那法庭也不一定认定利息。

M：先生们，不要着急。我们今天调解算是非常顺利的了，进展非常快。不如这样，我将你们双方的出价过程再给你们回顾一下。

你们刚刚开始调解的时候金额的差距是非常大的。麦克，你们这边索赔 41.2 万美元，而诺兰你们这边呢，则出价 8 万美元，差距有 33.2 万美元。那现在呢？我们只有约 4 万美元的差距了。可见，我们有进展，这是非常明显的。我认为我们只要再进一步，今天就能达成和解，不是吗？

W：那这样，我们愿意再降低一些。只要支付 22 万美元给我们就可以了。

F：我们最多支付 20 万美元。

M：好吧，要不我们先不讨论数额的问题。你们都接受分期付款，时间为 24 个月，对吗？

W：可以。

F：没问题。

M：那这样，我再和你们单独谈谈。

与麦克的第五次单方会谈

M：麦克，你们现在只有 2 万美元的差距了，我认为只要双方各让一步就能成功。

W：我已经让步了。

M：我知道。没关系。你记得我问过你关于和解之后还要回到法庭的事吗？

W：我知道。

M：那现在我认为你还让步一点点，就能成功。我在假设，如果对方不愿意将和解协议纳入判决中，你可以接受吗？

W：我不知道，你是说如果我同意不将和解协议纳入判决中，你可以说服诺兰支付 22 万美元吗？

M：我没有把握，但是我可以试试。

W：我得和我的律师谈谈。

M：可以，你还可以问问你的律师，如果纳入判决，21 万美元是不是能够接受？

W：好的。（麦克与律师通话，调解员詹姆斯回避）

W：我刚刚和律师通过话了，他觉得两种方案都可以，不过纳入判决那个更好。

M：好的，我再和诺兰谈谈。

与诺兰的第四次单方会谈

M：我刚刚和麦克谈过。他现在有两个方案给你。

F：哦。

M：第一个方案是你们支付 22 万美元。

F：这算什么方案？

M：我还没说完，你们支付 22 万美元，和解协议不纳入判决，他们去撤诉，法院会实质性地驳回这起案件。

F：我的律师和我说起过，但是我忘记了，实质性驳回案件是什么意思？

M：就是说他们再也不能因为你们租赁欠款的事起诉你们了。我建议你待会给你的律师打电话咨询一下，他会给你建议。第二个方案就是你们支付 21 万美元，和解协议纳入判决中。

F：我问问我的律师。（诺兰与律师通话，调解员詹姆斯回避）

F：我刚刚问过我的律师，知道你说的方案是什么意思了。

M：哦。

F：这样，和解协议可以纳入判决中，但是我们只能支付 20 万美元。

M：嗯，好吧，我再和麦克谈谈。

与麦克的第六次单方会谈

M：这样，现在诺兰说和解协议可以纳入判决中，但是他们只能支付

20 万美元。

W：这样啊。

M：刚刚你的律师有和你解释和解协议纳入判决中有什么好处吗？

W：他告诉我如果这样，那我们的协议就是判决。如果他们违反的话就是违反判决，我可以要求强制执行。

M：呼！很好，一路谈下来也不容易，不是吗？那么现在差距已经很小了，你想想，如果走回法庭的话肯定是有风险的。

W：你是劝我接受吗？

M：不，我只是提醒你应该考虑的各种情况，决定权在你。

W：那好吧，我们就这么办。

最终双方达成了和解，调解员草拟了和解协议，由双方的律师审核。

第四节　案例评析

本案是典型的商业纠纷，并不涉及金钱以外的其他因素，主要涉及的是如何赔付金钱债务的问题。因此在本案中，调解员面对的障碍主要是当事人对案情以及证据的不合理预期。但是本案还是有很大的调解成功可能性的，因为从法律上来讲，双方的理由都不够充分，而且双方都同意进行调解，这说明他们都意识到并且能够接受金钱数额上的妥协。综观本案的调解过程，其属于典型的促进式调解。调解员在调解过程中，主要运用了保持实质中立和形式中立、鼓励让步、提供参照点调整当事人预期、由当事人提出解决方案等调解技巧。

一、保持实质中立和形式中立

通常来说，调解员在调解过程中无论是在实质上还是在形式上都应当始终保持中立，对争议双方不能存有偏见或者偏袒。在本案的调解过程中，调解员在调解开启之时便明确告知双方：自己的角色只是中立的协助者。而且在调解过程中，调解员也多次重申自己是中立的。正是由于调解员在调解过程中能够始终保持中立，争议双方才敢于、才愿意主动表达自己的真实想法和提出自己的方案。因此，调解员进行促进式调解时，可以经常提醒自己是中立的第三者，从而让争议双方消除戒备心理，使调解能够得以顺利推进。

二、鼓励让步

常言道，调解是一门妥协的艺术。因此在调解过程中，调解员经常会采取措施，鼓励双方当事人进行相应的让步，从而打破调解过程中的僵局状态。本案调解的末期，双方当事人即将达成协议，但在是否将调解协议纳入判决，以及纳入判决之后赔偿多少的问题上产生了争议。麦克最终接受了将调解协议纳入判决，并要求诺兰赔偿 21 万美元的方案。然而，诺兰却提出如果将调解协议纳入判决，他只愿意赔偿 20 万美元。调解员意识到在双方当事人的方案只存在 1 万美元差距的情况下，果断采用了鼓励让步的调解技巧。调解员向麦克重申将调解协议纳入判决的利好之处，并告知麦克不要因为 1 万美元让该纠纷再次陷入诉讼，麦克出于避免案件再次陷入诉讼的风险的考虑，最终作出了让步：诺兰可以少还 1 万美元。通过作出 1 万美元的让步，不仅成功达成了调解协议，而且避免了自身再次陷入诉讼风险，这对于麦克而言是比较理性的选择。

三、提供参照点调整当事人预期

商业纠纷相对于其他纠纷来说有其独特之处，即当事人更为关注的是金钱利益。通常来说，商业纠纷中的当事人都会对金钱利益有较为明确的预期，而且往往都认为自己的预期合理合法，而对方的预期则相反。

调解经济利益更为突出的商业纠纷，最有效的技巧之一就是调整当事人预期。调整当事人预期的方式有很多，其中包括从法律上分析当事人诉求的诉讼风险、调解员或者对方给出参照点等。本案的调解过程中，调解员较为灵活地运用了这两种方法。

前文已述，本案原告马克公司与对方签有书面的还款合同，其中明确规定月利率为 1.5%，而且马克公司也有一系列的文件证明债权的真实存在。然而，马克公司的代理人也的确电话通知过诺瓦公司该笔债务已经列入坏账，所以从原告马克公司的角度出发，诉讼肯定是有很大风险的。马克公司的律师之所以推荐调解解决，可能也有这方面的考虑。而对被告来说也存在同样的风险，在美国法中，口头通知债务列入坏账是否一定构成债务免除是不确定的；而且他们的确与马克公司签有还款协议，约定的月利率的确是1.5%。万一败诉，那么诺瓦公司就必须全额支付赔偿，而且还要承担对方的律师费。因此，本案中双方都有诉讼失败的风险。众所周知，存在风险的债权，价值要低于账面债权。在与麦克的第一场单方会谈中，调解员提醒麦克他们的律师建议他们来调解；而在与诺兰的第一次单方会谈中，调解员也指出诺兰可能误解了律师的话。诺兰的律师认为官司能打赢，并不是说绝对能打赢，而是存在风险。而在调解的最后阶段，调解员提醒当事人要从正反两面看麦克诉讼的风险。他指出，如果不和解，进入法庭程序对马克公司而言是有很大风险的；而如果接受诺兰的提议，那么可以把和解协议列入判决中，同时还可以避免将来诺瓦公司违反和解协议的风险。正是因为在最后阶段调解员这样轻轻一推，就促成了和解。

　　本案没有太多当事人立场背后的利益可以挖掘，重点就是如何使当事人理智地提出解决方案。因此，本案进行了多轮的单方会谈。从表面来看，调解员所做的工作就是转述双方的提议，但是调解员同时也发挥了关键的作用——提供参照点，这样有助于调整当事人的预期。调解过程中的第一个参照点是本金的数额，即17.6万美元。对于马克公司来说，这部分债务是必须要偿还的，毫无商量的余地。因此，调解员在转述麦克的想法时，就明确告诉诺兰这个本金数额没有商量余地。诺兰刚开始提出的是一次性支付8万美元或者分期支付11万美元。按照正常的谈判过程，诺兰也许第二次会提出15万美元分期付款。正是因为有调解员提供的参照点，下一次会谈中诺兰将数额提高到了17.6万美元。第二个参照点是诺兰提出的最近几年的利率。诺兰提出，最近几年的利率是3%到8%。在转述诺兰的提议时，调解员将这个信息传达给了麦克，本来麦克是希望坚持一半的利率，也就是9%的利率。在明确接收到诺兰对利率的提法之后，麦克改变了自己的预期，他主动将利率降到了7%。由此可知，利率的参照点对麦克心中的预期起了调整作用。本案的第三个参照点是调解员陈述的双方出价差异的变化。在刚开始，双方出价的差异为33.2万美元，经过几轮的谈判，这一差异逐渐缩小。这样一个动态的值也是一个参照点。调解员在双方陷入僵持的时候主动抛出这样一个参照点十分有用。双方马上各自让了一步，虽然步子比较小，但是僵局被打破了，调解得以顺利进行。本案调解员采取了参照点的方法来调整双方的预期，调解的过程证明了这个方法有效。在调解员的帮助下，马克公司对债权的预期逐渐降低，而诺瓦公司的预期逐渐提高，最终顺利达成了和解。

四、由当事人提出解决方案

本案的调解过程还展现了另外一项重要的调解技巧，即由当事人自己提出解决方案。当事人才是调解程序真正的主体，只有当事人最清楚自己的利益需求和调解目标。因此鼓励当事人自己提出解决方案，是调解过程中引导形成调解协议的有效方式。任何情况下都是当事人掌握主动，调解员只是促成双方沟通的桥梁。因此，调解实践中有一项很重要的技巧，就是调解员在了解当事人的底线之后，不能轻易提出调解方案，而是应当运用多种技巧，让当事人自己提出方案。根据心理学的原理，相对于调解员提出的方案，当事人总是倾向于接受从自己口中说出的方案。比如，调解员提出应当赔偿的一方赔偿一万元的方案和使其自己提出赔偿一万元的方案，对解决争议的效果而言完全不同。

综观本案的调解过程，调解员在调解之初便声明：自己只负责协助双方提出和平解决的方案，最终的决定权完全由双方当事人掌握。而且，调解员在调解过程中，始终在鼓励双方当事人主动提出解决方案。尤其是在调解的最后，当麦克问调解员是不是认为他应该接受对方的方案时，调解员的回答仍然是："不，我只是提醒你应该考虑的各种情况，决定权在你。"在权衡了各种利害关系之后，麦克接受了诺兰的最终方案。正是由于这个决定是麦克自己作出的，其日后反悔的概率也就大大降低，这样和解协议也将顺利获得履行。

第三章　建筑工程款项案

第一节　案情简介

建筑工程是纠纷多发的领域，本案例就是对建筑工程款项争议进行的调解。争议双方分别是 H 省建筑集团第五公司（下称"建五公司"）和 H 省亿都建筑工程有限公司（下称"亿都公司"）。争议过程大致如下。

张某玲和张某舟原本都是建五公司的员工，张某玲在法务部门担任法务总监，张某舟在市场部门工作。2010 年，张某舟发现建筑行业行情不错，于是在建五公司办理停薪留职后，与妻子王某及其他两位战友共同创立了亿都公司（法定代表人为王某）。此前，张某舟与张某玲在建五公司工作期间关系相处得不错，离职创业之后，张某舟也经常向张某玲咨询和请教法律事务，并向其支付一定的报酬。张某玲由此也经常向建五公司领导推荐张某舟及其亿都公司，并向亿都公司分包过四五次工程，工程价格从 500 万到 3 000 万不等，亿都公司从中获利不少。

2013 年，亿都公司法定代表人王某通过朋友知悉 S 省乙县正在筹建体育中心，建设项目包括三栋楼和一个体育馆，项目总造价预算为 10 亿元。乙县政府为此专门成立了项目指挥部，指挥部注册设立宏发公司专门负责该项目的建设和管理。王某的朋友恰好在该项目指挥部工作，并告知王某可以想办法承包该项目的部分工程，工程预算约为 1.2 亿元。不过，由于亿都公司的建筑资质不足，无法以自身名义承接该项目。张某舟于是联系建五公司的张某玲，张某玲向公司领导汇报后，领导同意出面竞标该工程。

建五公司与亿都公司约定：建五公司竞标成功后由亿都公司实际施工，建五公司负责项目签约和资金结算，并在工程款中抽取 5% 的管理费，其余工程款归亿都公司所有。

2013 年 12 月，建五公司成功竞标了该部分工程，负责体育场馆的场地和框架建设，工程总价款为 1 亿元，建设期间为 2014 年 1 月 1 日至 2015 年 4 月 1 日。亿都公司向宏发公司支付了 200 万元保证金之后，建五公司与宏发公司顺利签订了上述建筑工程承包合同。同时，建五公司向亿都公司派驻了 4 名技术员负责指导工程建设，4 名技术员的工资总额为 3 万元每月，先由亿都公司向建五公司支付，再由建五公司向技术员发放

2014 年 2 月 10 日，亿都公司开始正式施工，并于 2014 年 5 月 10 日完成平整场地、搭建围栏以及地基挖掘等工作。宏发公司便向建五公司支付了第一期工程进度款 2 000 万元，建五公司向亿都公司支付 1 000 万元，并答应在 2 个月内将剩余款项支付给亿都公司。2014 年 7 月 10 日，亿都公司完成了部分地面设施的施工，按照合同约定，宏发公司应向建五公司支付第二期工程进度款 2 000 万元，但宏发公司只向建五公司支付了 1 000 万元，故建五公司也只向亿都公司支付了 950 万元。然而不久之后，宏发公司通知亿都公司暂停施工，原因是乙县政府决定调整建设方案，并表示在乙县政府没有作出最终决定之前不会支付任何款项；2014 年 10 月 1 日，亿都公司要求建五公司尽快与宏发公司协商，并向建五公司催讨此前剩余的款项，建五公司向亿都公司支付了 400 万元。2014 年 10 月 20 日，乙县政府撤销了项目指挥部，该工程项目被停止。

自此以后，亿都公司多次要求建五公司向宏发公司追索后续工程款项，但是并无多大效果。于是，亿都公司在 2017 年 1 月 20 日向甲区法院起诉了建五公司，并请求法院判令建五公司：（1）向亿都公司退还 200 万元保证金；（2）按照实际完成工程量 45%，向亿都公司支付剩余工程款项 1 925 万元，其中包括第一期 500 万元、第二期 950 万元、结算后 475 万元；（3）按照本金 1 925 万元及年利率 6% 向亿都公司支付利息总共 223 万 1 250 元（计算期间为 2015 年 4 月 10 日～2017 年 1 月 10 日）。

建五公司答辩称：（1）根据与宏发公司的建筑工程承包合同，200 万元保证金需在完成工程一年以后才能退还，宏发公司并未退还该笔款项，故

不存在退还及支付利息的问题。（2）关于亿都公司要求支付的剩余工程款，建五公司表示只收到第一笔 500 万元，并愿意在 3 个月内支付。针对其他款项，建五公司已经向乙县法院起诉宏发公司，目前该案还在审理中。（3）关于利息计算，亿都公司此前对第一笔 500 万元款项并未给出明确期限，故不存在利息问题。其他两笔款项，建五公司未曾收到宏发公司的付款，故也不存在利息计算的问题。（4）因为建五公司与宏发公司的民事案件还在乙县法院审理中，在宏发公司应当向建五公司支付的数额确定之前，也无法确定建五公司应当向亿都公司的支付数额，故本案应当诉讼中止。（5）亿都公司只向建五公司 4 名技术员支付了前 3 个月（2014 年 2～4 月）的工资，剩余未支付的 6 个月（2014 年 5～10 月）工资 18 万元应当予以扣除。（6）宏发公司在诉讼中提出因工程延期 2 个月施工导致损失 200 万元，如果法院判决建五公司承担该损失，最终应由亿都公司承担。（7）建筑工程价格核算费用在 50 万～70 万元之间，该费用也应当扣除。

争议双方出于各方面考虑并在法官的推荐下，选择由 H 省天融商事调解中心的秦某进行调解。秦律师还承诺第一次调解不收取费用，调解时间确定为 2017 年 5 月 10 日。

第二节　主要争议

经过梳理可以发现本案的争议双方，主要存在以下几个争议焦点。

第一个争议焦点是宏发公司是否于 2016 年底向建五公司支付了 200 万元，该笔款项又是否为退还的保证金。原告亿都公司主张宏发公司在 2016 年底向被告建五公司支付了 200 万元，并认定该笔款项为退还的保证金，因此要求建五公司退还这 200 万元。与此相反，建五公司主张根据当时的合同约定，宏发公司在工程完成一年后才会退还该笔保证金，因此不存在退还保证金的问题。

第二个争议焦点是剩余工程款的支付及利息计算问题。亿都公司主张按照实际完成工程量的 45% 计算，宏发公司应当向建五公司支付的工程款为 4 500 万元，建五公司扣除 5% 的管理费之后以及此前已经支付给亿都公司的款项，还剩余 1 925 万元。按照年利率 6% 的标准，建五公司应向亿都公司支付利息共计 223 万 1 250 元。相反，建五公司则主张，第一期余款 500 万元并未约定支付期限故不能计算利息；而对于其他剩余款项，宏发公司根本没有向建五公司支付，且具体的数额还需在另案中审理确定，因此不存在支付和利息计算的问题。此外，宏发公司还在诉讼中提出因为项目延期施工 2 个月造成的 200 万元损失，需要在工程款中扣除。

第三个争议焦点是 4 名技术员的工资问题。建五公司主张亿都公司仅支付了 3 个月的工资，按照合同约定还需支付 6 个月的工资共计 18 万元，这 18 万元应在工程款项中予以扣除。亿都公司则主张建五公司派驻的技术员实际上只参与了几次工程指导，为他们支付 3 个月的工资已经足够了，不需要再为其支付剩余的工资。

第三节　背景资料

一、亿都公司的背景资料

亿都公司是由张某舟和他的妻子王某以及其他两位战友共同创立的，其中张王夫妻占股比例为 40%，其他两位战友各占股 30%。张某舟凭借与原同事建五公司法务总监张某玲的友好关系，多次获得建五公司分包的建筑工程，并从中获益不少。其后，张某舟及其妻子王某经朋友介绍，看中了乙县体育中心项目的部分工程（价款 1 亿元），但自己却没有相应的建筑资质，于是向张某玲及建五公司求助，请求建五公司出面竞标并签订该项目合同，但具体施工由自己公司负责。作为回报，建五公司可以从建设工程价款中获得 5% 的项目管理费。

项目中标后，按照发包方宏发公司的要求，亿都公司只有先支付 200 万元的保证金才能签订合同。公司的股东们考虑到该项目有利可图，因此在资金周转困难（账户流动资金仅剩设备抵押借款 280 万元）的情况下，仍向宏发公司支付了 200 万元的保证金。项目签约后，因为施工前期需要准备时间，亿都公司比原定的开工时间晚了 2 个月。亿都公司完成初步施工后，宏发公司按照工程承包合同向建五公司支付了第一期工程款 2 000 万元，建五公司向亿都公司支付了 1 000 万元，并答应 2 个月内将剩余款项付给亿都公司。其后，宏发公司又向建五公司支付了第二期进度款 1 000 万元（按照约定应为 2 000 万元），建五公司向亿都公司支付了 950 万元。亿都公司希望宏发公司尽快支付剩余款项，却被宏发公司通知暂停施工，其后又被告知项目将重新招标。亿都公司于是要求宏发公司进行款项结算但遭到拒绝，此时记录的完成工程量为 45%。

多次催讨剩余款项无果之后，亿都公司股东向法官朋友咨询。该法官提出以下几点意见：（1）亿都公司与宏发公司并非合同当事人，起诉宏发公司将会被法院裁定驳回；（2）建五公司的期待利益只有工程款的 5%，因此可能不会尽力去向宏发公司争取剩余款项，必须盯紧建五公司；（3）亿都公司也可以去起诉建五公司，要求建五公司退还 200 万的保证金以及其他剩余款项。不过，这位法官朋友也提出，亿都公司与建五公司之间的合同存在违法、借用建筑资质的嫌疑，因此建议与建五公司的争议尽量协商解决。

2017 年 1 月 10 日，亿都公司得知宏发公司已将 200 万元保证金退还建五公司，于是向建五公司索要该笔款项，而建五公司却否认收款。亿都公司认为建五公司是在要赖拖延，无奈之下便向甲区法院起诉了建五公司，并提出了前述几项诉讼请求。其间，亿都公司咨询过律师，律师认为：一方面，宏发公司的行为可以构成默示的解除合同；另一方面，亿都公司可以主张自己与建五公司的项目管理合同是无效的，因此建五公司必须退还亿都公司支付给它的相关款项；建五公司与宏发公司之间的纠纷，与亿都公司无关。律师还提出有关担忧，即建五公司在与宏发公司的纠纷中可能采取两种对亿都公司不利的策略：一是故意拖时间；二是轻易达成和解。亿都公司于是在律师的建议下也起诉了宏发公司。

二、建五公司的背景资料

张某玲向来和老同事张某舟的关系不错，并多次照顾张某舟创办的亿都公司。张某玲原本对乙县的体育中心项目并没有多少兴趣，但张某舟多次相求并承诺所有的工程业务、前期垫资以及事故责任都由亿都公司负责，建五公司可以直接提取 5% 的工程总价款。鉴于该工程标的额较大且收益较高，张某玲向建五公司领导汇报，领导同意按照该方案进行，并成立了由张某玲负责的项目部。

经法务部门提醒，为了规避非法出借资质的法律风险，建五公司要求亿都公司向宏发公司支付 200 万元的保证金，并派驻 4 名技术员到亿都公司指导建设，工资由亿都公司支付。从 2014 年 2 月 10 日到 2014 年 8 月 10 日，该工程进展顺利，宏发公司也支付了相应的款项，但项目在完成 40% 左右之后被突然停止。当时，建五公司自身并无多大损失，因此没有积极进行结算和索要剩余工程款项。经亿都公司多次催促，2016 年年底，建五公司向宏发公司催讨到了 200 万元。亿都公司要求建五公司归还这 200 万元的保证金，建五公司表示未曾收到这 200 万元。一方面，建五公司年终资金吃紧，想先拖一拖；另一方面，宏发公司转账时并未说明这是保证金，建五公司认为这是工程款。其后，亿都公司起诉建五公司，张某玲为此还被公司领导批评。领导向张某玲提出了以下应对策略：一是尽量拖延亿都公司与建五公司的诉讼，如果条件合适可以选择和解，但是支付的数额要打折并分期支付；二是建五公司也要起诉宏发公司和工程项目指挥部，如果可以结算就尽快结束诉讼。建五公司在诉讼中发现宏发公司提交的一份由 B 省某市工程造价站出具的工程结算评估报告，报告指出，根据工程实际完成量，工程结算价值为 3 800 万元，而且工程还存在部分瑕疵。建五公司对该报告不予认可，理由有三点：（1）报告系宏发公司单独找 B 省某市工程造价站出具，建五公司完全不知情；（2）工程结算评估报告仅应评估工程的价值，而工程质量应由政府建设部门或者质量监督站另行检测评定；（3）报告中引用的一项标准是 B 省的工程定额标准，该标准比 S 省和 H 省的标准低 8% 左右，这样不合理，应当按照实际市场价值计算。出于各方面考虑，建五公司制定的策略为：尽量向宏发公司争取款项，而对亿都公司则根据该结算报告尽量少付钱，从中赚取一两百万元的差价。

事后，建五公司知悉亿都公司已经起诉宏发公司，并根据建筑法及相关司法解释的规定，主张借用资质的建设合同无效，施工方可以主张支付实际工程款项。建五公司为此感到担忧，因其大部分工程都是这样签约的，尽管在这个工程中建五公司派出了技术员，但法院并不一定认可这种间接管理。另外，宏发公司明确告知建五公司，亿都公司必须撤销对宏发公司的诉讼，否则不会付钱给建五公司。

第四节　调解过程

说明：字母 Q 代表调解员秦某，字母 W 代表亿都公司法定代表人王某，字母 Z 代表建五公司工程项目部负责人张某玲。

Q：你们好，欢迎来到 H 省天融商事调解中心。我是你们的调解员秦某。这还是我第一次见到你们，请你们自我介绍一下吧。

W：秦律师你好，我是亿都公司法定代表人王某。

Z：秦律师好，我是建五公司项目负责人张某玲。

Q：好！王总，张总，再次感谢你们选择天融商事调解中心，选择我作为你们的调解员，请问这是你们第一次参与调解吗？

Z：是的！

Q：我也是！

W：好的，感谢你们的信任！首先我想先介绍一下调解的相关情况，你们如果有问题可以随时提出来。

W：好的！

Q：我们天融商事调解中心是 H 省第一家专注于商业调解和谈判的公司，我们处理过很多有名的商业纠纷，比如说地标"星城国际"的建设纠纷，就是由我们公司调解成功的。我本人也是天融中心的创始合伙人，专攻建筑工程纠纷解决，已经从事律师职业 35 年了，主持调解的商业纠纷也有近千起，在这个行业也算小有名气。

Z：秦律师，怪不得我们的法官推荐你，我在网上也检索过你，你确实蛮厉害的！

W：那就辛苦秦律师了！

Q：谢谢，应该的！虽然周法官向你们推荐了我，但我要首先申明的是，在这次调解中，我是纯粹的第三方，我将始终保持中立、不偏不倚，这个请你们放心。另外要告诉你们的是，民事调解的基本前提是双方自愿，我作为中立的第三方，主要目的就是促进你们的沟通和协商，让你们能够最终达成一份各自满意的调解协议。总的来说，你们才是这次调解的主角，你们对调解的进程和结果都拥有最终决定权。

Z：噢，是这样啊！

Q：还有需要说明的是，我们现在是在进行调解，而不是在法院诉讼。调解相对于诉讼而言，形式上没有那么正式，程序也比较灵活。作为调解员，我没有权力像法官那样对你们之间的纠纷依照法律进行非黑即白的裁决。也就是说，在调解过程中，我不会像法官那样凡事都从法律出发，虽然我也可以对你们涉及的法律问题提供一定的建议，但我不会过多进行法律分析。

W：什么？你们难道不是依法进行调解吗？

Q：不不不，我的意思不是说不按照法律来办，而是说怎么调解关键取决于你们想怎么办，没有必要过多地拘泥于分辨法律上的孰对孰错。当然我们最终达成的调解协议，也不能违反法律规定。

Z：噢，你的意思就是，我们调解不是要在法律层面分个一清二楚！

Q：这样理解就对了。另外，我还要说明的是，我们这次调解是完全保密的！也就是说，调解过程中你们的信息和想法都是保密的，如果没有你们的授权，我不能向对方和外界透露，也不能作为你们以后诉讼的证据。这样你们就可以畅所欲言，不用担心被别人知道了。

W：嗯，这样挺好的，免得大家担心！

Z：这个我同意！

Q：很好！在正式开始调解前，我们先来签一份《同意调解确认书》，这里面有我刚刚介绍的相关情况。你们也可以再阅读一遍，如果没有问题的话，就可以在上面签字了。

W：没问题！（两人随后在确认书上签字）

Q：好的！你们看我也在这上面签字了。这样的话，我也受里面条款的约束，我必须始终保持中立，勤勉尽责。

Z：秦律师，我信任你！

W：我也是的。

Q：接下来我先讲讲这次调解的安排，我们主要通过"面对面"和"背对背"两种形式来进行调解，这在专业术语上叫作"联席会议"和"单方会谈"，国外很多国家也是这么做的。如果没问题的话，我们就先来一次联席会议吧！这里面最重要的规则就是，对方说话的时候，另一方不要急着打断，这样有利于调解的顺利进行，可以吗？

Z：好的！

W：OK！

Q：噢，对了。联席会议之后我还会和你们进行单方会谈，具体次数视调解需要而定。当然，你们放心，虽然我的调解收费比较高，但是我不会故意拖延时间，同时我也承诺和你们进行的第一次联席会议不收费用，这也算是我作为调解员的一点诚意吧。接下来，我也希望你们能够诚心诚意，顺利达成调解协议。这对于你们而言，也是最好的结果。

W：谢谢秦律师！

Z：太感谢了！

Q：非常好，那我们开始第一次联席会议吧。首先请王总先说说吧！

W：情况是这样的。2014 年的时候，我的一个外地朋友跟我介绍说，S省乙县有个体育馆的项目，价值 10 个多亿元，其中有部分工程他可以说上话，问我们公司有没有意愿。我和我丈夫张某舟深入了解了一下这个项目，这部分工程价值 1 个多亿元，如果能拿下来应该可以赚不少，所以我们决定试一试。但是呢，我们公司又没有相应的建筑资质，所以我丈夫就找建五公司的张总帮忙，能不能以建五公司的名义去竞标和签约，并给他们公司5％的项目管理费。

Q：你们为什么会去找张总帮忙呢？

W：因为我丈夫原来在建五公司工作过，和张总关系还不错。后来，我们自己创立了亿都公司，也跟她有过合作，所以也比较信任她。

Q：那后来张总帮你们搞定了吗？

W：张总请示了建五公司的领导，领导觉得做一回中间人就可以赚5％的管理费，这个收益还不错，于是答应帮我们公司去竞标。

Z：秦律师，其实我一开始是不太想去弄的，出于多年的合作关系，我多次劝说才获得领导的同意。

Q：张总，还记得我们刚刚提到的规则吗？对方说话的时候，请不要急着打断！谢谢配合。王总，那这个工程竞标成功了吗？

W：因为有朋友的帮忙，这个工程顺利中标了，工程价款为1个亿人民币。

Q：那不错啊，后来怎么样？

W：中标之后，我们就开始准备和负责发包这个项目的宏发公司签约，但是宏发公司提出，必须先交200万元的保证金给他们才能签约。

Q：那你们交了吗？

W：我们也没办法啊！尽管当时我们公司账户上只剩下通过设备抵押借来的280万元，但我们几个股东觉得这个工程可以赚钱，所以东拼西凑硬是挤了200万元出来，交给建五公司，让他们拿去做这个签约的保证金。

Q：看来你们对这个项目很有信心啊！后来项目进展怎么样？

W：交完保证金，宏发公司就和建五公司签约了。这个合同约定，项目施工期从2014年1月1日到2015年4月1日，总价款为1个亿。

Q：那这个项目后来进展怎么样？

W：项目开始的时候还挺顺利！2014年5月10日完成部分工程后，宏发公司给了建五公司第一期建筑款2 000万元，建五公司按道理应该给我们亿都公司1 900万元，但只给了我们1 000万元，说剩下的款项2个月内给我们。

Z：我们公司当时情况特殊，所以没有全部转给你们，不是我们想赖账。

Q：张总，说好了不打断对方说话呢。王总，你继续说！

W：2014年7月10日我们完成地基和部分地面设施后，按合同约定宏发公司应该给我们第二期项目款2 000万元，但他们只给建五公司转了1 000万元，所以建五公司也只给我们转了950万元，这个我们倒是不怪他们。

Q：确实！这主要是宏发公司的问题。后来呢？

W：我们多次找宏发公司协商，请他们尽快支付后续款项，但是宏发公司却突然通知我们停止施工！

Q：这是怎么回事？

W：他们说是乙县政府决定调整项目建设，并告诉我们在政府作出最终决定前，不会向我们支付款项。我们后来又和宏发公司联系，他们说工程建设方案要重新调整，还说要重新招标，我们当时就懵了！

Q：那你们怎么办的？

W：在这种情况下，我们就和建五公司联系，让他们赶紧和宏发公司协商，同时要求他们支付剩余的款项给我们。

Q：嗯。那张总这边，你们是怎么做的？

Z：出现这样的意外情况，我们也比较着急，并多次和宏发公司沟通。与此同时，我们也在2014年10月1日向亿都公司支付了400万元，剩余的款项我们还在想办法。

Q：那你们和宏发公司沟通得怎么样，对方有告诉你们怎么办吗？

Z：唉，宏发公司压根就不怎么搭理我们！最烦躁的是，宏发公司后来竟然停止经营了，乙县政府也撤销了为这个项目专门设立的指挥部，也就是说这个项目彻底完了。

W：我们才是这次事件中损失最严重的！原本以为建五公司是和我们站在一边的，但是我们没想到建五公司在收到宏发公司退还200万元保证金之后，竟然不告诉我们，那可是我们公司东拼西凑来的血汗钱。而且当我们向建五公司索要时，建五公司竟然还谎称没有收到这笔保证金，这令我们很失望。

Z：我们确实没有收到他们退还的200万元保证金。

Q：王总，你确定建五公司收到了这笔保证金吗？

W：确定，这是我从乙县的朋友处得知的。

Z：你们不能朋友说什么是什么。

W：秦律师，你看他们还在撒谎！我们就是在这种忍无可忍的情况下，才向法院起诉他们的。我们的要求就是，建五公司必须归还这200万元保证金，同时按照实际完成工程量的45%，向我们支付1 925万元，这里面包括第一期的剩余工程款500万元，第二期的工程款950万元，以及结算后的475万元。而且，他们还必须按照年利率6%的标准，向我们支付这笔款项的利息2 231 250元。

Z：你们这是狮子大开口，想都别想！我们根本没有收到所谓的保证金！按照合同约定，保证金必须在工程完成一年后才会退还。至于其他工程款项，宏发公司也还没有向我们支付，这你们是清楚的，那我们怎么给你们呢？更别谈什么利息了！

Q：张总，那你们在第一期工程款中拖欠亿都公司的 500 万元怎么办？

Z：这 500 万元我们会尽快想办法，但我们之前没有对此约定还款时间，所以不能计算利息。而且我们公司现在也资金周转困难，我们只能分期支付。

W：这个我们不能同意，建五公司必须全部支付上述款项，否则没什么好谈的了！

Q：好的，两位别着急，你们都是带着诚意来调解的。我看我们接下来还是召开一次单方会谈吧！王总，我先和你聊聊，张总先在隔壁会议室休息一下喝杯茶吧，等会我们再聊。

W：好的。

Z：行！

与王某的第一次单方会谈

Q：王总，那我们先谈谈保证金的事情吧？

W：我们从朋友那里打听到，这 200 万元保证金宏发公司已经退还给了建五公司，但是他们耍赖说没有，这是我们好恼火的事情！你知道这可是我们好不容易凑齐的 200 万元呐！

Q：好的，那你们的想法就是建五公司必须返还这 200 万元保证金？

W：是的，这个是绝对不能退让的！

Q：那这个工程剩余的其他款项呢？

W：还是像我刚刚说的那样，这些款项也必须支付给我们，而且还要计算利息！

Q：王总，你们也知道宏发公司现在没有向建五公司支付这些款项呐？除了第一期剩余 500 万元工程款。

W：虽然是这样，但是如果我们不向建五公司提这些要求，他们就永远都不会尽力争取和宏发公司结算！因为他们毕竟没有多少损失，我知道他们心里在打什么算盘！

Q：噢，也就是说你们之所以让建五公司支付剩余款项和利息，主要是为了迫使建五公司赶紧和宏发公司结算，好让你们尽快拿到剩余款项？

W：这算是一部分原因吧！还有那第一期的500万元，建五公司早就应该支付给我们了，却拖欠了这么久，这是什么意思嘛！

Q：这第一期的500万元的确是他们拖欠了你。那你们有没有想好什么解决方案呢？

W：我们的解决方案就是像我们在法院起诉的要求一样啊！

Q：王总，你确定你们要坚持这个方案吗？你们自己可能也清楚，这样的方案可能很难调解成功哦！

W：说实话，这点我们也知道，因为我们也向一位法官朋友咨询过，他说我们这个案子有点难搞。

Q：是吗？能告诉我这位法官朋友怎么说的吗？

W：他告诉我，必须盯紧建五公司，不然他们就不会积极地去跟宏发公司结算。同时建议让我们起诉建五公司，要回那200万元保证金和500万元的第一期剩余款，以及其他应该结算的工程款。

Q：那这位法官有跟你分析你们的风险吗？

W：嘿，你们这些搞法律的，什么都瞒不过你们的法眼！我这位法官朋友确实也告诉我说，我们可能有触犯建筑法中规定的非法借用建筑资质的嫌疑，这的确也是我们比较担心的！

Q：喏！你看，你们也晓得这里面还是有法律问题的嘛！既然大家都是带着诚意来的，那你这个方案能不能稍微调整一下呢？

W：好吧！那我们看在秦律师你的面子上，稍微改一改吧。

Q：很好嘛！说说看？

W：首先那200万元保证金是必须还给我们的。对于第一期的500万元和利息52.5万元，如果能把这500万元本金尽快给我，利息还可以商量！按照45%的工程量，结算以后还剩下475万元，建五公司也必须给我们相应的利息。

Q：王总，我清楚你们的方案了，你确定让我这么和张总说吗？

W：是的，你也可以告诉他们，我们已经很让步了！

Q：好的，王总，那你先休息一下，我去和张总单独聊一下。谢谢！

W：好的，不客气！

与张某玲的第一次单方会谈

Q：张总，不好意思，让你久等了哈！

Z：秦律师你客气了！

Q：是这样的，我刚刚和王总谈了下他们的想法，他们也提出了相应的方案。

Z：是吗？那他们的方案是什么？

Q：首先就是那 200 万元保证金你们要退还给他们。

Z：秦律师，我刚刚已经说过了，我们没有收到宏发公司退还的保证金。

Q：是吗，究竟有没有退还，恐怕只有你们自己知道。王总也和我说了，如果你们不退还这 200 万元，他们就不会继续选择调解了，等着法院下判决。

Z：不调就不调呗！

Q：张总你也别这么说喽！大家好不容易能来调解，还是尽量有所收获吧！

Z：这个我也知道！

Q：王总那边说他们向朋友打听清楚了，宏发公司确实转了 200 万元给你们。到底有没有这回事，你实话实说吧，我会保密的。

Z：好吧！我们确实收到了宏发公司转来的 200 万元，但是他们也没有明确说这是保证金啊。

Q：既然这样！你想想亿都公司也不容易，好不容易才凑齐的这 200 万元，而且你们本来也应该向他们支付这些款项的啊。

Z：话是这么说，但我也很委屈啊！本来是好心帮张某舟的忙，可是没想到他们竟然起诉了我们公司，搞得我们领导还狠狠地批评了我。

Q：张总你说的也是，但我刚刚听王总说，他们就是因为你们不还给他们这 200 万元，所以才起诉你们的。所以你看这 200 万元还是个导火索呢！所以你看……

Z：那好吧，为了显示我们的诚意，我们可以作出让步，下个月就将这 200 万元转给他们！

Q：这很好嘛！和气生财，况且你和张某舟关系还蛮好的。

Z：那他们还有其他要求吗？

Q：还有就是第一期剩余 500 万元工程款，王总说必须尽快返还给他们，还要附加利息 52.5 万元！

Z：什么？利息？还要 52.5 万元！这也太过分了吧！

Q：张总你也别急，凡事好商量！

Z：我能不急嘛！这个要求我们不能答应！

Q：张总，我们先说说这 500 万元吧！按照你们的合同约定，你们确实应该早就支付给他们了，你看你们还拖欠了这么久。

Z：话虽如此，但他们也不能说要利息啊！原本我们就没约定期限和利息，这不是讹人吗？

Q：那你们提一下你们的方案？

Z：这 500 万元我们可以分五期支付给他们，但是他们不能收取利息，因为本来就没约定有利息。

Q：这样啊！好，关于这 500 万元我们就先放放。王总的方案中还有其他内容，就是你们必须支付这个工程的剩余款项给他们，包括第二期剩余的工程款 950 万元，还有结算以后的 475 万元，这是按照完成工程量 45% 计算的。另外，他们还要求对这两笔款项也计算利息，总共 1 706 250 元！

Z：他们这是开国际玩笑吧！他们明明知道，宏发公司根本就没有把这两笔款项给我们，凭什么向我们要？还说要利息！我们可能答应吗？

Q：张总消消气！有话慢慢说！关于这两笔款项和利息问题，应该还有商量的余地。

Z：秦律师，这个要求我们确实做不到，我们已经找宏发公司多次，都没什么好的效果。

Q：既然这样，那你们是怎么打算的？

Z：不瞒你们说，我们已经向乙县法院起诉了宏发公司，要求法院判令他们尽快和我们结算并支付剩余款项！

Q：是吗？你们已经起诉宏发公司了吗？

Z：是的，这个宏发公司太不靠谱了，亿都公司也老是缠着我们，我们没办法只好起诉他们了！这个情况你也可以告诉亿都公司，我们并不是在玩拖延战术！

Q：那这个案子现在是什么情况？

Z：唉，宏发公司这边还是蛮强硬的，不好搞！

Q：具体怎么说呢？

Z：首先，宏发公司提出，我们的施工耽搁了两个月才开始，造成的200万元损失由施工方承担，并要从工程款中予以扣除。此外，根据宏发公司委托一家B省的工程造价站作出的工程结算评估报告，我们实际完成施工量只有38%，其中还存在一些质量瑕疵，因此工程结算价值为3800万元，扣除延期两个月的损失只剩3600万元。这和我们预期的数字是不一样的！当然，这个信息也请你保密，不要和亿都公司说。

Q：好的！那你们认为这份结算报告有问题吗？

Z：当然有问题！首先这不是我们两家公司共同委托的工程造价站出具的，谁知道这里面有没有什么猫腻。其次，一般来说，工程质量问题不应该写在工程结算评估报告中，必须由政府建设部门或者质量监督站进行检测评定。最后就是，他们在评估时引用的工程定额标准是B省的标准，这比S省和H省的标准低了8%，这对我们来说肯定不公平！

Q：那现在你们的案子进行得怎么样了？

Z：没有什么太大的进展，宏发公司还是比较强硬，他们还特别强调要亿都公司撤销对宏发公司的起诉，否则这笔钱更难拿回来。所以我希望你能劝劝王总把案子撤了，不然对谁都没好处！

Q：行，我明白你的意思了！

Z：对了，刚刚那个工程结算报告的事情，请帮我保密。

Q：没问题，这是我们的职责所在。那我最后确认下，你们的解决方案是什么？

Z：其实我们也希望能尽早结束这个事情，拖久了对大家都不好！我们的方案就是，我们给亿都公司的工程款，必须先解决我们和宏发公司的官司之后才能确定。只有宏发公司先向我们支付，我们才能向亿都公司付钱。而且，这些问题都是宏发公司的责任，不能把利息的事情计算在我们头上。

Q：也就是说，对于结算后剩余的工程款项，你们不会在结束与宏发公司的案子之前付给亿都公司，你们也不会支付这些款项的利息是吧？

Z：是的，就是这样！

Q：好的，除了这些你们还有什么要求吗？

Z：还有一个问题就是我们派驻亿都公司 4 名技术员工资的问题，按照合同约定，亿都公司应当按照每个月 3 万元的标准，向我们支付他们的工资。但是亿都公司只付了前面 3 个月的工资，还有 6 个月共计 18 万元的工资没有支付，这个应该从工程款项中扣除！

Q：好的，我明白了！那再辛苦你等一下，我再和王总说说看！

Z：好嘞，谢谢你！

与王某的第二次单方会谈

Q：王总，辛苦你久等了！

W：没关系！

Q：刚刚我和张总进行了比较深入地沟通，大概了解他们对你的方案的想法，他们也提了自己的方案。

W：好的，辛苦秦律师，那你给我说说他们的想法吧！

Q：首先我们讲一下那 200 万元保证金的事情。经过多次沟通之后，他们承认宏发公司转了 200 万元给他们，但是转账时没有说明这是保证金还是工程款。

W：这当然是保证金啊，我朋友向宏发公司打听过的！

Q：是吗？不过没关系，他们已经同意下个月把这 200 万元转给你们。

W：还算他们识趣！如果早给我们，就不会有这么多麻烦事了。

Q：这也算是他们的诚意吧，大家都希望问题能够尽快得到解决！

W：我们也是带着诚意来的！

Q：另外，关于第一期工程款那 500 万元的事情，他们比较反对你们的利息方案！他们提出那 500 万元可以分 5 期支付，但是你们不能计算利息，原因刚刚开联席会议的时候张总说过。你觉得这个方案怎么样？

W：当然不行！他们早就应该把这 500 万元给我们的，拖了那么久还不想给利息！我们催了他们那么多次，他们就是不还！

Q：噢，那你们向他们催款时，有指定还款期限吗？

W：当然有啊，我们早就发函给他们说必须在 2015 年 4 月 10 日前把这 500 万元还给我们。

Q：这样啊！所以你们的意思就是，利息绝对不能免除。

W：是的，不能免！

Q：王总你们也别这么较劲哈！我看这个还是可以商量的嘛！

W：秦律师你可能不了解我们的情况，就是因为他们老是拖欠我们这500万元，搞得我们公司的资金链都差点断了，他们必须支付利息。

Q：噢，还有这事啊！那你们都说了资金不是很充裕，那对这个问题能不能再考虑下呢？刚刚你还说带着诚意来的呢！

W：好吧，那我就再委屈一下自己吧！如果他们可以把这500万元一次性支付给我们，我们可以只收取40万元的利息，这总算可以了吧？

Q：好的，谢谢王总又让事情往前迈进了一步！

W：说真的，我们也是没办法咯！

Q：好的，我等下会向张总转告你们的这个方案！还有就是关于结算之后的剩余款项问题，张总说他们现在不可能把剩余款项给你们，因为他们还在和宏发公司打官司，宏发公司也没有支付款项给他们，所以他们没办法在此之前把钱支付给你们，更别谈利息的问题了！

W：这个我不管，这是建五公司和宏发公司的事情！

Q：真是这样吗？我听他们说你们公司也已经起诉宏发公司了？

W：是的，我们也没办法，着急用钱呢！

Q：关于这个问题，张总也让我转告你，宏发公司跟建五公司谈了，他们说如果你不撤销对宏发公司的诉讼，宏发公司是不会付一分钱给建五公司的！

W：这么可恶，宏发公司还敢威胁我们！

Q：所以你看，这个事情主要还是宏发公司在作怪。那你们是否可以考虑撤销这个案子呢？

W：撤不撤销，那得先看看建五公司和宏发公司的态度怎么样！

Q：这样啊！可是你知道，你现在起诉宏发公司，会导致建五公司与宏发公司的官司很难解决，这样你也很难拿到后续的工程款啊！

W：虽然是这样，但是如果我不起诉宏发公司，我怕他们两家公司联合起来坑我啊！

Q：原来你是出于这样的考虑！那我先和你分析一下基本的法律吧。按照合同法的相关规定，你们亿都公司和宏发公司没有直接的合同关系，你们是不能直接起诉宏发公司的，所以法院有可能判决驳回你们的诉讼，这点你们考虑过吗？

W：这个问题我清楚！如果法院驳回了，那我们就主张我们与建五公司的合同因违反建筑法中非法出借资质的规定而无效，按照司法解释的规定，我们还是可以向宏发公司主张实际的工程款！

Q：看来你们还做了不少法律准备嘛！

W：没办法啊，为了搞这个事情，花了我们不少心思和精力！

Q：既然你们也不太愿意继续耗费心思精力，那我们就争取调解成功吧。那你们具体要怎么样，才愿意撤销诉讼呢？

W：我们的要求也不高，只要建五公司书面承诺能尽快和宏发公司结算完毕，并把剩余款项尽快支付给我们，我们就可以撤销诉讼。

Q：好的，我明白了，等下我再问问张总的意见！另外张总提到了技术员剩下6个月18万元的工资应当在工程款中扣除，你们怎么想？

W：说句实话，这几个技术员压根没有干什么，他们就是在前面两个月来了几趟，后面什么也没干，这还想我们支付工资吗？

Q：噢，是这样啊！那既然他们提了，咱们还是可以商量一下的，毕竟相对其他款项而言，这都是小数目！

W：也是，如果建五公司愿意尽快支付工程款给我们，这个工资我们可以给10万元，不能再多了，这几个技术员真的没有干多少事情，不信你可以问问他们！

Q：好的，也就是对于技术员的工资，你们最多出10万元，不能再多了？

W：是的，已经够多了！

Q：那好！那就先请你休息一下，我再去和张总谈谈。

W：好的，辛苦秦律师了！

与张某玲的第二次单方会谈

Q：张总，我刚刚和王总好好地谈了一下！

Z：是吗？希望结果对我们不错哈。

Q：首先，关于那200万元保证金的事情，你们已经答应下个月转给亿都公司，他们对此表示赞同。你们应该不会反悔吧？那就定个日期吧！

　　Z：君子一言，驷马难追。那我们就 6 月 10 日转给他们吧！

　　Q：很好！

　　Z：那既然我们都表达了诚意，王总他们呢？

　　Q：王总提出第一期剩余 500 万元工程款，如果你们一次性支付给他们，他们可以将利息降到 40 万元，你觉得怎样？

　　Z：什么，这也叫诚意吗？这离我刚刚提出的方案也差太多了吧。我怎么可能同意呢，尤其是对这个利息问题！

　　Q：好的，我明白你的意思了。张总，你们公司当时答应过他们尽快还款，亿都公司也催了你们几次。按照法律来说，对方曾经明确发函要求你们 2015 年 4 月 10 日前把钱支付给他们，如果你们没还，他们的确可以计算利息的。

　　Z：是吗？法律还有这样的规定吗？那为什么他们不在函中说明？

　　Q：法律确有这样的规定。所以你看，你们确实拖欠了他们那么长时间，你们自己把这 500 万元放到银行也有利息的嘛！

　　Z：就算有利息，那也不可能有 40 万元啊，而且还要我们一次性支付。

　　Q：数额都还可以商量嘛！而且你看，如果这 500 万元的问题解决得顺利，那么后续的争议事项也会解决得比较顺利啊，你们都希望快点解决吧？

　　Z：话是这样，但我们也不能吃这么大的亏啊！

　　Q：那你们有什么具体的方案吗？

　　Z：我们要求这 500 万元分两期支付，利息只能给 30 万元。

　　Q：很好，我们离胜利又进了一步！

　　Z：希望他们不要再提什么更高的要求了，不然真的没法调了。

　　Q：行，那我再问问他们的想法！另外关于撤诉的问题，王总提出只要你能书面承诺尽快与宏发公司结算并将剩余款项尽快支付给他们，他们可以考虑撤诉。

　　Z：我们也很想早点和宏发公司结算啊！

　　Q：那对于这个书面承诺，你们怎么看？

　　Z：书面承诺的事情，我得先请示一下领导。

　　Q：好的，那你要不现在打电话给你们领导？

Z：好嘞。（张某玲随即在电话中向领导汇报了相关情况）

Q：这么快就汇报完了？怎么样？

Z：我们领导表示书面承诺问题不大，我们本来就在尽力争取和宏发公司早日结算。但是我们也不能保证什么时候能彻底结算，这要看我们和宏发公司的纠纷处理情况。如果亿都公司愿意撤诉，我们可能就可以和宏发公司调解，这样或许可以早点结束。

Q：也就是说你们愿意出具尽快结算和付款的承诺，但是不能明确具体的期限。

Z：是的，还有我们也不能确定能结算出多少钱来。亿都公司说结算应该按照工程量的45%来计算，那么总工程款就是4 500万元，可人家宏发公司不是这么算，刚刚也跟你说过。

Q：你刚刚说宏发公司结算报告是3 800万元，还要扣除200万元的延期施工损失，那就只有3 600万元了。

Z：是的，所以秦律师你要跟王总把这个事情说清楚。

Q：好的，这个问题很重要！另外王总也提了，说4名技术员的工资顶多只能支付10万元给你们，因为你们的技术员到岗时间不长，而且没有干多少实际事情。是这样吗？

Z：不是这样的！我们的技术员在工程指导方面付出了大量精力和心血，怎么能用10万元就打发他们呢？

Q：怎么你们在这个事情上说法都不一样！这样吧，这个钱相对其他来说都是小钱，你看看怎么办吧？

Z：我的意思就是不能亏待了我们的技术员，可以给他们每个人4万元总共就是12万元，这样他们稍微好受些。

Q：好的，就是从10万元加到12万元，那我再问问王总吧！那你还有其他的问题吗？

Z：没有了，关键还是那个结算金额的问题，这个要和王总好好谈谈。

Q：好的，那请你再等一下，我再和王总说说看。

与王某的第三次单方会谈

Q：王总，刚刚我和张总对几个重要问题都作了详细的了解。总体来说，还是蛮不错的。

W：是吗？那他们是怎么说的？

Q：首先关于那 500 万元和利息的问题，他们提出可以分两期支付给你，但是利息只能给你们 30 万元，对此你们满意吗？

W：分两期支付倒也可以，但是必须在 2017 年完成支付。至于利息嘛，他们说 30 万元就 30 万元吧，我们不想老是纠缠不清。

Q：很好！那就是在 2017 年 12 月 31 日之前把 500 万元分两期支付给你们，附加利息是 30 万元？

W：是的！那他们还提了什么？

Q：关于技术员工资的问题，他们提出给每个技术员 3 万元，总共 12 万元，比你刚刚提的 10 万元多了 2 万元。他们说技术员在指导建设时付出了很多精力，因此不能亏待他们。

W：那好吧！我也不想为了这 2 万块钱争来争去！

Q：王总你真是心善呐！

W：唉，就是因为我们太心善了，所以老是被欺负啊。

Q：不会的，好人有好报嘛！另外，最后一个重要的问题，我要和你好好讲讲。

W：嗯，你说。

Q：张总说只要你们愿意撤诉，他们同意出具尽快结算和付款的书面承诺，但什么时候能结算、能结算多少钱他们没办法保证。也就是对于具体的结算时间和数额，他们没办法确定。

W：那他们想怎么办？

Q：他们已经和宏发公司打官司了，他们说宏发公司请了一家 B 省的工程造价站作了一份工程结算报告。根据这份结算报告，工程价款是 3 800 万元，还要扣除 200 万元的延期施工损失，那就是 3 600 万元。

W：什么？才 3 600 万元？这是打劫吧？

Q：王总别着急哈！现在他们还处于诉讼状态，法院最后判多少没法确定。

W：莫非是他们两家公司合着伙来坑我吧！亏我刚刚还作了那么多让步，这也太不仗义了吧？

Q：那应该不会吧！王总，这个数额我想我们还可以商量，你别急！

W：换谁都会急吧！

Q：你的心情我能理解。如果你们撤销了对宏发公司的诉讼，说不定能够促成建五公司与宏发公司的调解，到时这个结算款应该会有所提高。

W：也许吧！刚刚他们说的 B 省造价站作出的工程结算报告，只是宏发公司一厢情愿的事情，我们不会认的。另外 200 万元的延期施工损失，我们也不同意，因为我们不可能在项目签约之后，说 1 月 1 日施工就施工，我们肯定也得有准备时间吧！

Q：确实如此！那既然我们现在主要争议的是结算数额的问题，要不我们还是坐在一起当面谈谈吧。这样你也就不必过于担心他们两家公司会合起来坑你。

W：好的，当面说得清楚些！

Q：那我们就再召开一次联席会议吧。

第二次联席会议

Q：王总，张总，首先还是感谢你们的配合，现在我们已经就部分纠纷达成了比较好的结果。

W：辛苦秦律师了！

Z：谢谢秦律师！

Q：我们先再明确一下刚刚王总提出的方案。王总说 500 万元应该在 2017 年 12 月 31 日前分两期支付给亿都公司，附加利息为 30 万元。张总，你看王总他们还是有诚意的，对这个方案你们同意吗？

Z：我们也是有诚意的，那就按照王总说的办吧！

Q：另外王总也同意了张总你提出的技术员工资 12 万元的方案。

W：张总，你看我们都让步了这么多。接下来你们也要展现诚意吧！

Z：王总客气了，我们两家本来关系就不错，谁也不想闹僵啊。尤其是我和张某舟也是老同事了，我们俩关系都很不错。

Q：我也衷心希望你们不会因这件事情把关系搞僵，和气生财，说不定以后还有合作机会呢。

W：张总，我们同意考虑撤诉，但是你们的书面承诺要把结算期限和数额写清楚点。

Z：王总你也清楚啊，不是我们不想早点结算，是宏发公司的问题。秦律师刚刚也和你谈了结算数额的问题，宏发公司在诉讼中给出的价格就是 3 600 万元，我们也在争取提高这个价格。

W：3 600 万元是我们绝对无法接受的数字。

Q：王总，张总，既然你们都想尽快结算，这是好的开始！首先我想听听张总你的想法。

Z：尽快结算也是我们的目标。可是按照宏发公司在诉讼中提出的工程结算报告，工程价格就是 3 800 万元，而且还要扣除 200 万元的延期施工损失。我们表示强烈反对，但是我们也没有充分的证据证明完成了 45% 的工程量，工程价格 4 500 万元。如果重新找造价站对工程进行鉴定和造价的话，还需要 50 万～70 万元的费用。所以我们的想法就是，亿都公司先撤诉，这样我们就可以想办法和宏发公司调解，然后把工程价值提高到 4 100 万元。这总比等着法院判 3 600 万元要好很多吧。

Q：张总这个方案还不错，与其坐以待毙，不如主动出击！王总你觉得怎么样？

W：就算你们真能调解到 4 100 万元，这对我们还是很亏啊！我们想要的是 4 500 万！

Q：王总的心情我能理解，可 4 100 万元总比可能的 3 600 万元要好啊。而且你们现在资金周转又那么困难，如果可以早点拿回工程款，不是更好吗？

Z：我们又何尝不愿意呢，只是没办法啊！

W：那好吧！那我们就先撤诉，张总你们尽快与宏发公司进行协商和结算，但是你们必须保证工程结算价值不低于 4 100 万元，在收到宏发公司支付的工程款并扣除你们的管理费之后，必须在两个月内支付给我们。另外，我们要把这些内容都写入调解协议。

Q：张总你们觉得这个可以吗？

Z：我们一定尽力争取！

Q：好的！那我现在梳理今天调解达成的主要协议：（1）建五公司在 2017 年 6 月 10 日前将 200 万元保证金退还亿都公司；（2）建五公司在 2017 年 12 月 31 日前将第一期剩余工程款 500 万元分两期支付给亿都公司，并支付利息 30 万元；（3）亿都公司在 2017 年 6 月 10 日前向建五公司支付技术员工资 12 万元；（4）亿都公司同意撤销对宏发公司的诉讼；（5）建五公司同意尽快与宏发公司协商和结算，结算总价款不低于 4 100 万元，并在收到款项之后两个月内支付给亿都公司。这就是你们今天调解达成的主要协议，请问你们还需要做什么补充吗？

W：都在里面了！

Z：没有，谢谢！

Q：非常好，祝贺你们调解成功，也希望你们今后能够摒弃前嫌，继续合作！

Z：辛苦秦律师了。

W：那我们还要做其他事情吗？

Q：既然你们已经达成调解协议，那王总你们可以撤销对建五公司的诉讼。当然，为了保证你们双方能够及时履行这份调解协议，我建议你们在签字之后，共同向法院申请司法确认，法院会给你们出具裁定书。如果你们一方不履行这份调解书，对方就可以申请强制执行了。这样的话，就等于给你们这份调解协议加了一份保险。

W：是吗，这个方法很好啊！

Z：我也没问题！

Q：那可以啊，你们在 30 天内向法院申请就行了。你们也可以和你们的法官联系，他也会告诉你们怎么走程序。今天辛苦二位了！

Z：秦律师才是辛苦了，太感谢了，你帮了我大忙！

W：谢谢秦律师！

第五节　案例评析

作为一件建筑工程款项争议，本案例主要涉及的也是金钱纠纷，因此比较适合运用促进式调解予以解决。调解员通过促进双方当事人的有效沟通，指引当事人如何更好地进行利益考量和选择，从而实现纠纷的实质性解决。双方当事人在争讼过程中，经法官推荐选择秦律师进行调解，顺应了当前积极推广律师调解的背景，也充分展现了律师在从事商事纠纷调解过程中的优势。回溯本案调解的全过程，调解员在调解中主要运用了以下几种调解技巧，值得读者从中仔细学习和琢磨。

一、引导当事人主动诉说

弄清整个争议的来龙去脉是调解员展开调解的基础工作，因为只有这样，调解员才能更好地掌握当事人的利益需求，从而采取更为恰当的调解技能。好的调解员会通过封闭式提问、开放式提问、引导式提问等多种方式，引导当事人主动诉说纠纷的整个过程，并逐渐展露自己的真实想法。本案的调解开端，调解员便让王某清晰地描述了整个争议的来龙去脉，这为调解员后续的行动奠定了良好的基础。与此同时，调解员告知另一当事人张某玲，让其认真聆听王某的陈述，并不得随意打断，这让王某可以比较顺畅地讲清楚事实的经过。通过调解员的持续发问，整个案件的事实也逐渐浮出水面。因此，在具体的调解实践中，引导当事人主动诉说是调解员获得当事人信任的重要方式，尤其需要调解员注意。

二、鼓励让步

让步是调解成功的重要前提，但是调解并不是一味地让当事人妥协和让步，关键是如何让当事人理性让步的同时又不觉得委屈。调解过程中当事各方就意见相左的问题展开讨论，由于立场、利益的不同而产生分歧并开始"讨价还价"，此时各方进入谈判状态。在这种情况下，通常当事人双方除了有竞争的动机之外也有合作和创新的意向，他们的目的是通过合理的让步获得最大份额的回报。通常来说，调解员鼓励当事人理性让步的主要做法有：（1）帮助当事各方了解调解过程中的相互妥协是必须的，如果他们想尽快解决纠纷，获得双赢的话，就必须适当考虑让步；（2）调解过程中调解员需要充分挖掘当事人立场背后的利益，并进行利益排序，帮助当事人进行合理的利益取舍；（3）利用移情方式，引导当事人换位思考；（4）鼓励各方自己将已经作出的让步及获得的利益列成清单；（5）巩固已经作出的让步。

本案调解员在调解过程中，多次在关键时刻运用该技巧使当事人作出了让步，从而使调解得以成功推进。如关于 500 万元的利息问题，调解员向建五公司的张某玲分析了法律上的规定，告诉她对方收取相应的利息是合法合理的，这使张某玲最终放弃了拒绝支付利息的想法。又如关于 4 名技术员的工资问题，调解员通过让王某考虑纠纷解决的大局，也使其将工资由10 万元增加到了 12 万元，从而有力地促进了调解的继续进行。这些都说明，调解员在调解过程中要恰到好处地让当事人理性让步，而不是让当事人委屈自己作出妥协，这样的调解结果在后期也会面临执行的风险，因此是调解中的禁忌之一。

三、进行优劣势分析

实践中，调解员通常会帮助当事人分析其在纠纷中选择不同解决方案的优劣势，从而使其充分考量纠纷解决相关的各种可能性，进而调整自己对纠纷解决结果的预期收益。这就是调解中常见的优劣势分析技巧，运用这种技巧，能够使当事人更加谨慎地对待自己在调解中的利益选择，从而作出最适合自己的方案。

本案调解员在调解过程中，多次从法律层面分析了当事人如果选择法律诉讼解决争议可能面临的劣势，同时分析了选择调解可能获得的优势。如调解员告诉王某，按照合同法的相关规定，亿都公司和宏发公司没有直接的合同关系，他们是不能直接起诉宏发公司的，所以法院有可能判决驳回你们的诉讼。这些法律层面的告知，使王某知道了自己在诉讼中可能面临的劣势，从而更加愿意通过调解解决争议。以上只是调解员进行优劣势分析的表现之一，在现实的调解实践中，这是调解员使用频率非常高的技巧，值得调解员们认真掌握。

四、固定已经达成的成果

常言道，"过了这个村，就没有这个店"。固定已经达成的部分成果是指在双方当事人通过调解已经就部分争议达成妥协意愿的时候，调解员应当及时将这些妥协的意愿固定下来，防止当事人在最终达成完整调解协议之前反悔。通常来说，固定成果的方式包括调解员重述、案件切割、签订部分调解协议和部分履行等。调解员重述是在当事人并非特别明确地表示就部分争议可以达成和解时，调解员应当及时将其意愿提炼，以明确的语言表述出来，再寻求当事人的确认。案件切割是指调解员将纠纷的争议分割成几个部分，告诉并取得当事人的同意将案件分成几部分，一部分不能达成和解不影响其他部分可以达成和解。民事纠纷通常包含几部分争议，在有的容易解决有的难以解决的情况下，这种技巧非常有效。尤其是先行签订部分调解协议和部分履行，其类似于民事诉讼中的部分判决（先行判决）制度。根据《民事诉讼法》第153条的规定，"人民法院审理案件，其中一部分事实已经清楚，可以就该部分先行判决"。因此在调解过程中，就已经没有争议的部分事实和请求，让当事人先行达成部分调解协议并部分履行，能够及时有效地巩固已经实现的调解成果，促进整个调解活动的顺利进行。因为从社会心理学原理来看，人们往往会害怕失去已经拥有的东西。调解过程中，一旦当事人签订部分调解协议或者部分履行，当事人往往容易就剩余的部分也达成和解。因此在调解过程中，调解员应当充分运用以上方法，促进调解协议的形成和纠纷的解决。

本案调解员在调解过程中多次运用这个技巧。如在一方当事人提出自己的方案之后，调解员多次使用"你的意思就是……""也就是说……"等表达，这是典型的调解员重述，即调解员及时地将当事人的意愿提炼，以明确的语言表述出来，再要求当事人确认。此外，调解员也通过运用案件切割的方法，对当事人之间的"子纠纷"进行各个击破，如分别将200万元保证金、500万元剩余工程款及利息等问题展开调解，最终达成纠纷的全部解决。

五、将调解协议进行司法确认

常言道，结果比过程更重要，在调解活动中更是如此。调解协议能否获得顺利履行，是评价调解是否成功的终极标准。国内理论界和实务界的主流观点认为，诉讼外达成的调解协议（国际商事调解协议除外①）没有

---

① 中国已于2019年8月7日签署加入《联合国关于调解所产生的国际和解协议公约》（又称《新加坡调解公约》）。这意味着对于通过国际商事调解达成的和解协议（Settlement Agreement Resulting from Mediation），只要该和解协议符合该公约的相关规定，协议当事人即可向公约当事国的管辖法院直接申请强制执行。《联合国关于调解所产生的国际和解协议公约》全文可以参见最高人民法院商事法庭网站．［2019 - 08 - 07］．http：//cicc.court.gov.cn/html/1/218/62/162/1307.html？from＝timeline.

"强制执行效力"，只具有民法意义上的"合同效力"，故当事人可以随时"毁约"。如若调解协议达成之后，一方当事人并不实际履行该调解协议，另一方当事人也无可奈何，只能另寻其他权利救济方式。如此一来，不仅会让调解员作出的调解努力付诸东流，也会徒增当事人的纠纷解决成本，到头来还有可能折损调解这项纠纷解决机制的吸引力。因此在调解协议达成之后，很有必要给调解协议戴上"金箍"，采取相关措施保障调解协议的切实履行，从而避免调解最终沦为一场"空调"。

本案调解员为了保证双方当事人能够及时履行调解协议，在调解成功之后告诉双方当事人可以共同向法院申请对调解协议进行司法确认，这就是所谓的调解协议司法确认程序。运用司法确认程序，可以在一定程度上防止一方当事人反悔，并有效地促进双方当事人履行调解协议，因此在实践中颇受欢迎。本案双方当事人在得知可以通过这个方式确保调解协议的履行之后，也都欣然同意去办理调解协议司法确认程序。由此说明，实践中争议双方普遍希望能够为调解协议加上"金箍"。除了司法确认之外，还有办理公证债权文书、支付令等方式可供当事人选择。

第四章　邻里纠纷案

第一节　案情简介

这是一起发生在北岸社区的邻里纠纷。皮尔斯太太居住在这个社区已经50年了，她的丈夫在几年前去世，儿女均不在身边。皮尔斯太太养了两条德国牧羊犬，一直陪伴她生活。一个月前，布朗先生因为工作需要，带着妻子和8岁的女儿萨拉一起搬到了皮尔斯太太家的隔壁，两家人成了邻居。

布朗家的后院与皮尔斯家的后院相邻，几乎不存在分界线。两个后院均无栅栏，畅通无阻。在早春的一天，8岁的萨拉和她的朋友在自家后院玩耍。皮尔斯太太像往常一样带两条德国牧羊犬出来玩。可是，当萨拉和朋友兴高采烈地在后院玩娃娃时，皮尔斯家的两条德国牧羊犬突然朝这两个小孩奔去，其中一条狗将萨拉撞倒在地。萨拉被吓坏，但是没有受伤。当时，这两个小女孩都在尖叫，皮尔斯太太听到小女孩们的尖叫声后，马上将狗唤回了家。

萨拉和她的朋友哭着跑回了家里。女孩们一进家门，布朗就问她们发生了什么事。等女孩们告诉他发生的一切时，他拿起外套就去找皮尔斯太太面谈。布朗告诉了皮尔斯太太刚刚发生的事并警告她，如果再发生类似的事情，你和你的狗将都会有麻烦。皮尔斯太太反驳，并说自己的狗是无辜的，这两个小女孩一定先捉弄了狗。他们就这样"你一句我一句"地互相指责。最后，布朗实在无法忍受皮尔斯太太漠不关心的态度，便告诉皮尔斯太太，他将会去镇上的动物监管所举报这件事情。

　　第二天，当布朗往外看时，他发现皮尔斯太太围着她家的后院筑起了一个三尺高的铁栅栏。布朗走近一看，发现这个栅栏已经进入他家的地域范围。布朗怒气冲天，随后他向他的律师表明他想针对皮尔斯太太非法入侵住宅的行为请求检察院提起刑事诉讼，并以女儿萨拉受到侵害为由向皮尔斯太太提起民事诉讼。

第二节　背景资料

（一）布朗先生的背景资料

　　你 8 岁的女儿萨拉和她的朋友最近在你的后院玩耍，没想到隔壁皮尔斯太太家的两条德国牧羊犬突然奔向她们，并撞到了你的女儿。她受到了惊吓，但是没有受伤。社区有关于遛狗的规定，但是其没有法律约束力，皮尔斯太太可以不遵守。你去和皮尔斯太太商谈过此事，还发生过些许争吵。另外，你知道皮尔斯太太在她家后院周围已经筑了一个三尺高的铁栅栏，但是已经延伸到你家的地域范围。

　　你和律师约好下周会面，但是你的一个好朋友说调解程序也可以解决你现在的邻里纠纷。你刚刚搬来此地，还想在这个社区生活很长时间，也不想置自己的邻居于法庭之上。因此，你更青睐调解程序，并决定在社区调解中心的帮助下调解解决此次纠纷。

（二）皮尔斯太太的背景资料

　　你已经在这个地方居住了 50 年，你总是将狗放出去，但是狗从没有伤害过人。萨拉的父亲布朗先生来你家时，狗完全处于失控状态。倘若萨拉受伤，布朗的反应你还能理解，但是萨拉并没有受伤。为了让狗待在自家地域范围，你特地花费时间和金钱来修筑栅栏。为此，你觉得布朗应该感到满意，且不会再来寻找麻烦。栅栏基本在两家后院的边界线上。你不打算去查这块地在 50 年前是怎么规划的，只想平息这场闹剧。

　　你很肯定萨拉没有受伤，但也为自己的狗撞倒了萨拉而感到抱歉。布朗对你和你的狗发出了威胁，并且说要向动物管理所举报这件事，这让你很担忧。因为隔壁镇有一条狗因这种类似的情况而被安排安乐死。你觉得邻居间以诉讼的方式解决矛盾不太妥当，于是你希望能够在当地社区调解中心的帮助下解决问题。

第三节　调解过程

说明：字母M代表调解员梅丽莎，字母P代表皮尔斯太太，字母B代表布朗先生。

M：两位好，我是调解员梅丽莎。感谢两位来调解。有几件事情可以先问一下两位吗？首先我可以称呼你们的名字吗？

B：可以。

M：我叫你布朗先生，可以吗？

B：可以，叫我老布也行。

M：你呢，你想我们怎么称呼你？

P：皮尔斯即可。

M：调解通常要花几个小时，我们今天也需要花一定的时间，请问你们时间紧张吗？

P：因为今天准备好了调解，所以是有时间的。

M：这次要谈多久都是可以的，对吗？

P：是的。

B：我和皮尔斯一样都希望完成调解。

M：请问两位，如果纠纷解决，需要达成相关协议，你们都能做决定吗？

P：我的丈夫已经去世了，我家的产业由我控制，所以我能做决定。

B：我是一家之主，我能做决定。

M：所以，你们能全权处理？

B：是的。

P：是的。

M：今天的调解主要是提供一个机会让你们达成目标和解决双方所关心

的问题。首先，两位应当知道，调解是自愿程序，所以如果你们有什么关心的问题或者有不愿意讨论的地方，都可以向我反映。我是调解员，但是决定权在你们手上。其次，整个调解过程都是保密的，我的助手之前也发过一份专门解释保密性的协议。在调解以外的任何场合，我都不得披露调解的内容，法庭也不能传唤我作为这次调解的证人。现在，我想请问你们，对于保密性还有没有其他特别要求？

P：没有，我关注的是如果以后去法庭，我今天所讲的任何话都不能作为对我不利的证据。

M：当然，法庭是知晓这个规则的。

B：我希望你保证在法庭内外都不得披露。

M：我保证不会泄密。整个调解过程包括以下几个程序：第一是联席会议，像我们现在这样，让你们双方有机会一起讨论这个问题；第二是单方会谈，也就是一对一的会谈，我会和你们中的一个人来谈，另外一个人可以到旁边的休息室休息。在单方会谈中，你可以向我披露不想让对方知道的事。在整个调解过程中，我主要扮演聆听者的角色，提供足够的机会让你们双方交流，了解你们的问题所在。我也不会站在任何一方的立场进行裁判，最终的结果不是由我来决定的。如果需要小憩，请告知我，我们在休息后再继续。你们有什么问题吗？

B：没有。

P：没有。

M：在调解的过程中，我会做一些关于调解内容的笔记，但是在调解结束后我会销毁。如果两位达成调解协议，我会根据笔记形成调解协议书。如果两位达不成调解协议，也可以讨论下一步怎么做。有些当事人习惯在进入调解程序前确立某些规则，例如：一方讲话的过程中，对方不能打断等。你们希望定下什么规则吗？

B：不用。

P：我不需要特殊的规则。

M：好的，我现在把正式的《同意调解确认书》发给你们，请你们签字。

（布朗与皮尔斯分别在《同意调解确认书》上签字，调解员把文件收入卷宗）

M：两位，还有其他问题吗？

B：没有

P：我也没有。

联席会议

M：那我们就开始吧，我们先进行联席会议，你们谁先来谈谈发生了什么事情，为什么会来调解？

B：女士优先。

P：我先开始。事情是这样的，我在这个社区已经居住了 50 年，养了两条德国牧羊犬，它们陪伴我多年，从来不招惹麻烦。我对待它们像对待自己的家人一样。有一天，新的邻居布朗先生闯进我的院子里，对我说："你的狗伤了我的女儿"。但是我看到他的女儿并没有受到任何伤害。布朗先生说我的狗跑到他的院子给他女儿造成了伤害，为此我花了很多钱和精力在我们两家的后院中间修筑了栅栏，以阻止我养的狗进入他家的院子。现在他还指控我，我不知道我做错了什么？

M：所以你困惑，为什么事情发展到这个地步。

P：是的，我不知道我筑建栅栏做错了什么。我是为了保护他的女儿，但是他现在却在指控我。我的狗一直很乖，不会无缘无故地伤人。

M：皮尔斯太太，不知道我听到的是不是对的？首先，你的狗对你很重要，像你的家人一样；其次，你建栅栏是为了保护布朗先生的女儿，你不知道为什么布朗先生会很生气。

P：是的。

M：现阶段你还有什么事情需要分享吗？

P：我一直是一个人居住，现在有一个邻居是好事情。我希望和邻居建立友善的关系，也希望这个事情能够完美解决。

M：邻居对你一直都是很重要的，是吗？是因为你独居的原因吗？

P：是的。

M：今天双方都在场，这对建立良好的邻里关系很有帮助。布朗先生，你有什么想要达成的目标吗？是什么促使你来进行调解的呢？

B：皮尔斯太太刚刚讲的有错误，我希望更正她的一些说法。我是个好人，也想当个好邻居。我的女儿和她的朋友在家里的后院玩耍，皮尔斯太太的德国牧羊犬朝我女儿冲撞过来，我女儿哭得很厉害，也很害怕，直接跑了回家。当我知道这件事后，我真的很生气，真的控制不了自己的情绪，于是我就跑到皮尔斯太太的院子里。我对皮尔斯太太一直是尊敬的，因为她是我的长辈。但我也是一个 8 岁女儿的爸爸，女儿萨拉是我一生的宝贝，我不希望她受到任何伤害。当她对我哭时，我的心都快要碎掉了。

M：让我先确认一下，事情的来龙去脉以及一些细节还需要澄清一下。从你的角度来说，你的女儿受到了伤害？

B：对，虽然身体没有伤害，但是心理上受到了伤害。

M：所以，你谈到的是心理伤害。那么你也希望有一个好的邻里关系，也希望表示对长辈的尊敬，是吗？

B：是的。不过，严重的是，第二天我回家看到了一个 3 尺高的栅栏，并且栅栏的有些部分建在了我的土地上。

M：布朗先生，让我确认一下你说的话。作为一个爸爸，你的女儿受到了伤害，你很愤怒。另外，皮尔斯太太建了一个栅栏保护你的女儿，但是这个栅栏侵犯了你的后院的土地。

B：是的，第一天皮尔斯的狗伤害了我的女儿，第二天皮尔斯建栅栏侵犯了我的土地。

M：那么，请问布朗先生，通过今天的调解，你希望达成什么目标？

B：我觉得皮尔斯有权利让她的狗自由地跑，但是不能侵犯我的权利。所以，我希望皮尔斯向我和我女儿道歉并拆除建在我土地上的那部分栅栏。

M：总结你的话，就是你希望皮尔斯太太道歉，并拆除建在你土地上的栅栏，是吗？

B：是的，或许她还应该给予金钱补偿，作为对我女儿的精神补偿。

M：在精神补偿金这一点上，你的想法具体是什么？为什么？

B：事情发生后，我女儿感到十分恐惧。我知道皮尔斯也很爱她的狗，但她对狗的爱和我对女儿的爱是不可以相比较的。因为人和狗不能相提并论，狗毕竟是动物。

M：所以金钱补偿是为了表示出对你女儿的安慰？

B：是的。

M：皮尔斯太太，你有什么想讲的吗？

P：布朗先生，我的狗一直很乖，我很困惑，为什么我的狗会撞向你的女儿，会不会是你的女儿先惹我的狗。据我所知，你的女儿根本没有受伤，我为什么要赔偿？我的狗没有咬你的女儿，你的女儿是害怕我家狗的样子吗？要是她怕我家狗的样子，难道我要带我的狗去整容吗？如果是你说的这种伤害，我是绝对不会出补偿金的。另外，我建栅栏就是为了让我的狗不跑去你的院子，是为了保护你的女儿。

M：两位已经说出了自己想要达到的目标，但是在调解中可以扩张双方不同的利益。我有一个建议，与其现在谈你们的目的，不如先谈你们关注的领域。你们都提到一点，邻里关系对于你们双方来说都是一个重要的关系，这样讲对吗？

P：对的，我希望有个好邻居。

M：我明白，你们喜欢在一个祥和、安全的环境中生活，或许这就是你建栅栏的原因。

P：对的，因为我一直都深信我的狗很乖，但是我也怕它万一失控而伤害别人，所以才建这个栅栏。

M：布朗先生，你的女儿和皮尔斯的狗之间到底发生了什么问题？你刚刚提到，你女儿是人，她的狗是动物，这二者之间有区别。皮尔斯太太，你提到你的狗就像你的家人一样。

P：对的。

M：布朗先生的女儿和皮尔斯太太的狗都像家人一样重要。那么你们觉得现在我们谈什么问题会对你们有帮助？或者就前面提到的哪些问题需要进行深入的讨论？

B：我想说的是皮尔斯太太必须看好她的狗，否则我将去动物监管所举报她的狗。

M：布朗先生，向动物监管所举报是一个方法，而另外一个解决办法是你们双方去讨论如何解决纠纷。皮尔斯太太，你提到你也希望你的狗不会伤害任何人。

P：我真不想布朗的女儿受到伤害，但是我非常清楚我的狗一直很乖。我明白布朗先生的担心，所以我才建栅栏。我想现在在这里解决问题，不想去法庭，因为我的年龄太大了。

　　M：我听到你也关注布朗先生关心的问题，并作出回应。那么，布朗先生你的意见如何呢？

　　B：你是说她的狗吗？

　　M：不是，今天谈到的各个问题都可以谈。

　　B：我能接受皮尔斯太太建栅栏，但栅栏不能建在我后院的范围内。

　　M：所以，就今天的调解来说，建栅栏是一个重要的问题。

　　B：当然。

　　M：我想确认一点，你是对整个栅栏建不建起来有问题，还是对某部分栅栏有问题？

　　B：我只是希望她把侵入到我后院的那部分栅栏拆除。

　　M：这是你对解决栅栏问题的具体建议吗？

　　B：是的。

　　M：那么，建议两位向对方直接表示自己的看法。皮尔斯太太，你对布朗先生的建议有什么看法？

　　P：布朗先生，假如我将在你院子里的栅栏拆除，你愿意自己建一个栅栏吗？否则你女儿还是没受到保护。

　　B：你可以把栅栏建到自己的土地上，让你的狗怎么跑都没问题。

　　M：所以，你建议的是把栅栏移到皮尔斯太太的土地那边，而不是将栅栏全部拆除，对吗？

　　B：对。

　　M：你们两位清楚这个栅栏有多长进入了布朗先生家的土地吗？

　　B：具体多少，我不知道，我只是看到有一部分栅栏建在我的院子里。

　　M：你怎么知道有一部分栅栏建在你的院子里？

　　B：我知道两家后院的分界线。

　　M：皮尔斯太太，你知道你们两家的分界线吗？

　　P：我没有特别注意这点，只是为了方便栅栏建立。我建议布朗先生自己建个栅栏，我不是唯一养狗的人，不光是我的狗，也许其他的狗也会使你的女儿害怕。你很爱你的女儿，你自己在后院修建栅栏可以保护她。

　　B：但是你的狗曾经伤害到我的女儿。

P：我明白你讲什么，我也不否认我的狗吓到了你的女儿。我修建栅栏也是为了保护你的女儿。

M：皮尔斯太太，修建栅栏时，你不清楚两家的分界线，不知道栅栏会建到布朗的院子里，对吗？

P：我是根本不知道修建时，会建到他的土地上，我可以拆掉这部分。

M：所以，你愿意将建在布朗院子中的部分拆掉，将超过的部分移回到你的院子？

P：我觉得可以。

M：所以你是愿意把这个栅栏移回你的院子的。那么现在我想进入下一个阶段，也就是单方会谈。如果两位不介意，先由布朗先生和我会谈，请皮尔斯太太在休息室稍等片刻，可以吗？

B：好的。

P：可以。

调解员与布朗先生单方会谈

M：现在我们开始单方会谈，单方会谈具有保密性。布朗先生，你有什么想法都可以讲出来，其中有不愿让对方当事人知道的也可以向我说明，我绝对不会告诉对方当事人。我们刚刚讲了很多，现在你可以在单方会谈中告诉我之前在联席会议中你们没有谈论到的问题。

B：首先，我希望你知道我为什么这么生气。其实我已经和我的律师联系过，我也考虑过进行刑事起诉，因为皮尔斯太太修建的栅栏侵入了我的土地。另外我也想进行民事诉讼，因为她的狗伤害到了我的女儿。

M：可以看出你对此事感到很愤怒。

B：对，但我现在还没进入诉讼程序，是因为我也不想和邻居对簿公堂。

M：你还没有到法院起诉是因为你想和邻居和平解决问题，对吧？

B：是的。我要在这边居住很久，每个邻居对我来说都是重要的，我希望保持好的邻里关系。

M：所以你想和包括皮尔斯在内的邻居建立好的关系。

B：是的。

M：如果你将这个纠纷起诉到法院，可能会影响你在邻居中的形象。

B：对，我不希望走到这一步。

M：你想想，还有什么可以促成我们这次调解成功呢？刚刚在联席会议上，皮尔斯太太愿意将栅栏移到她那边。除了这点外，你还能想到什么能使你和皮尔斯太太做一个好的邻居呢？

B：我在联席会议上谈到给我女儿精神补偿金的问题，老实说，这个钱对我并不重要。我只是受不了她漠不关心的态度。

M：所以你要求皮尔斯太太赔钱，其实是你不满她漠不关心的态度。你想让她改变这个态度，对吗？

B：对。

M：我不太明白为什么皮尔斯太太修建这个栅栏会使你觉得她漠不关心呢？

B：让我不满的不是栅栏的问题，她愿意将栅栏移到她那边，这是我乐见的。我认为她漠不关心的是她的狗伤害我女儿的问题。她说她的狗重要，但我觉得我的女儿比她的狗更重要，我觉得她应该向我和我的女儿道歉。

M：你需要皮尔斯太太道歉以表示她对你女儿的关心，是吗？

B：是的，如果她愿意这样，钱不是问题。

M：你想她怎样道歉？

B：当面向我们道歉。我希望她能改正她的态度，这才是我关心的。

M：你说面对面道歉，今天就是一个很好的机会。在今天的调解中你们可以很好地进行交谈。

B：这是我想看到的，但皮尔斯太太可能不想道歉。因为，皮尔斯太太认为她的狗最重要，比其他什么都重要。

M：刚才在联席会议上，皮尔斯太太认为她的狗就像她的家人，对她而言很重要。另外我还听到一点，假如我听到的和你听到的不同，你可以告诉我。她是因为关心你的女儿才很快地将栅栏建起来的。

B：是的。

M：现在主要的困难是我们基本上不知道她的狗和你的女儿冲撞的真实情况。我们做调解不是进行侦查，不是找出事实真相。但这个困难就是你们要解决的问题。那么，我现在做总结：第一，双方对于栅栏的移动，已经协商一致；第二，你理解狗对她的重要性；第三，她建这个栅栏的目的，在某种程度上是想保护你的女儿，让你的女儿不会受到狗的伤害。基于这几点，你希望她对你怎样道歉，目前你想到了吗？

B：她应该有态度上的改变，并不一定要用道歉这种字眼。

M：只要你能看到她态度上的改变，可以不要求她用口述"对不起"这种道歉方式，对吗？

B：对。

M：假如她愿意把栅栏移动，并适当地向你表达对你女儿的关心，这样可以吗？

B：这样太好了。

M：如果皮尔斯太太这样做了，你有没有什么是可以提供给她的？

B：我可以帮她把栅栏移到分界线上，毕竟她是长辈，而且我也比她强壮。

M：我听到的是并非拆除栅栏，而是移回到应该的位置，对吗？

B：对，是移动。

M：这也表示你对她的尊敬，对吗？

B：对。

M：谢谢你，我与你的谈话到此为止，我将和皮尔斯太太单独谈话。在我们的单方会谈中，有什么内容你不希望我告诉皮尔斯太太？

B：都可以说，以表我对她的尊重。

M：好的，那我现在去和皮尔斯太太进行交谈，请你到旁边休息室休息片刻。

B：好，谢谢你的帮助。

调解员与皮尔斯太太单方会谈

M：皮尔斯太太，谢谢你的等候。

P：我也谢谢你花时间帮我们解决纠纷。

M：我再重申一次，我们之间的单方会谈都是保密的。当我们讨论到最后的时候，我会向你确认，如果有什么信息你不愿意向对方当事人透露，你可以告诉我。

P：好的。

M：你在联席会议上还有什么没有谈到的，但想在单方会谈中分享的吗？

P：你知道这条狗对我很重要。据我了解，在我们旁边的一个社区也出现了类似的事情，狗被麻醉安乐死，我不想我的狗也遭受这种待遇。假如这个事情导致我的狗遭受类似待遇，那我和布朗将永远成不了好邻居。

M：成为好邻居，对你们双方来讲都很重要。布朗先生也希望和你做好邻居。我在和布朗进行单方会谈时，了解到布朗先生理解你的狗对你的重要性，他也希望这次调解可以解决这个纠纷。另外，联席会议上你们双方好像都同意将栅栏移到两家的分界线上，对吗？

P：是的，我建栅栏时也是无意超越分界线的。

M：你对这件事情的发生也表示歉意，对吗？

P：对，我对我的狗吓到了她的女儿表示歉意，也对栅栏超越了分界线表示歉意。

M：那么这两点歉意你愿意当着布朗先生说出来吗？

P：我愿意，但我觉得他对老人家不尊重。因为他冲到我家里骂了我，但为了解决这个纠纷，我现在不会提这个问题。

M：为了保持良好的邻里关系，你希望作为邻居的布朗先生往后应该保持对你的尊重，对吗？

P：是的，我自己也有女儿，我能理解布朗先生爱女心切，我也很尊重他爱他的女儿。但是，我还记得一点，布朗先生还要求我赔偿，我不接受这样的建议。

M：刚才在我和布朗先生的单方会谈中也提到了这个问题，对于这个补偿金，他愿意不追究，但是要让你了解到他所关心的方面，就是你刚才提到的你愿意向他表示歉意。另外，布朗先生也提出愿意帮助你将这个栅栏移到分界线上，希望和你保持良好的邻里关系。他提出的这些，你愿意接受吗？

P：我接受，邻居愿意这么做就太好了。

M：也就是说，你愿意接受这个方案，你愿意向布朗先生表达歉意并把栅栏移到分界线上。另外，你提到你有种恐惧，害怕旁边社区那条狗的命运发生在你的狗身上，我想确认一下，你是害怕你的狗遭到毁灭而来调解的吗？

P：这是我来进行调解的一个动机，但不仅只有这点。我很抱歉我的狗吓到了她的女儿，我希望我有一个好邻居，我也希望我自己是别人的好邻居。

M：看来你们双方都很努力进行调解，或许现在是让你们一起来解决问题的好时机。

P：尽快解决就好。

M：你有什么事情是不希望我向布朗先生透露的吗？

P：有关部门可能会对狗进行处理的事希望不要透露，因为发生在另外一个社区上的事情我不希望再提出来。

M：好的，我不会提。保持邻里关系是你们的重心。

P：是的，谢谢你。

结束调解

M：布朗先生、皮尔斯太太，我刚才和你们分别进行了单方会谈。我相信纠纷将会得到很好的解决。我想向两位再次确认我从你们那里听到的解决方案：首先，对于皮尔斯太太的狗吓到布朗女儿的事情，皮尔斯向布朗表示歉意。其次，布朗愿意帮助皮尔斯太太把栅栏移到两家的分界线上。对于这个方案，两位有什么意见吗？

P：可以。

B：我没有意见。

M：皮尔斯太太，你愿意为你的狗吓到布朗的女儿表示歉意，对吗？

P：是的。布朗先生，我养的狗吓到了你的女儿，我为此事感到抱歉，请你原谅。如果是我的女儿受到了惊吓，我也会很难过。我修建栅栏是为了保护你的女儿，我希望我们作为邻居能和睦相处。

B：我接受你的歉意。得知萨拉被你的狗吓到后，我没有控制好自己的情绪，去你家冒犯了你，也请你原谅。

P：没关系，希望我们以后和谐相处。

M：关于移动栅栏，你们需要确定一个期限吗？

P：如果布朗先生愿意帮助我移动栅栏，就看布朗先生什么时候有时间。

B：那就定在这周周末。

P：我同意。

M：祝贺你们，你们达成了和解，我马上准备好调解协议，请你们签字。

第四节　案例评析

调解是邻里纠纷非常合适的解决方式，它既能有效化解矛盾，又能维护纠纷双方的邻里关系。因此，运用调解解决邻里纠纷十分常见。布朗与皮尔斯的邻里纠纷案例案情简单，属于典型的促进型调解案例，适合初学者总体把握调解的程序。

通过调解过程的示范，我们直观地感受到了调解开始、联席会议、单方会谈与调解结束程序的具体运行状况。首先，调解员需要建立起适宜调解的平台，当事人对于调解程序及原则的了解程度是判断其是否自愿进入调解的一个重要因素。调解的开场白中，调解员告知纠纷当事人调解的原则与程序，体现了平等、公正的价值观。调解员在联席会议上需要聆听双方的陈述并找出当事人的共同利益。在该案中，布朗和皮尔斯的共同利益是希望建立和睦的邻里关系。在单方会谈中，调解员需要让当事人进一步说出自己的想法并引导当事人提出可能解决纠纷的途径。在调解结束阶段，双方当事人签订了调解协议，纠纷得到了圆满解决。

一、积极聆听

调解员必须是一个优秀的倾听者，因为调解员所做的几乎所有事情都是为了促进沟通。为了有效地促进争端各方之间的谈判，调解员总是听取各方的利益和需求，并以建设性的方式将这些利益或诉求摊在桌面上。因此，在当事各方"互诉衷肠"之前，调解员务必履行好一位倾听者的义务，了解当事各方不同的利益诉求。那么，如何成为一个"倾听者"呢？

首先，调解员应当倾听理解而不是回应。本案的调解员梅丽莎在调解之初，便展现了一位倾听者的风采。调解员在倾听皮尔斯太太诉说的同时，也通过引导式的发问，促使皮尔斯太太道出了自己的内心想法。其次，调解员要避免过早下结论。调解员应当学会倾听当事人的心声，避免把自己的主观结论和判断强加于他人。本案调解员在倾听两位当事人的陈述时并未及时作出自己的判断，从而使双方当事人相信调解员并无任何偏袒，由此更为信任调解员。最后，调解员应当及时整理思绪并根据所听到的内容整合信息，提出相关问题。这是为了确保调解员能够充分理解当事各方，并使当事人有机会就他们提出的问题进行深入思考。如在联席会议上调解员在皮尔斯太太陈述完后，问道："皮尔斯太太，不知道我听到的是不是对的？首先，你的狗对你很重要，像你的家人一样；其次，你建栅栏是为了保护布朗先生的女儿，你不知道为什么布朗先生会很生气。"通过这样的总结性发问，能够让调解员更加确定当事人的真实想法。

二、进行利益排序

通常情况下，解决利益冲突一般需要当事人放弃自身的部分利益或在利益问题上进行一定的让步才能成功。此时调解员就需要将当事人的各项利益进行排序，帮助当事人想清楚自己的哪些利益是不能放弃的，而哪些利益是可以与对方协商的、可以让步的，将当事人的多项利益需求按照重要程度或者紧迫程度进行排序，让当事人更清晰、更明确地看清自身利益需求。

本案调解过程中，调解员通过倾听双方当事人的诉说，逐渐清楚了他们的利益需求。其中，皮尔斯太太最大的希望是，邻里之间可以和睦相处，因为她长期独居，所以比较渴望邻里之间的友好互动。也就是说，对于皮尔斯太太来说，睦邻友好是最大的利益需求。对于布朗而言，其最为直接的调解目标就是，皮尔斯太太家的狗再也不会"侵犯"自己的女儿，并将越界的栅栏移开。不过在后续的单方会谈中，调解员了解到，布朗刚搬到这个社区，其实也不想因为起诉皮尔斯太太而影响自己在该社区的形象，所以布朗实际上也非常想能够和皮尔斯太太和谐相处。调解员先后通过利益排序的技巧，确认了双方当事人都比较期望的利益需求：睦邻友好。虽然这不是金钱意义上的利益需求，但这对双方当事人都非常重要，因此调解员始终围绕这一点展开调解，最终取得了成功。

三、平复当事人情感和情绪

双方当事人的情感和情绪对调解的顺利进行影响深刻，尤其是当调解陷入僵局的时候，格外需要关注当事人的情感和情绪。平复当事人情绪的方法有很多，调解员最常采用的一种方法就是疏导宣泄，可以引导当事人将内心的烦闷焦虑或其他内心真实想法开诚布公地说出来，其内心的情绪也会随之宣泄出来。

本案调解初期，由于双方当事人都在"气头上"，调解的进行并不顺畅。尤其是布朗先生曾警告皮尔斯太太，如果再发生类似的事情，她和她的狗都会有麻烦。布朗的警告让皮尔斯太太非常害怕和担心，因为过去也发生过类似的事情，最后动物监管所把"闹事的狗"安乐死了。面对双方当事人不太稳定的情感和情绪，调解员给予了双方当事人充分的表达和宣泄机会，从而有效平复了两人的情感和情绪，为后期调解进程乃至调解的成功作了很好的准备。

四、巧妙运用道歉

道歉在调解中发挥着重要作用，许多有经验的调解员指出：虽然道歉不能保证调解一定成功，但是在很多纠纷中，道歉是调解成功的重要因素。实践证明，很多纠纷不是或者不仅是债权债务等金钱纠纷，很多时候纠纷中夹杂着心理因素，也就是我们常说的"要出一口气"。很多案件受害人会让加害人给予金钱赔偿，其中很重要的原因是受害人希望获得"心灵上的慰藉"。从表面上看，受害人是想获得金钱赔偿的。实质上，受害人可能是想通过金钱赔偿的方式让加害人认识到错误。布朗与皮尔斯之间的纠纷就是很好的例子。由于皮尔斯的狗吓到了布朗的女儿，布朗先生在联席会议上提出要皮尔斯给予金钱补偿。但随着单方会谈的进行，布朗先生也向调解员表示之所以要金钱补偿，是想让皮尔斯认识到自己的错误，并道歉。

道歉分为三个过程：承认错误、表示歉意和请求原谅。道歉内容也分为两种：一种是表示同情心；另一种是表示同理心。同情心是指对受害人所受的伤害表示同情；同理心是指对受害人所受的伤害表示感同身受。从道歉的过程看，首先皮尔斯承认自己的狗吓到了布朗的女儿，其次为此事向布朗先生表示歉意，最后请求布朗的原谅。从道歉的内容看，皮尔斯首先同情布朗女儿的不幸遭遇，表示了同情心。随后联想到自己的女儿，表示了同理心。因此，皮尔斯的道歉很容易被布朗先生接受，并直接促成了纠纷的解决。

第五章　学生死亡赔偿案

第一节　案情简介

1997 年，司各特·克鲁格考入著名学府麻省理工学院。不幸的是，仅仅在入学五周之后，司各特参加了麻省理工学院的一次兄弟会聚会活动，由于饮酒过量死于酒精中毒。该事件被美国各大媒体竞相报道，曾引起轩然大波。在司各特死后两年，司各特的父母克鲁格夫妇向麻省理工学院发送了一封索赔信，信中声明如果得不到赔偿他们就会起诉麻省理工学院。

克鲁格夫妇认为麻省理工学院必须为司各特的死负责有两个原因，一是麻省理工学院安排宿舍的方案使新生更容易想参加兄弟会，二是麻省理工学院对于兄弟会的普遍酗酒行为采取不作为的态度。

第二节　背景资料

一、法律背景资料

麻省理工学院的律师认为麻省理工学院有很大把握赢得诉讼，他们认为法院不可能判定大学对成年学生自愿饮酒造成的损害承担法律责任。而且麻省理工学院是政府的一部分，因此根据马萨诸塞州法律，即使败诉也最多只能承担 2 万美元的责任。但是在美国的法制体系下，当事人在诉讼中可以挑战法律本身的有效性。尤其是这个案件社会影响非常大，媒体对该案件进行了连篇累牍的报道，引起了广泛的关注。而且原告起诉不仅仅是为了获得赔偿，更是为了再次引起社会的广泛关注，迫使麻省理工学院改变态度。

麻省理工学院认为这个事情不能仅仅从法律上解决，就算没有法律上的责任，但是对于大学在学生管理的政策和做法上需要重新审视。

麻省理工学院校长查理·韦斯特非常想与克鲁格夫妇达成一个解决方案，他认为麻省理工学院应该在学生管理方面担起责任。此外，麻省理工学院也知道应诉的不利，一旦克鲁格夫妇起诉，而麻省理工学院应诉，案件的信息就会成为公共信息。可以想见，司各特酗酒死亡事件将再次成为媒体关注的热点，麻省理工学院将面临社会各界的评论甚至指责。而本案的应诉成本也将出奇地高，初步估计数额将达 100 万美元以上，之所以费用会如此昂贵，是因为律师预计本案至少会上诉到上诉法院，甚至可能上诉到最高法院。①

在如何处理上，麻省理工学院面临困难。困难不是究竟应不应该选择调解，而是如何使克鲁格夫妇同意调解。最终，麻省理工学院决定突破常规的发送律师函的做法，而是由校长通过私人信件向克鲁格夫妇表明麻省理工学院的法律抗辩非常强，但是麻省理工学院提议通过调解解决纠纷。

克鲁格夫妇开始表示不同意调解，经过反复争取，最终克鲁格夫妇同意调解，但是提了很多条件：第一，至少一次调解是在克鲁格夫妇的居住地布法罗，而不是麻省理工学院所在的波士顿。第二，麻省理工学院必须认识到自己的错误，而且深切地道歉。第三，本案的调解不签署保密协议，克鲁格夫妇可以向公众透露本案调解的任何信息。第四，麻省理工学院不得将本案达成的任何和解，用作公关之用。第五，韦斯特校长必须出席调解的全过程。经过反复考虑，麻省理工学院同意了克鲁格夫妇的条件，案件进入调解。

---

① 美国联邦法院是三级有限三审上诉制，即当事人有权从基层法院上诉到巡回上诉法院，上诉法院必须接受；如果不服上诉法院的判决则可以请求最高法院审理，但是最高法院有权自由裁量是否接受请求。

二、调解前的准备过程

双方选定了杰弗里·斯登作为本案的调解员。本案的调解不是以当事双方参加的联席会议开始的，而是由克鲁格夫妇的律师、调解员和麻省理工学院的律师会谈开始的，克鲁格夫妇不参加。这次会谈是在麻省理工学院律师的建议下开展的，因为麻省理工学院必须要让对方知道其法律抗辩非常强，但是克鲁格夫妇的律师指出，如果克鲁格夫妇在调解中听到麻省理工学院陈述其法律抗辩，那么案件就不可能和解。

在本次会谈之后，双方在距离布法罗市 40 分钟车程的地方进行下一轮会谈。由于本案的特殊性，因而调解员和双方律师商量，决定在调解开始之前由调解员杰弗里与克鲁格夫妇一起吃早餐。在早餐的过程中，克鲁格夫妇将自己的情绪进行宣泄，而杰弗里则一再表示其理解克鲁格夫妇的伤痛和愤怒。

第三节　调解过程

说明：字母 M 代表调解员，字母 K 代表克鲁格先生，字母 Ks 代表克鲁格夫人，字母 V 代表韦斯特校长。

（韦斯特校长已经在调解室等候，调解员杰弗里陪同克鲁格夫妇一同进入调解室，韦斯特校长站起身）

M：（面向韦斯特校长）请坐。

（现场所有人沉默了几秒钟）

韦斯特校长和麻省理工学院都很抱歉。

V：我们非常抱歉！

Ks：你怎么可以这样？你们这些人害死了我的儿子……

V：我们非常抱歉……

Ks：司各特才只有 19 岁，他是我们唯一的孩子。

V：我们非常抱歉，我个人也是深感痛心。

Ks：司各特才 19 岁，他还是个孩子。他在家里很听话的……

V：我知道，司各特是个好孩子。

Ks：你怎么知道？你从来就没有见到过他……

V：我知道他是一个好孩子。我是没有见过他，但是……

Ks：你根本就没有见过他，你都不知道他长什么样子，对不对？

V：对不起，我的确没有见过他，但是我……

Ks：你根本不知道他长什么样子，他走了你也不在乎。

K：达琳。

V：我在乎，我在乎。我没有见过司各特，但是我知道他长什么样子，我见过他的照片。

Ks：你不在乎，你们都不在乎，如果你们在乎，你们就不会容忍校园里头发生这样的事情了。

V：我知道这件事情给你们造成了巨大的伤害，我今天来这里就是要向你们表示歉意和慰问。

Ks：说起来简单。

V：我知道司各特的离去给你们造成了巨大的痛苦，任何家庭、任何父母都无法忍受孩子的夭折。我自己……

Ks：不，你不知道，你不知道司各特走了这两年我们怎么过的。

K：达琳每天都会看着司各特的照片。

V：对不起，我知道我无法完全明白你们的感受，但是请相信我，我也是两个孩子的父亲，如果我的孩子发生意外，我都不知道怎么去应对。

Ks：可是出事的是我们的孩子，你说你在乎，为什么你现在才向我们道歉……

V：我出席了司各特的葬礼，我想……

Ks：我知道，罗伯特（司各特的父亲）看到你了。你去了司各特的葬礼，但是你都没过来和我们说话。

V：对不起，你不知道我当时看到你们在哭我有多么难过，我其实非常想向你们当场道歉的。

K：但是你没有那么做，不是吗？

V：对，是的。我真的也非常难过，我想向你们亲自道歉和慰问，但是……

K：但是你没有。

V：是的，我没有。当时那种场合，我害怕和你们说话会引发你们更大的悲痛。

K：你们带给我们的悲痛已经够大了。

V：对不起，我真的感到很抱歉。你知道吗，我问过很多人的意见，他们都建议我当时不要向你们亲自道歉，因为那样做可能会使你们更加伤心和愤怒，我担心场面会失控。

K：所以你就决定心安理得地走开？

V：不是的，不是的，我不是这样的人。我第二天专门让人给你们送去我的道歉信，我一直……

K：我收到了，但是并没有什么帮助。

V：我知道，无论我怎么做都无法平复你们的伤痛。我一直想找个机会向你们亲自道歉，这也是我今天来这里的原因。请你们相信我，好吗？

M：达琳、罗伯特，韦斯特校长他……

V：你知道吗？我对我没有向你们亲自道歉感到非常后悔。要是再给我一次机会，我会当时就向你们亲自道歉。请你们相信我，我是非常真诚地向你们道歉。

K：嗯。

V：达琳、罗伯特，如果你们不介意我这样称呼你们的话，对不起。这是令人无法忍受的悲剧，我们能够体会你们的伤痛，作为两个孩子的父亲，我知道失去孩子是多么的痛苦。

M：达琳，这是一件悲痛的事，我们都感到难过。

（达琳继续抽泣，罗伯特安慰达琳）

V：你知道吗，我的大儿子现在大学三年级，他应该和司各特差不多大。

（朝调解员看，调解员轻轻点头）

M：他和司各特一样的身材，都喜欢……

Ks：他是吗？

V：是的，他也喜欢橄榄球。司各特喜欢橄榄球，是吧？

（罗伯特继续安慰达琳）

Ks：他叫什么名字？

V：瓦尔，瓦伦丁。他是我的大儿子。

Ks：瓦尔。

V：对，我们都叫他瓦尔。

（现场短暂的沉默）

V：我们让你们失望了，我们非常抱歉，我和我的同事都非常非常遗憾，请求你们原谅。

M：我感觉韦斯特校长是非常真诚的。

V：对，我是发自内心的抱歉，我们的过失造成了悲剧，我们非常非常抱歉，我们希望你们能够原谅我们。

Ks：原不原谅你们有什么用，无论如何司各特是不会回来了。

M：达琳，我们都非常难过，你需要一杯水吗？

Ks：是的，请给我一杯水。

（调解员帮达琳倒了一杯水，达琳喝了一半，逐渐平静下来）

V：我们真心请求你们的原谅。我们想用一切办法弥补我们的过错，我们可以为你们做些什么吗？

（达琳开始放声大哭，罗伯特抱住达琳，韦斯特校长站起身来，有点不知所措）

M：（面对韦斯特）要不然你先去外面休息一会儿，我待会儿再请你回来。

V：好的。

（五分钟之后调解员也走出了调解室，他叫助手给韦斯特校长拿了一杯咖啡。再过了五分钟，调解员走进了调解室，然后调解员走出来，请韦斯特校长进到调解室）

M：罗伯特。

K：我们很好，继续吧。

M：罗伯特，你们希望他们为你们做些什么？

K：我们希望麻省理工学院改正他们的做法，我们希望能够得到赔偿。

V：我们已经在改进我们的校园管理了，我们把大一的新生集中起来居住，而不是住在各个不同的兄弟会的房间。

K：仅仅这样还不够。

V：我们对我们的校园安全政策进行了多项评估，很多原来的政策都得到了改进。我们对校园酗酒作出了更严格的规定，我们将提供酒精饮料给未成年人①列为严重的违规，我们会将违规者移交校园纪律委员会处理。

K：嗯。

M：罗伯特，关于赔偿，你有什么具体一些的要求吗？

K：我们希望他们赔偿 800 万美元。

M：我想，关于赔偿的事情，我还是分别和你们单方会谈，可以吗？

K：无所谓。

V：好的。

到此，调解员中断了第一次的联席会议，而转入与克鲁格夫妇、韦斯特校长的分别单方会谈。在单方会谈中有双方的律师介入，有的场合甚至只有律师和调解员参与，调解员在双方之间传递解决方案的提议。最终，经过多轮的会谈，双方达成和解。麻省理工学院支付 475 万美元给克鲁格夫妇，另外再拿出 125 万美元成立奖学金以纪念司各特·克鲁格，在奖学金的管理上克鲁格夫妇有发言权。

第四节　案例评析

本案作为美国调解案例的典范，一直为各界所津津乐道，其案件的调解模式属于典型的促进型调解模式。通过调解员的辅助，最终达成了令双方都比较满意的结果。克鲁格夫妇赢得了韦斯特校长发自内心的道歉，受伤的心理获得了安慰，同时也获得了巨额的赔偿，而麻省理工学院避免了诉讼，从各方媒体评论的风口浪尖中安然度过。更为重要的是，通过调解，麻省理工学院承担了其应该承担的责任。

因为本案的特殊性，本案采用了特殊的调解程序，而这些手段也收到了效果。虽然克鲁格夫妇同意调解，但是麻省理工学院仍然处于一个非常

---

①　这里指的是 21 岁以下的人，马萨诸塞州法律禁止 21 岁以下的人饮酒。

困难的境地。承担责任的同时也必须提出法律上的抗辩，否则将无法控制赔偿的数额；然而提出法律上的抗辩可能激怒克鲁格夫妇，从而导致无法和解。正因为如此，调解员与两方律师想出了特别的调解程序，调解员先与双方律师会谈，克鲁格夫妇不出席。本案中，双方律师一起与调解员会谈是必要的，否则麻省理工学院一方就没有任何谈判杠杆，将导致无法将赔偿数额控制在可以承受的范围。如果无法控制赔偿的数额，麻省理工学院就无法给予赔偿，这样调解就必然破裂。但是同时麻省理工学院这方的法律抗辩不能向克鲁格夫妇提出。无论韦斯特校长的态度多么好，只要他说出"依照法律，我们不需要赔偿你们"或者"依照法律我们最多赔偿你们2万美元"之类的话，克鲁格夫妇肯定会拒绝调解。因此，调解员设计出相应的程序让双方能够提出法律抗辩，同时又能避免克鲁格夫妇被激怒，从而保证了调解的顺利进行。

正式调解之前由调解员与克鲁格夫妇共进早餐也是调解员精心设计的调解步骤。调解员特意安排在调解过程之前与克鲁格夫妇共进早餐，先给克鲁格夫妇释放情绪的机会，在他们与韦斯特校长之间形成一个缓冲的时间。正是由于这个早餐的过程，克鲁格夫妇在整个调解过程中都能够保持比较稳定的情绪，从而保证了调解的顺利进行。

一、表达同理心

同理心是心理学的概念，是指说话者对听话者的遭遇（多为负面）表示感同身受，能够将自己代入到听话者所处的情景，能够从其立场出发看待问题的一种态度。同理心容易与同情心相混淆。所谓同情心是指对受害人所受伤害表示遗憾和歉意，是说话人从自己的立场出发采取的一种态度。"对不起，我弄伤了你的手"是表示同情心，而"对不起，我弄伤了你的手，我自己也伤到过手，我知道那有多痛"则是表示同理心。

表达同理心是一种非常有效的沟通手段，它能够迅速在说话者和听话者之间建立联系。而同情心在很多情况下能够拉近说话者和听话者的距离，但是也在很多情况下会对听话者造成地位不平等的感受。因为按照一般的理解，同情只可能是地位高的人同情地位低的人，处于优势的人同情处于劣势的人。因此，处于负面遭遇和负面情绪中的人，往往不能接受别人表示同情，甚至对别人表示同情产生反感。但是同理心则不一样，同理心是说话者愿意处于与听话者相同的情景，从听话者的立场出发思考问题，因此，两人不但是平等的，而且是互通的。因此，同理心的表达能够迅速建立联系，将两个人连接成一个主体。在司各特与麻省理工学院调解案中，受害人司各特的母亲无法接受自己儿子死亡的事实，导致其对麻省理工学院非常憎恨，因此调解始终无法进入正常轨道——无论麻省理工学院校长如何道歉，司各特的母亲也无法原谅麻省理工学院的过失。此时，麻省理工学院校长突然谈到他自己的儿子，间接地表达了同样为人父母，能够理解司各特母亲的心情。

　　这样短短的几句话，表达了校长的同理心，终于让司各特的母亲逐渐平静下来，调解得以进入实质阶段。司各特的母亲之所以无法接受校长的道歉，除了她的确非常悲痛之外，还因为她内心认为校长不可能理解自己的孩子去世的那种感受（她也不知道校长是不是有孩子以及孩子的年龄），所以校长道歉说的"能够理解你们的悲痛"更多是履行道歉的手续。而当校长谈到他自己的儿子是大学三年级学生，并且和死者司各特有着共同的兴趣爱好——橄榄球时，司各特的母亲终于承认校长的家长身份。在这之前，司各特的母亲内心都始终把校长当作麻省理工学院派来的谈判代表，而在这之后，校长多了一重身份——一个与司各特同龄而且有着相同兴趣爱好的大学生的家长。

　　同理心的表达有很多种形式，必须结合具体的情景才能准确表达，起到赢得当事人信任的效果。表达同理心，要注意以下几种情况。首先，表达同理心一定不能随意负面评价当事人。很多情况下，表达同理心是在单方会谈中，而且往往是在一方当事人负面评价另一方当事人的情景中，此情况下调解员需注意表达同理心是很好的调解思路，但是原则上来说不能随意附和当事人，负面评价对方当事人——理由有二：第一，调解员背后负面评价另一方当事人，有违中立原则；第二，调解员将会丧失要求这一方当事人作出放弃非核心利益的立场——因为调解员都表态说对方当事人不对，所以没有立场要求对的这方作出让步。其次，表达同理心要将自己的立场、观点、看法表达进去，要具有代入感。只有将自己代入进相应的话语情景，表达同理心才是真诚的，才能够收到效果。最后，表达同理心不能过于直白或者书面，要结合具体情景，表达要委婉迂回。

二、给当事人情绪发泄的机会

在本书评析的案件当中，本案比较特别。本案原告克鲁格夫妇起诉麻省理工学院，提出索赔，而麻省理工学院愿意赔偿克鲁格夫妇。虽然金钱的利益也很重要，但本案的关键不在金钱利益。本案是一宗人身伤害致死的案件，原告克鲁格夫妇人到中年痛失爱子，这其中的悲痛和愤怒非身历其事的人是无法体会的。克鲁格夫妇起诉麻省理工学院表面是请求赔偿，实际上还有其他的原因。他们希望通过诉讼使麻省理工学院认识到自己的错误，希望麻省理工学院为发生的悲剧感到难过和抱歉，希望全社会都一起来批评麻省理工学院，克鲁格夫妇也需要通过诉讼的方式释放自己郁积的情感。本案克鲁格夫妇索赔 800 万美元，即使韦斯特校长将 800 万美元直接拿到克鲁格夫妇的面前，克鲁格夫妇也不见得会接受。总而言之，本案金钱索赔虽然重要，但是能否调解成功关键还在于能让克鲁格夫妇释放自己的情感。

情绪自我调节的内容中包括了对于负面情绪的引导与释放：即使在极度愤怒的情况下，也要保持镇静。积极、清晰地进行思考，并保持专注（戈尔曼，1998）。调解者需要在一定的时间内尽快识别当事人在沟通过程中已经表现或是隐藏起来的情绪特征，并帮助当事人引导、安抚他们的情绪。因此，情绪的管理并非人为地压抑情绪，尽管有时这是必要的。长期的情绪压抑终将导致情绪的失控，其后果是不堪设想的，它可以损害思维、破坏理智行为，并对正常的社会交往造成严重后果。

在调解过程中，调解员应当有意识地激发当事各方的情感宣泄，这有利于探知当事双方的潜在目的和利益需求，继而为调解过程设立一个建设性的谈判基调。本案调解的大部分过程都有律师参与甚至只有律师参与，克鲁格夫妇仅仅出席了第一次的联席会议和一次单方会谈。在克鲁格夫妇出席的调解过程中，调解员所做的就是让克鲁格夫妇将自己的情感释放出来，调解员特意安排在调解过程之前与克鲁格夫妇共进早餐，先给克鲁格夫妇释放情绪的机会，在他们与韦斯特校长之间形成一个缓冲的时间。本案调解最为关键的问题就是如何解决克鲁格夫妇的情绪问题。他们同意调解，并不意味着他们的情绪问题已经解决。相反，在他们将自己的愤怒、悲伤完全释放出来之前，调解意愿都是不稳定的，一旦受到任何刺激，克鲁格夫妇就有可能单方面拒绝调解。正因为如此，调解员杰弗里才在调解当天与他们共进早餐，倾听他们的愤怒和悲伤，这个措施的效果很明显，克鲁格夫妇在已经向调解员释放过自己的情绪之后，在面对韦斯特校长时情绪都比较稳定。虽然克鲁格夫妇面对韦斯特校长时比较激动，但是始终处于能够控制的状态。

　　与一般案件不一样，本案最核心的问题就是解决情感问题。因此调解员在本案开始的时候没有采取其他调解案件那种让当事人提出主张的方式，而是给双方提供一个机会让他们自行解决情感问题。调解员在这个过程中很少发言，少数情况下说话仅仅是为了引导当事人或者是控制局面。比如调解刚刚开始的时候，调解员并不是和双方打招呼，而是向克鲁格夫妇说"韦斯特校长和麻省理工学院都很抱歉"。在调解员杰弗里说完这句话之后，韦斯特校长就自然而然地接过话题，开始表达歉意。

　　美国调解的经验之一就是要利用当事人的情感问题来达成和解。在发现当事人之间存在情感关系但是出现问题时，调解员就要注意修复情感；当发现当事人在情感利益和金钱利益之间有替代关系时，就利益这一点促进双方妥协；而在当事人情感方面有负面情绪无法释放时，就给当事人创造机会使其能释放情绪。本案就属于后一种情况。麻省理工学院既然选择进行调解，当然是愿意作出金钱赔偿的，关键问题不是赔偿，而是要说服克鲁格夫妇接受赔偿。本案的调解过程中，调解员杰弗里把握住了本案的关键，通过创造机会让克鲁格夫妇释放愤怒和悲伤。如果调解一开始，杰弗里就询问双方对赔偿如何主张，克鲁格夫妇显然会拒绝调解或者故意提出一个天文数字。因此，调解员杰弗里在调解开始时完全回避赔偿的问题，甚至避免过多发言，而是促进韦斯特校长和克鲁格夫妇积极交流，这样做的效果也非常明显。

　　在商量赔偿的阶段，调解员没有忘记关注克鲁格夫妇的情感问题。最后和解方案明显也是顺应了克鲁格夫妇的情感需求，这里所说的方案是麻省理工学院拿出125万美元设立奖学金纪念司各特。本案中，麻省理工学院需要将475万美元赔偿给克鲁格夫妇，另外拿出125万美元设立奖学金，克鲁格夫妇在奖学金的管理上有发言权。为什么解决方案不是直接把全部600美元支付给克鲁格夫妇呢？就是因为要顺应他们的情感需要。通过本次调解，克鲁格夫妇释放了他们的愤怒，但是悲伤和思念的情感会存在很长时间，而以司各特的名字设立奖学金可以满足克鲁格夫妇的情感需要。在美国，以设立奖学金的方式来纪念逝者是一种常见的做法。本案中麻省理工学院拿出125万美元来设立奖学金，其收到的效果远比直接将这笔钱支付给克鲁格夫妇的效果要好。对于麻省理工学院而言，奖学金将针对麻省理工学院的学生，因此仍然是本校的财源，这也减轻了麻省理工学院赔偿大笔款项的压力。

三、巧妙运用道歉

美国调解非常重视道歉的作用，虽然道歉不能保证调解一定成功，但是在很多纠纷中，道歉是调解成功的必要因素。本案作为人身伤害的案件，道歉对于调解成功起到至关重要的作用。

美国调解把道歉中的歉意分为两种，而将整个道歉的过程分为三个阶段。道歉中必须包含同情心和同理心。同情心是指一方当事人对另一方所受到的伤害流露出遗憾的情绪并致以歉意，即说话一方从自己的立场出发采取的一种态度。例如，"对不起，您丢失了您的爱犬，对此我感到很抱歉"。而同理心是对另一方所受的伤害表示感同身受，即说话人从对方的立场出发而采取的态度。例如，"对于您爱犬的走失我很抱歉，我曾经也走失过一只十分可爱的幼犬，所以十分理解那种心痛的感受"。

本案联席会议的过程就是美国调解中道歉的典范。在整个联席会议中，韦斯特校长一直在道歉，他的话体现了同情心和同理心。韦斯特校长不断地对克鲁格夫妇的遭遇表示同情，他为司各特的离去感到非常的难过，韦斯特校长还好几次将自己与克鲁格夫妇放到同样的立场，表示了自己的同理心。克鲁格夫妇质问韦斯特校长为什么不在司各特的葬礼上亲自道歉，韦斯特校长对此作出了解释。韦斯特校长请求克鲁格夫妇相信他道歉的诚意，但是根据当时的情景，克鲁格先生并不能接受韦斯特校长的道歉，其中重要的原因就是他们不认为韦斯特校长能够体会他们的痛苦。接下来韦斯特校长告诉克鲁格夫妇他是两个孩子的父亲，而且他的大儿子和司各特年纪相仿，将自己放到一个为人父母的立场。调解员点头鼓励韦斯特校长继续说，果然达琳对韦斯特校长的这番话有反应——她问了韦斯特校长的大儿子叫什么名字，克鲁格夫妇开始接受了韦斯特校长的道歉。

同样，韦斯特校长的道歉过程也体现了道歉的三个阶段：承认自己的错误、表示自己的歉意以及请求对方的原谅。在调解的过程中出现了一个细节，达琳认为韦斯特校长没有见过司各特、也不知道司各特长什么样子。在她看来，如果韦斯特校长连司各特什么样子都不知道，那么他就不会真正认识到自己的错误。韦斯特校长虽然没有见过司各特，但是他的确去了解过司各特，他见过司各特的照片，也和了解司各特的人交谈过，韦斯特校长出席司各特的葬礼，给克鲁格夫妇写道歉信，与人交谈了解司各特，这些都是对自己的错误悔改和试图弥补的体现。韦斯特校长在道歉的过程中将这些情况都透露给对方，就能够说服克鲁格夫妇相信他真的认识到自己的错误。韦斯特校长也反复地表明自己个人和学校的歉意。在这个过程中，韦斯特校长在开始主要用的是"我"这个词，后面主要用的是"我们"这个词，"我"是指他自己，而"我们"则是指麻省理工学院。这是一个比较好的表达策略，先表明自己的歉意容易使人接受，因为这代表道歉人个人参与其中，不是代表其他人办理"公事"。在联席会议的最后阶段，韦斯特校长反复请求克鲁格夫妇的原谅，这是将"处置的权力"交给克鲁格夫妇。应该说，到这个阶段，克鲁格夫妇已经打算原谅韦斯特校长和麻省理工学院了，但毕竟是丧子之痛，他们也不可能很快将"原谅"两字说出口。这时候调解员做了一个非常合理的安排，要韦斯特校长暂时离开调解室，给克鲁格夫妇一个情感上缓冲的时间。克鲁格夫妇终于接受了道歉，为成功调解扫除了障碍。

中国调解也讲究道歉的作用，但是我们很少去研究道歉的细节。美国调解就提出了调解应该保护同情心和同理心，而且从过程上来讲应该包括承认自己的错误、表示自己的歉意以及请求对方的原谅三个阶段。这是美国调解值得学习的地方。

四、挖掘立场背后的利益

挖掘立场背后的利益是调解中最重要的技巧之一。要想顺利挖掘立场背后的利益，必须先区分清楚"立场"和"利益"之间的关系。立场是指当事人在纠纷中所持有的主张，即当事人主张采用何种方案解决纠纷；利益是当事人立场背后的原因，是当事人通过采取相应主张想要实现的最终目的。立场本身是具体明确的，但是立场背后的利益通常是隐蔽而难以捉摸的。在一场纠纷中，当事人之间的立场肯定是对立的，而当事人立场背后的利益却不一定绝对矛盾。或者说，当事双方的立场很难统一，但是利益是可能达成一致的。只要找到立场背后的利益所在，就可以对当事双方的利益进行协调，最终使其利益达成一致，甚至还可能因利益的一致而改变当事人的立场。因此，只要厘清了当事人立场背后的根本利益需求，就能更好地引导当事人进行调解。要想挖掘当事人立场背后的利益，具体可以通过提开放性的问题、运用沉默使当事人主动诉说、表达同理心、解释并明确信息、进行利益排序、营造积极的氛围从而赢得信任、总结及引出反馈等一些方式技巧来开展。不过，当事人在调解过程中的陈述和发言可能会受到自身主观意识、观念、立场等的影响而有所删减或改变，调解员在挖掘立场背后利益时要注意区分当事人所述事件和信息的真实性，才能够准确地挖掘真实利益。总而言之，只有挖掘出当事人立场背后的利益，调解员才能因势利导，引导双方形成能够解决当事人利益需求的调解方案，最终成功和解。

　　本案的结果是双赢的，案件的当事人获得了其通过诉讼无法获得的利益（整体性的利益，而不是纯经济利益）。本案中麻省理工学院认为自己应该承担责任，而不是援引法律上的豁免条款逃避责任。最简单而又经济的处理方式当然是诉讼，因为麻省理工学院是马萨诸塞州政府的一部分，根据马萨诸塞州相关法律，麻省理工学院对于自己的侵权行为只需要承担有限的责任，即 2 万美元以下的赔偿责任，即使麻省理工学院败诉，也最多仅仅需要赔偿两万美元。但是引用豁免条款有两个明显的弊端。首先从主观上来讲，这不是一个正确的态度，校园内的酗酒行为导致学生死亡表明学校管理的确有问题，引用豁免条款只能掩盖问题，不能解决问题。其次，引用豁免条款意味着诉讼，这样凡是与本案有关的情况都会成为公共信息，可以想见的是麻省理工学院将面临铺天盖地的评论，其中主要可能是批评，舆论很有可能认为麻省理工学院不是一所负责任的高等教育机构，这将毁了麻省理工学院作为世界名校的形象。总之，诉讼解决不了麻省理工学院的问题，不能满足麻省理工学院的利益。因此，麻省理工学院必须寻求另外的纠纷解决方式。经过努力，克鲁格夫妇终于同意调解。

五、搭建新的桥梁

搭建新的桥梁是调解活动中非常有效的思维方式，其核心内涵在于通过引入新元素促成新的解决方案，从而推动各方当事人最终达成调解协议。尤其是当调解陷入僵局，双方当事人均不愿意作任何让步时，调解员此时若恰到好处地引入新元素，搭建新的桥梁，能够将双方当事人重新拉回调解沟通中来，继续进行新的调解进程。

本案的调解过程中，调解员巧妙地引入了"司各特·克鲁格奖学金"这一新元素，从而为调解的继续进行搭建了新的桥梁。在美国，以设立奖学金的方式来纪念逝者是一种常见的做法。本案中麻省理工学院拿出125万美元来为逝者司各特·克鲁格设立奖学金，其收到的效果远比直接将这笔钱支付给克鲁格夫妇的效果要好。对于麻省理工学院而言，奖学金将针对麻省理工学院的学生，因此仍然是本校的财源，这也减轻了麻省理工学院赔偿大笔款项的压力。因此可以说，正是由于调解员成功地搭建了新的桥梁——奖学金，才得以兼顾双方当事人的利益需求，事实上取得了"一箭双雕"的效果，最终促成了调解协议。

第六章　商业合伙纠纷案

第一节　案情简介

本案是日常的商业合伙纠纷，作为争议双方当事人的店铺经营方尼尔家与店铺租赁方佐拉家是世交，两家关系非常深厚。从尼尔小时候起，佐拉就认识尼尔，可以说佐拉是看着尼尔长大的。虽然佐拉和尼尔没有血缘关系，但是佐拉视尼尔为子侄，尼尔视佐拉为叔叔。

尼尔对音乐满腔热忱，大学毕业后想做销售音响器材的生意。佐拉是一位经验丰富的生意人，主要从事房地产租赁业务。鉴于两家的亲密关系，佐拉为尼尔找到一处理想店铺。尼尔看过店铺后表示要与佐拉合伙经营音响器材店，但佐拉没有明确表示同意合伙，而是表示店铺由他提供，尼尔负责买卖音响设备并管理商店，如果能赚到钱，则两人平分。对于是否与尼尔合伙，佐拉表示先试营业一年后视音响器材店的经营情况再决定。

尼尔为经营音响器材店共购入价值 10 万美元的器材，其中支付现款 5 万美元，赊欠供货商 5 万美元。开店后，尼尔销售出了部分器材，得到了 4 万美元的进账，将 2 万美元用于归还部分赊欠货款，后自己花掉了另外 2 万美元。

在开业后 11 个月，政府道路修建工程的进行影响到了音响器材店的生意，最后音响器材店被迫关闭。尼尔把剩余器材存货退回原供货商，供货商称器材只值 1 万美元，尼尔还欠供货商 2 万美元，尼尔认为其退货应值 2 万美元。不论货值多少，尼尔目前欠下父母 5 万美元，以及赊欠供货商 1 万美元,整体算下来,音响器材店的总亏损为 5 万～6 万美元。

尼尔强调他与佐拉是各占一半的合伙人关系,他投入了价值 10 万美元的音响器材,而佐拉以价值 10 万美元的店面作为投资,并且佐拉有时会到音响器材店帮忙售卖器材。因此他和佐拉是以合伙关系经营音响器材店,音响器材店的获利与亏损均应对分,佐拉理应承担一半损失。佐拉拒绝承担损失,认为自己是尼尔的房东而非合伙人,尼尔还应该向他缴纳每月1 000美元,共计 1.1 万美元的店铺租金。佐拉提出双方并未签订任何合伙的书面合约,当初之所以提出盈利五五分成是默认将该盈利视为店铺租金的抵扣;而自己有时候去店里帮忙仅仅是从一个长辈的角度出发帮助年轻人。

第二节 背景资料

一、法律背景资料

本案中,双方争议的焦点在于尼尔和佐拉均分利润的约定及佐拉参与音响器材店的经营活动是否会导致二者之间成立合伙关系。

按照美国的法律,成立合伙关系不需要书面文书,只要当事人意思表示一致,就可以成立合伙。在双方当事人未明确表示合伙的情况下,双方约定分享经营的利润与损失,合伙仍然可能成立;参与日常的经营活动也是当事人之间构成合伙的证据。但是在大多数情况下,当事人往往只商议利润的分享,而没有约定损失的承担。对于这种情况,美国很多案例中法庭认为分享利润和风险是将合伙与借款、赠与等行为区分开来的关键。分享利润即表明承担损失的意图,除非当事人有明确的相反约定。此外,虽然参与日常的经营活动可以成为当事人之间构成合伙的证据之一,但是仅仅参与日常经营也不能证明合伙关系一定成立。

本案中,尼尔和佐拉没有签署合伙经营音响器材店的书面文件。而由于时间过久,双方均无法清楚地记得在开音响器材店时双方所述具体内容。尼尔主张他曾提出与佐拉合伙经营音响器材店,而佐拉没有明确表示反对。并且佐拉曾说过先经营一年,如果赚到钱,两人平分之类涉及利润均分的话，还曾多次到音响器材店帮忙经营，亦可作为双方构成合伙的证据之一。佐拉则提出，自己并未同意与尼尔合伙经营，之所以说赚钱平分，意思不是平分"利润"，而是通过这种形式收回租金，因为他估计平分的钱刚好可以抵扣尼尔应付的店面租金。至于他常去音响器材店帮忙经营，协助尼尔收货、与客户谈生意，仅仅是作为一个长辈对晚辈表示关心而已，完全没有插手经营，也没有自己从中赚钱获利的意图。

　　本案的关键就在于能否证明当事人的意图是分享利润、共担风险。如果是，那么尼尔的主张就成立，佐拉必须承担损失；如果不是，那么尼尔的主张就不成立。总之，缺少书面的合伙协议，按照美国的法律及案例经验来看，尼尔的主张与佐拉的主张各有道理。

二、双方的背景资料

（一）佐拉的背景资料

　　本案当事人之一佐拉是音响器材店店铺提供一方，同时佐拉家与尼尔家两家关系深厚，虽然佐拉和尼尔没有血缘关系，但是佐拉视尼尔为子侄。

　　当尼尔告诉佐拉他计划开一家音响器材店时，佐拉深知创业艰难，所以在黄金地段给他找了个店面。尼尔知晓后非常兴奋，当即表示要与佐拉合伙。佐拉没有准备与一个毫无商业经验的年轻人合伙，亦不想给尼尔泼冷水，因此只表示"先试一年再看情况决定。一年后我们再看表现如何，如果赚钱的话，我们五五对分"。当时佐拉估计，若能分享50％的获利，应该可以抵回店铺的租金，并且佐拉从未说过租金值10万美元。一个月1 000美元的店租，一年也不过1.2万美元，因此佐拉不可能向一个毫无商业经验的年轻人作出投资10万美元的承诺。

　　音响器材店开业后，佐拉注意到尼尔的经营非常不到位，时常晚营业、早打烊，甚至毫无因由地整天关门。虽然佐拉认为自己并没有参与经营的责任，但出于长辈的关心希望能够帮助尼尔，因此时不时到店里帮忙。

　　11个月后，尼尔突然告诉佐拉要关店，店铺共亏损6万美元，并提出佐拉欠其3万美元。佐拉震惊之余很快地提出应该是尼尔欠其1.1万美元租金。

　　在音响器材店亏损并因道路施工倒闭后，佐拉无法清晰记得开店时双方所说，仅仅对自己曾提出过平分利润有印象。但是佐拉这样说只是想通过这种方式收回店铺租金。

最后双方不欢而散，未达成一致。后来有一位律师联络佐拉称尼尔准备对其提起诉讼，除非佐拉愿意调解。佐拉对此既震惊又伤心，自己本意是要提携尼尔，却不料尼尔不但不感恩，反而在经营失败后厚颜索取钱财。为了给尼尔一些教训，佐拉表示同意调解，但条件必须是双方无律师在场。

（二）尼尔的背景资料

尼尔知道佐拉经商经验、人脉资源丰富，因此尼尔向佐拉提出想开一家音响器材店，希望他提携。尼尔为佐拉选择了一个黄金地段的店面，尼尔非常满意，并认为双方就是合伙人，尼尔负责购货，佐拉提供店面。也正因为双方是合伙关系，音响店收益二人平均分享，亏损也是各半分担。虽然佐拉也啰唆地说了诸如过一年再看、试用期之类的话，但尼尔就默认佐拉同意做他的合伙人。

尼尔购买了一批价值 10 万美元的器材开始为这批产品作零售标价时，才发现自己买入这批货的所谓批发价极其接近零售市价，如果按成本价加倍来"零售"，很难打开销路；如果降低价格来吸引顾客，销售所得基本要全数用来偿还贷款，自己收益甚微。当发现这门生意等同白干后，尼尔就兴致消沉，无心经营。当尼尔知道市政府开始在店前开展道路修建工程时，便以此为由，将没有客源这回事怪罪到政府头上，并关闭了音响器材店。尼尔将剩余存货退回供货商后，供货商称这批货只值 1 万美元，尼尔还欠 2 万美元货款。尼尔才明白之前购置音响器材时上了当。

第三节　调解过程

说明：字母 M 代表调解员金·里克，字母 Z 代表房主佐拉，字母 N 代表租户店铺经营方尼尔。

M：两位好，我是你们的调解员金·里克。

Z：你好，我是佐拉。

M：佐拉，你好。你介意我这么叫你吗？

Z：没问题的，我也叫你金。

N：我是尼尔·内尔森，你直接叫我尼尔就行。

M：好的。我看过案卷，你们都认识对方，事实上你们关系还挺不错的。你们不如握下手，我认为这会是一个好的开端。

N：佐拉叔叔。

（尼尔主动和佐拉握手）

M：正式开始调解之前，我想先大概讲讲调解的一些基本规则。首先，我们调解讲究自愿，当然，我知道你们是自愿选择到我这儿来调解的。整个调解过程是自由的，你们任何一个人有权选择和决定调解的继续与否以及调解协议的达成。虽然我是调解员，但是调解过程中的任何事项的决定权都在你们手上，我不会也不能强迫你们做任何决定。其次，我们调解有两种方式，一种是联席会议，就是像我们现在这样；一种是单方会谈，就是我和你们中的一个人谈，另外一个人可以到我们准备的休息室休息，这些程序都由我来主持。我希望我们的会谈在友好的气氛中完成，待会儿请分别发言。请注意，不发言的一方在对方发言时请不要打断对方，好吗？

Z：好的。

N：没问题。

M：另外，虽然我是个律师，能够对一些法律上的问题提供建议，但是我现在的角色不是律师，而是一名调解员，因此我不会对你们的纠纷进行法律上的分析。调解是一个非正式的程序，我们在这个程序中会讨论你们之间的纠纷问题并最终提出解决方案。我的工作并非裁决案件，而是帮助你们两个达成解决方案，大家都了解吗？

Z：没问题。

N：好的。

M：此外，我的工作是为你们双方提供服务，而不是为你们中的任何一个人服务。这也是调解的根本要求，因此我全程都会保持中立。

N：这个当然，要是你有偏向我就不来了。

M：我还要向你们解释一下保密性问题。我们州的法律规定了调解的保密性原则，如果你们将来因为这个案件诉讼到法院，我们今天调解过程中说的话都必须保密，法庭不会允许你们援引任何一方或者我说的话，你们以及任何人都不能强迫我到法庭作证。我的助手之前发给了你们一份专门解释保密性的文件，你们都读过了吗？

　　Z：我读了。

　　N：我也看过了。

　　M：那你们都同意吗？

　　Z：同意。

　　N：同意。

　　M：那我现在把正式的同意调解确认书发给你们，请你们签字。

　　（佐拉和尼尔分别在同意调解确认书上签字，调解员金把文件收回放入卷宗）

　　第一次联席会议

　　M：你们还有没有其他疑问呢？

　　Z：没有。

　　N：我也没有疑问。

　　M：那我们就开始调解。首先，尼尔，不如你来谈谈你们之间发生了什么，你想怎么解决你们之间的问题呢？

　　N：是这样的，我去年大学毕业后想开一家音响器材店，因为我很喜欢音乐，并且我认为我有这方面的知识，足够经营好一家音响器材店，所以我就找佐拉帮忙。

　　M：我刚刚注意到你喊佐拉叔叔？

　　N：对，我们两家很早就认识了，他和我父母关系很好。

　　M：哦，好的，请继续。

　　N：嗯，于是我爸爸带我到佐拉叔叔家做客，提出请他帮忙帮我开一家音响器材店。他说他非常乐意帮忙。一周之后佐拉叔叔带我去看了店面，地段很好。我当时很感激，决定就要那个店面，并表示要和佐拉叔叔合伙经营，然后他就同意了。

　　Z：我没有同意，我说先试一年再说。

　　M：佐拉，记得我说的规则哟。（和缓的语气）

　　Z：不好意思。

N：对的，你是说试一年再说。你也说了你出店铺，我购买音响器材并负责经营。你说如果赚到钱就平分，我的律师告诉我只要是平分利润就是合伙。是的吧，金调解员？

M：我今天的工作是调解员，这个问题我们待会儿再谈，你还是先说说音响器材店的经营情况吧。

N：刚开始经营得很好，我购买了 10 万美元的器材，很快就卖出了 4 万美元。

M：等一下，我想确认一下，你说的 4 万美元是营业额而不是利润，对吧？

N：是的，是营业额。

Z：4 万美元？我从来没有听你说过。现在钱呢？

M：佐拉，记得我告诉过你我们应该怎么调解吗？你会有机会表达你的观点的。

N：4 万美元中有部分拿去还账了，因为我买的 10 万美元的器材中有 5 万美元是赊购的。

M：嗯，请你继续。

N：后来，店铺前面开始修路，街口被封了，听说要修一年时间，生意就做不成了。现在店铺关闭了，总共亏损了 6 万美元。

M：那这个亏损你打算怎么处理呢？

N：算我运气不好，亏了这么多钱。现在我就想我和佐拉叔叔各出 3 万美元。

Z：你这是什么态度，这个钱我不会出的！

N：我们是合伙关系，现在搞成这样，你应该要出钱！

M：尼尔，我们现在不谈合伙不合伙，你就说说你想怎么解决问题吧。

N：很简单，就是各自分摊 3 万美元的亏损。

M：好的，我明白你的意思了。佐拉，要不你来谈谈你的看法。

Z：他说的事情基本上是真的，不过有一点我要澄清。我是说过赚的钱五五分成，但是我的意思是分给我的钱是用来抵扣店铺租金的。尼尔刚刚大学毕业，什么商业经验都没有，我怎么可能和他合伙呢？

N：我在开店的时候就说了要和你合伙，你说了可以的。

M：尼尔……

Z：我不记得我当时怎么说的了，但是我确定没说过要和你合伙。

M：佐拉，我不认为合伙不合伙有什么重要的，我们今天的任务不是分辨谁对谁错，我们这不是法院。我们还是考虑考虑怎么解决问题好吗？那现在你想怎么解决问题呢？

Z：你硬向我要钱，我是不会给的。这样子不是帮你，是害你。

N：那你还是不想帮我，我一直都喊你叔叔呢！

Z：你这个样子我怎么可能给你钱？

M：两位，请安静一下。

（尼尔和佐拉都安静下来）

M：请你们不要激动，我们今天来就是想解决问题的，而不是来吵架的，不是吗？现在这样，你们的意见我都听明白了。我觉得我有必要和你们单独谈谈。

调解员和尼尔的第一次单方会谈

M：我听明白你的意思了，你就是说你和佐拉之间是合伙关系，所以佐拉要承担音响器材店一半的亏损。

N：当然。我开始就说了要合伙，佐拉虽然没有明确说过可以，但是他又提供店铺，又经常过来帮忙卖器材，怎么不是合伙呢？

M：尼尔，我听明白你的意思了。不过就像我解释的一样，我们今天不是在法庭，我们今天最终目的不是分辨谁对谁错，我的工作就是帮你们走出困境。你想想，如果你真的起诉你佐拉叔叔，还打赢官司了，他赔 3 万美元给你，你觉得满意吗？

N：我也不想起诉他。

M：你之所以想起诉之前先来调解，说明你还是重视和你佐拉叔叔之间的感情的，对不对？

N：当然，我们两家是世交。

M：这么说你们两个很早就认识？

N：是的。

M：要不你谈谈你和你佐拉叔叔之间的关系吧？

N：我们两家关系很好，我爸爸和佐拉叔叔原来是一条街道上的，他们从小就在一起玩。佐拉叔叔先搬来这里开始做生意，我爸爸就到北方去读大学。后来我爸妈结婚了，在我 5 岁的时候，我们家也搬来这里。我们家离佐拉叔叔家不远，两家经常往来。佐拉叔叔自己没有小孩，所以特别喜欢我，他看着我长大的，我们关系也很亲密。

M：听了你的话，我认为你还是看重你与你的佐拉叔叔的关系的。在我看来，你其实不想把事情闹到法院去，但是你确实目前面临很大的困难，对吗？

N：嗯，我真的不想把事情闹大，我也不想让我爸爸妈妈难堪。但是我现在没有了工作，还欠了一屁股债，佐拉帮下忙也是应该的。

M：嗯，我知道你的难处。要是我是佐拉，我也会帮你的。

N：就是。

M：你去找佐拉要钱，他不给。你说他把你当子侄，向来对你很好，那你认为他为什么不愿意帮助你呢？

N：我不知道，要面子吧。

M：如果你把自己放到佐拉的角度，你会愿意掏钱帮助对方吗？

N：如果我是佐拉叔叔的话，要我帮忙肯定没问题，只要他开口我就会帮忙。

M：只要开口，你就会帮忙吗？你不会考虑对方要钱时的态度吗？

N：嗯，这个……那态度当然要好。但是我这不是没办法啦……我承认我要钱的时候态度的确不好，佐拉叔叔这次真的生气了。

M：你能这么想很好，不要太在意，我认为你佐拉叔叔不会和你计较的。

N：希望是这样，你认为他还是愿意帮我的吗？

M：我和他谈谈看。我觉得只要你态度诚恳，他应该愿意帮你。

<u>调解员和佐拉的第一次单方会谈</u>

M：我刚刚和尼尔谈了谈。

Z：他怎么说？

M：他说了很多，他说你们关系很好，你和他父母关系也很好。

Z：对，我从小就认识尼尔的爸爸，他们家后来又搬到现在这里，离我家不远。

M：那时尼尔多大？

Z：他们家刚搬过来时，尼尔估计五六岁的样子吧。

M：他说他经常去你们家玩？

Z：是的，他爸爸妈妈刚刚搬来的时候认识人不多，我们算是老朋友了，所以他们经常来我家。有时候他爸爸妈妈有事，就把尼尔交给我带。

M：这么说尼尔说的是真的？

Z：他说什么？

M：他说你对他很好，很关心他。这次他开店你忙前忙后帮他，还不收店铺的钱，他很感激你。

Z：哦。

（佐拉没说其他的话，调解员也没回答，时间大概有 20 秒）

Z：其实呢，我不是不帮他，但是我直接给钱给他并不是在帮他，反而是害了他。要是他今后做人也这样，一出现问题就将错怪在别人身上，这很难办。还有，他说话的态度也很差，就像我欠他的一样。

M：换作是其他人也会对尼尔的态度和做法有点生气的，侄子找叔叔帮忙虽然是应当的，但是也不能理直气壮地硬要钱。

Z：就是嘛。

M：不过呢，你想想尼尔现在的处境。尼尔的工作没了，还欠了这么多钱，不知道什么时候能够还清。做长辈的在后辈有困难的时候还是要尽其所能地帮帮忙的，你看呢？

Z：这点钱对我来说不是什么问题，我说了我不直接给他钱是为他好。

M：那问题是尼尔的态度，对吗？其实他刚才和我说他认识到错误了，他说他是情急之下才硬找你要钱，现在他后悔了。

Z：哦。

M：那现在这样，如果，我是说如果，尼尔现在愿意向你道歉，你愿意帮他吗？

Z：如果他愿意道歉的话，我愿意帮他。其实我要他道歉是要给他一个教训，我自己现在不生气了，他对你说他知道自己态度不好，说明他还不是一个不明是非的人。

M：嗯，我要确认一下，你愿意帮忙是什么意思，你打算怎么帮助他？

Z：我愿意帮他，不过我不太愿意直接给钱给他。你知道的，这样子他不会吸取教训的。

M：我懂你的意思，不过 6 万美元的债务对一个年轻人来说确实是一笔大债务。

Z：我可以通过其他方式帮助他。

M：你有什么方案？

Z：我可以先借点钱给他，然后他慢慢把钱还给我；另外，店铺的租金我不收了。

M：我得先问问他，你愿意借多少钱给他呢？

Z：不能是 6 万美元，要比 6 万美元少才行。其实有的钱是他欠他父母的，他们不会催他的。

M：嗯，是的。要不我再跟尼尔谈谈？

Z：可以。

调解员与尼尔的第二次单方会谈

M：我刚刚和你佐拉叔叔谈了谈。其实他还是很关心你的，也表示很愿意帮助你。

N：嗯，我知道。

M：我想我不说你现在也明白了，你佐拉叔叔其实不是在乎钱，而是不能接受你开始的态度。

N：这个我知道，其实我也后悔了。

M：那要你道歉你愿意吗？

N：没问题。不过他说过愿意帮我吗？

M：他愿意帮你。不过呢，他不愿意直接给钱给你。

N：哦。

（尼尔的语气有点失望）

M：他说他可以借钱给你，而且愿意免掉音响器材店的房租。

N：可以借多少给我呢？

M：你想要借多少？

N：如果是只借我 3 万美元就没太多帮助。

M：他是说少于 6 万美元。你觉得借 5 万美元给你可以吗？

N：关键是我没钱还给他啊。我现在没工作。

M：对，这个我也想到了。那你愿不愿意工作呢？

N：当然愿意，我现在正在到处找工作。可是你知道现在经济不景气，很难找工作。

M：其实你要找工作，眼前就有个办法啊。

N：你是说佐拉叔叔可以帮我找工作？

M：我觉得对你佐拉叔叔来说不是什么问题。

N：如果佐拉叔叔愿意帮我找到工作，我觉得当然可以做。

调解员与佐拉第二次单方会谈

M：我刚刚和尼尔谈过了，他愿意向你道歉。

Z：好。

M：关于借钱，他想借 5 万美元，没问题吧？

Z：没问题。

M：不过他现在没有工作，要还钱恐怕有困难呢？

Z：他可以去找工作。

M：对，不过现在经济不景气，工作不好找。

Z：这不是问题，只要他愿意工作，我可以帮他找工作。

M：那你想要他什么时候把钱给你还清呢？

Z：这个不着急，他有钱了再说。

M：好，如果是这样安排就不会有问题了。

第二次联席会议（达成和解）

M：佐拉先生，尼尔先生。我刚才和你们分别进行了单独谈话，我相信纠纷已经解决了。

Z：好。

N：嗯。

M：我想再次确认一下解决方案：佐拉，你愿意借给尼尔 5 万美元，免掉店铺的租金，还答应帮尼尔找到工作，对吗？

Z：是的。

M：尼尔，你愿意借 5 万美元，并且你会努力工作挣钱，尽早归还，对吧？

N：是的。

M：关于还钱，你们确定不要规定一个期限吗？

Z：不用。

M：那行。尼尔，你不会再打算去起诉你佐拉叔叔了，对吗？

N：对，本来就是我错了。

M：你愿意为你之前的行为道歉，对吧？

N：是的。的确是我太急躁了，我态度不对。佐拉叔叔，对不起，我不应该找你要钱。请你原谅我。

Z：我接受你的道歉。

M：祝贺你们，你们达成了和解。我会准备好和解协议，请你们签字。

（双方达成了和解，调解员草拟了和解协议，双方签字后交由双方律师审核）

第四节　案例评析

本案是比较简单的商业合伙纠纷，主要涉及的问题看似是双方是否构成合伙关系以及店铺亏损负担和租金等金钱方面的问题，但背后与当事双方的关系密不可分。考虑到在法律上双方各有道理，且本案双方当事人之间的关系极为密切，在双方都同意进行调解的情况下，也证明他们都不想将关系闹得太僵，想解决纠纷，能够接受妥协。综观本案的调解过程，本案属于典型的促进式调解。调解员在调解过程中，主要运用了挖掘立场背后的利益、提醒换位思考、跳出法律诉讼思维、由当事人提出解决方案等调解技巧。

一、挖掘立场背后的利益

挖掘立场背后的利益是调解中最重要的技巧之一。在一场纠纷中，当事人之间的立场肯定是对立的，而当事人立场背后的利益却不一定绝对矛盾。或者说，虽然当事人的立场很难统一，但是利益是可能达成一致的。只要找到立场背后的利益所在，就可以对当事人的利益进行协调，最终使其利益达成一致，甚至还可能因利益的一致而改变当事人的立场。因此，只要理清了当事人立场背后的根本利益需求，调解员便能因势利导，引导双方形成能够解决当事人利益需求的调解方案，最终成功和解。

本案的双方当事人虽然站在不同的立场上，各有各自主张，但是双方原本关系深厚，而且双方都有调解的意愿。首先，调解员组织第一轮联席会议的主要目的是确认双方的主张及其背后的真实利益需求。除此之外，调解员还试图查明双方是否重视与对方的关系。在开场阶段，调解员要求尼尔和佐拉握手，此时调解员发现双方之间的气氛还是比较融洽的，尼尔称呼佐拉为叔叔，而佐拉则直接叫尼尔的名字，而不用某某先生的说法。后再通过与尼尔和佐拉的两次单方会谈我们不难发现：从尼尔的角度来看，他刚开始试图起诉佐拉，但是后来主动提出要进行调解，这表明尼尔并不是只想要获得金钱，而是希望在获得金钱的同时能够维持与佐拉之间的关系。对于佐拉而言，其关注的关键点在自己的商誉以及与尼尔父母的关系，本案争议的金钱对佐拉来说不是问题。因此，本案双方立场背后的真实利益是"关系"，即本案调解员要做的主要工作其实是修复双方之间的关系，而不是按照法律认定仅对金钱赔偿义务进行分配。

二、提醒换位思考

在纠纷发生后，当事人之间针对某些事实或者观点或多或少都存在分歧和认识偏差。调解员在发现这些差距的存在后，可以通过引导和提醒，让一方当事人将自己对事实的看法直接陈述给对方当事人，进而促进双方换位思考。从某种意义上说，如果调解员能够做到使一方当事人站在对方当事人的角度考虑问题，就可以说调解已经成功了一半。

本案中的核心争议并非金钱问题，也不是法律上谁对谁错的问题，而是当事人因为沟通不畅造成关系破损的问题，因此本案的关键在于帮助当事人重新沟通，协助他们修复破损的关系。本案的调解员在调解之初就抓住了关键所在，不断追问当事人对对方的态度，以及他们希望调解之后二人之间是何种关系。调解员巧妙运用了提醒换位思考的调解技巧，引导当事人尼尔站在佐拉的角度思考问题，使尼尔认识到了自己的错误。在调解之前尼尔就或多或少地意识到了自己行为的不妥，但是因为自己身处困境外加面子使然，拉不下情面主动向佐拉认错和请求帮助。在进行换位思考的基础上，调解员通过尽量问开放性问题，如"要不你谈谈你和你佐拉叔叔之间的关系吧？""你说他把你当子侄，向来对你很好，那你认为他为什么不愿意帮助你呢？"等，引发当事人内心深处的情感，从而促进双方达成和解协议，并很好地修复了当事人之间的关系。

三、跳出法律诉讼思维

本案成功调解还有一项技巧值得注意，就是"跳出法律诉讼思维"。跳出法律诉讼思维，是指调解员要避免过多地以法律规定来判断纠纷中的权利义务关系，避免以法律思维进行调解。因此，在调解中，调解员要提醒当事人，调解并非诉讼，不应当仅以法律规定上的标准来评判利益得失，还要关注其他因素，如亲戚关系、邻里关系、合作关系以及诉讼风险等。

本案调解员虽然是一名律师，但是在调解过程中刻意回避了本案的法律问题。调解的优势在于尽量满足双方当事人的利益，并且是按照当事人的共同意愿解决争议，如果过多地纠缠于法律上的是非对错，就很难按照当事人的共同意愿解决争议。因此调解通常要求调解员不要纠缠于当事人在法律上的是非对错。本案的法律问题是尼尔和佐拉之间是否构成合伙关系。因为如果讲法律，尼尔自始至终会抓住佐拉曾经讲过"收益五五分成"的话；而佐拉则会坚持主张所谓"五五分成"的收益是用来支付租金的，双方僵持不下，调解必然会陷入僵局。本案调解员从一开始就积极回避法律问题。在联席会议阶段，调解员多次阻止尼尔与佐拉争论他们之间是否是合伙关系，避免双方因此争吵，导致矛盾激化。在单方会谈中调解员也并未对当事人主张合伙关系或否定合伙关系的陈述进行回应，也未对相关法律问题进行正面回应及界定，成功地避免了法律分析，最终保证调解成功。

四、由当事人提出解决方案

由当事人提出解决方案的调解技巧背后有几个原因：第一，当事人自己提出的方案一般都最符合其利益需求；第二，当事人一般都不会违反自己提出的解决方案；第三，有些情况下对另外一方当事人来讲，当事人提出方案比调解员提出方案显得有诚意。本案中，通过两次联席会议以及单方会谈，尼尔和佐拉都清楚了事态，表明了妥协的意愿。尼尔失业了而且欠了大量的债务，希望从佐拉处获得资金支持，想通过和解的方式解决纠纷。到这个阶段，促成当事人形成解决方案就显得至关重要，如果调解方案不符合任何一方的要求，当事人随时可能反悔。

此时，调解员采取了迂回的策略，既不主动提出要求佐拉给钱，也没有要求佐拉提供其他的金钱资助（比如借钱）。在与佐拉的单方会谈中，调解员不断提醒佐拉一些事实：尼尔糟糕的财政状况、尼尔很难找到工作等，最后追问佐拉"你有什么方案？"，促使佐拉自己提出可以借钱给尼尔、免除租金等解决方案。在与尼尔单方会谈时，佐拉的方案在尼尔那里遇到了一定的困难：尼尔目前处于失业状态，无法还钱给佐拉。调解员此时自己想出了问题的解决办法：佐拉帮尼尔找工作。但是调解员没有自己将这个方案提出来，而是引导尼尔自己提出这个方案。

通过上面的对话，我们知道佐拉帮尼尔找工作的方案其实是调解员的主意，但是从尼尔口中说出来，尼尔自己一定会遵守。此外，如果尼尔希望佐拉给他找工作挣钱还给佐拉，佐拉就会认为尼尔还是一个勇于承担责任的小伙子。这比由调解员建议佐拉给尼尔找工作，对佐拉来说会更容易接受。综合来看，由当事人提出的方案双方当事人都比较容易接受，对调解是否能够成功并且得到履行起到了关键作用。

综观本案的调解全过程，调解员在调解开始之初便声明自己只负责协助双方提出和平解决的方案，并在全程坚持不做任何法律层面的评价和判断，最终方案的提出及关键事项完全由双方当事人掌握。调解员在调解过程中，首先通过联席会议挖掘出了当事人立场背后的利益，即二者关系的修复，并利用情感促成二人和解。随后，调解员分别在单方会谈中引导双方当事人主动提出解决方案，并在最后的联席会议上引导双方当事人之间主动达成和解协议。

第七章 车库维修案

第一节 案情简介

本案是生活中的车库维修及赔偿纠纷,争议双方当事人是住宅建筑及修复承包商山姆和屋主莎莉。

18个月前,莎莉与丈夫法兰决定在亚特兰大的一套家庭住房边沿,建一个可以容纳两台汽车的车库,偶然看到了住宅建筑及修复承包商山姆的广告。山姆在邻里间的声誉不错,平时的业务也基本上是来自他的好口碑。莎莉与丈夫之前并没有雇用山姆做过任何工作,在对比了山姆和其他承包商和建筑公司之后,二人决定雇用山姆来帮他们建车库。山姆如期并且以低于莎莉预算(10 000美元)的花费完成了车库的建造,还提醒莎莉要定期保养和维护车库。

6个月前,莎莉非常气愤地打电话给山姆,称车库的一面墙倒塌,并认为山姆应该对此次坍塌负责。山姆查看现场,发现水槽里满是积水,并且顺着墙壁流到了地下,他认为车库墙壁倒塌是因为莎莉和丈夫忽视了车库的日常维护所致,而非施工质量问题。莎莉请到了一位市政府注册工程师对车库情况进行勘察,该工程师认为车库的倒塌是地基受到冲蚀所致,很大可能是水槽淤塞所致。后来莎莉通过招标雇用了山姆的竞争对手艾克米建筑公司修复了坍塌墙壁。

几周后,莎莉再次联系山姆要求其赔偿墙壁倒塌的相关损失,但双方并未就此事达成一致。随后莎莉提起了诉讼,要求山姆进行赔偿。在庭上等候期间，法官告知该案件可以选择进行调解，莎莉和山姆都曾经有过调解经历并达到了预想的效果，因此他们一致决定进行调解，如果调解失败再进行诉讼。

第二节　背景资料

一、法律背景资料

本案中双方争议的焦点是车库墙壁倒塌的责任认定。

本案案情较为简单，双方争议的关键就是车库墙壁倒塌的责任由谁承担。莎莉和山姆之间是一个建筑承包的关系，莎莉将自家房屋车库的建造承包给建筑师山姆，山姆则在约定的期限和预算内完成了可以容纳两辆车的车库的建造，并在交工时提醒了莎莉一家需要对车库进行维护和保养。大约一年后，莎莉家车库的一面墙壁倒塌，其认为是建造的车库存在质量问题，要求山姆承担车库墙壁坍塌的责任及所造成的损失。而山姆经过现场考察，认为墙壁坍塌是由于连天下雨，车库屋顶周边水槽淤积，墙壁受到冲蚀倒塌。究其根源是莎莉家并未对车库进行良好的保养和维护，未清理好车库屋顶周边水槽。后莎莉请市政府的注册工程师来认定墙壁倒塌原因。该注册工程师现场查看后得出墙壁倒塌的根本原因是地基受损，但无法准确得出地基不稳是因为早期施工缺陷，还是因为水槽淤积受到侵蚀。在法律层面，该案的责任划分是一个至关重要的争议点，但根据目前情况来看，难以轻松确定责任负担。

二、双方的背景资料

（一）车库修建承包商山姆的背景资料

山姆是一个住宅建筑及修复承包商，经济下滑对其收入也带来不利的影响，不过整体看来山姆的生意一直不错，并且大部分的业务来自口碑。山姆认识住在临近街区的莎莉和她丈夫法兰，双方是一般邻里关系。

18 个月前，莎莉致电山姆，欲请山姆在他们房子边沿加建一个可停两台汽车的车库。山姆如期并且以低于预算（10 000 美元）的花费完成了车库的建造，并按照惯常做法提醒了莎莉夫妇定期保养维修新车库的重要性。

6 个月前，莎莉再次致电山姆称车库的一面墙倒塌，并要求山姆负责。山姆赶去现场后很快地注意到车库屋顶周边的水槽塞满树叶和碎屑，且水流沿着外墙渗进车库底下，使车库地基受到冲蚀，最后导致墙壁倒塌。山姆将自己的发现告诉了莎莉，但莎莉认为他的施工存在问题，并拒绝与他沟通。山姆回家的路上怀疑墙壁里的钢筋加固是否足够，但他当时是按照建筑条例规定来施工的。

几周后，莎莉再打来电话，说她重新聘请了山姆最强的竞争对手艾克米建筑公司把墙壁修好，要求山姆负担所需支付给艾克米建筑公司的 4 000 美元。山姆非常生气地说："我本来会免费替你们修复的，现在一毛钱也不会给。"后来双方没有联系，山姆以为莎莉最终认识到是自己的责任，决定不再追究。

三周前，山姆收到小额钱债法院的诉状。莎莉正式起诉山姆，并索要 5 000 美元赔偿。山姆本来想打电话把事情解决，但山姆知道她在气头上，最好还是让法官来告诉莎莉她的错误。

法官在庭上提出法院可提供调解员为有意愿的双方提供调解服务，如果调解无法达成协议，双方可结束程序，然后与法官会见。山姆过去曾经使用过调解，并且效果也不错。另外山姆不希望在公开的法庭上讨论对他的这些投诉，以免影响自己的好口碑，对自己的生意产生影响，因此山姆同意进行调解。在前往调解室途中，山姆在考虑调解的保密性及维护自身口碑等因素后，决定如果莎莉将这件事保密，他愿意偿付 2 500 美元。但当然，山姆起初的开价会远远低于 2 500 美元，莎莉可能 500 美元就同意和解。

（二）屋主莎莉的背景资料

18 个月前，莎莉决定在屋子边沿建一个可容纳两台汽车的车库。虽然莎莉之前从来没有雇用过山姆，但考虑到其在邻里间的声誉较好，最终决定由他来承接车库建造工作。山姆也如期完工且没有超出 10 000 美元的预算。

6 个月前，车库的一面墙壁开始倒塌。莎莉很生气，立即与山姆联络。山姆赶来后称是因为墙下的地基受到冲蚀，墙壁才会倒塌，并说他在车库建成时已经提醒莎莉家，车库屋顶周边的水槽必须保持干净，不能堆积落叶或碎屑，否则水槽淤塞会使雨水流到车库底下，造成问题。莎莉不记得山姆当时有告知过这一点，并认为自己的丈夫在维修保养的过程中应该有照顾到水槽的问题，但过去莎莉提醒丈夫做这些琐事时，丈夫的反应有点敏感，因此莎莉也没去确认他是否都做了这些维护保养工作。

几天后，莎莉请市政府的一名注册工程师来判断墙壁倒塌的原因。工程师说地基的冲蚀是问题所在，而这有可能是因为水槽淤塞所致，但不确定墙壁的钢筋是否足够坚固，并认为一般情况下墙壁不应该会在建成后那么快就发生坍塌。工程师收取了莎莉 200 元的鉴定费用，后来也写信书面确认同莎莉说过的这些事项。莎莉现在将这封信向调解员和山姆展示，以证明自己是对的。

莎莉认为必须尽快解决墙壁的问题，并不愿再找山姆修复。于是，莎莉招标找承建商来修复车库的墙壁。3 家公司分别出标 3 000 美元、4 000 美元和 5 000 美元，最后莎莉选择出价为 4 000 美元的艾克米公司，认为中位的标价比较合理。现在车库已经修好，莎莉要求山姆负担修复的费用，山姆却说：“我本来会免费替你们修复的，现在一毛钱也不会给。”

后来莎莉到小额钱债法院起诉山姆，要求他承担给付艾克米公司修复的 4 000 元费用、工程师的 200 美元鉴定费以及 75 美元的立案费，因为是山姆让莎莉不得不去告他的，最后提出了 5 000 美元的请求。

今天，莎莉单独一个人来到法院，一方面是因为莎莉的丈夫要上班，另一方面是莎莉不想因这事让他更生气；而且，莎莉不想涉及他原本应该把水槽清理好这个议题。他知道莎莉今天上法庭，并叮嘱莎莉“要让山姆知道不会让他平白逃掉的”。

庭上等候期间，裁判法官宣布案件可选择进行调解。莎莉的姐姐是受过训练的调解员，在她看来，调解也是庭外解决的好办法。莎莉担心法官可能认为是因为莎莉家没有将水槽清理好而导致墙壁倒塌，最终不判任何赔偿。因此，莎莉同意进行调解。

在前往调解室途中，莎莉预期调解员会要求双方作出妥协，但莎莉认为自己可让步的空间很小。对莎莉来说，可接受赔偿的底线是 3 000 美元，因为这是原本可选择的最低竞标价。但当然，一开始莎莉会要求 5 000 美元的全额赔偿。

第三节　调解过程

说明：字母 M 代表调解员苏珊，字母 L 代表房主莎莉，字母 S 代表住宅建筑及修复承包商山姆。

M：下午好，我是你们的调解员苏珊。今天由我来调解你们的车库维修和赔偿纠纷，很高兴见到你们两位。

（分别和山姆、莎莉握手）

S：下午好，苏珊，我是山姆。

L：下午好，我是莎莉。

M：感谢你们选择调解程序来解决纠纷，不知道你们之前有没有过调解的经历，所以我想先向你们介绍一下调解程序。

首先，调解程序是完全自愿的。如果你们不愿意继续下去的话，任何一方都可以在任何时候选择退出。你们所作的任何决定、达成的协议也将是自愿的，我和法庭都不会干扰。其次，调解程序有着保密性。我们之间的对话都将是保密的，所以你们可以畅所欲言，不用担心除我们之外的人会知道或者在法庭上产生对自己不利的后果。最后，调解员是中立的第三方，不会帮助和偏袒你们任何一方，我在这里只是为了帮助你们沟通，希望你们能够打开心扉和对方交流，没有什么问题是不能解决的，好吗？那么，你们有什么不明白的吗？

S：明白了。

L：好的，我没有问题。

M：我想确认一下二位对于此事都有决定权吗？如果今天在这里达成协议能够算数吗？需要再征求其他人的同意吗？

S：是的，我可以决定。

L：我丈夫有事不能过来，但是他跟我说这事由我决定。

M：很好，那我们就开始吧。谁愿意先跟我说说发生了什么？

L：我先说吧。

M：山姆，你觉得可以吗？女士优先？

S：可以。

第一次联席会议

M：那么，莎莉先告诉我是怎么回事吧。

L：我请山姆帮我建了一个车库，但是还不到一年车库的一面墙壁就倒了，我真的没想到这车库的质量这样差，早知道如此，我是绝对不会请山姆来帮我建车库的！

（山姆听到后非常生气）

S：这不是我的责任！你自己没有保养怎么能怪我的工程质量差！

M：你们先别激动。山姆，你等一会儿再说，我们先听听莎莉怎么说好吗？

L：我是看到山姆的承包建筑广告才找到他的。我向邻居打听，了解到他在这附近工作多年，信誉比较有保障，所以经过比较后，决定让山姆帮我修车库。我给了他一万美元的预算，他不仅没有用完，还提前完工了。我本来挺高兴的，认为他建得不错，还帮我们省了钱。殊不知还不到一年，车库的一面墙就塌了。还好当时我的车没有停在里面，要不然肯定被砸坏了。墙倒之后我打电话和山姆说了这件事情，想要他道歉，结果他竟然对我说这完全是我的责任，他的施工没有问题。你说这可能吗？新建的车库不到一年墙就倒了？我找了一个市政府的注册工程师来检查，他说地基的冲蚀是问题所在，这有可能是因为水槽淤塞所造成的。你们看，这是他给我的信。后来我自己又另外请了建筑公司把墙壁修好。

M：好的。

S：他信里也说不确定墙壁是否有足够的钢筋加固，这并不能说明是我的施工有问题。

L：但是信里也说排除钢筋的问题墙壁也不可能这么快就倒塌，正常人都知道一面墙不可能才一年就无故倒塌，这当然是你的问题，你必须赔偿。

M：莎莉，你想要山姆赔你多少呢？

（莎莉态度非常强硬地说）

L：5 000 美元！

M：这 5 000 美元是怎么计算出来的？

L：维修的费用，工程师查看的费用。另外，诉讼受理费也应该由山姆出，因为我是实在没办法才告他的。

M：你还有什么要补充的吗？

L：暂时没有了。

M：我想我们现在应该听听你的说法了，山姆。

S：莎莉的车库是我建的，但是我真没想到会发生这样的事。我完工时特意叮嘱过莎莉和她老公，一定要注意维护和保养车库，尤其是水槽那里要清理干净，不能积水。墙倒塌之后我去她家看过，水槽里全是落叶和积水，积水顺着墙流下来当然会弄坏墙和地基。我提醒过他们，但是他们自己没有注意，这当然不能怪我。我干这一行好多年了，工程的质量大家是有目共睹的，我的业务基本都是靠大家介绍，如果不好还会有人找我吗？她打电话给我时，我本来出于好意准备免费帮她维修的，结果她开口就说我偷工减料，我为她省钱她还不领情，后来居然找了我最大的竞争对手去维修，我当然气愤了。而且这个月已经有两个人来问我这件事是怎么回事，她这样已经严重影响了我的生意。刚才她拿过来的信我也看了，上面并没有说是我的责任，全部怪罪在我身上简直太不公平了。

M：好的，那么你认为这事要怎么处理对你们双方才是最好的呢？

（山姆思索了片刻）

S：首先她不能再对别人说是我的工程有质量问题墙才倒的；另外我可以适当地赔偿一点，但绝对不可能赔 5 000 美元这么多。

M：你说的适当的赔偿是指多少钱呢？

S：最多 1 000 美元。

（莎莉听到后讽刺地轻哼了一声）

L：这太可笑了，我维修都花了 4 000 美元。

S：是你自己要找另外的维修公司的，费用为什么要由我负担？

L：你自己的工程质量差，墙壁倒塌，才害得我找人维修，多花费的维修的费用当然由你来承担。

S：你本来可以找我维修，却找了我的竞争对手，这不是故意的吗？

M：请两位冷静一下，我知道你们现在都很生气，但是今天我们坐在这里就是来解决问题的，你们这样吵来吵去对解决问题没有一点帮助。我希望你们想想到底为什么来调解，好吗？山姆，你还有什么补充的吗？

S：没有了。

M：好的，你们双方的说法和意见我现在都了解了，我来总结一下。莎莉，你认为车库的墙倒塌是山姆的责任，因此他需要赔偿你 5 000 美元是吗？

L：是的。

M：山姆，你认为墙倒塌是因为莎莉和她丈夫没有按要求保养，所以不能全部怪你，但是你愿意支付 1 000 美元作为补偿，同时希望莎莉不要四处宣扬你的工程质量有问题是吗？

S：是的。

M：好的。我想你们都听到对方的要求了，我们现在的分歧在于墙倒塌的责任和赔偿的金额。莎莉，你认为墙的倒塌完全是山姆的责任吗？

（莎莉欲言又止，沉吟一会儿后说道）

L：我也没有说完全是他的责任，但是他应该承担大部分责任。我的意思是，关于保养的事他确实对我说过，但是这事是我丈夫在做，我想他应该有做保养。

S：我上次去你家查看过情况，水槽和墙壁的样子看上去没有保养过。如果不是水流长期冲蚀地基，墙是不可能倒塌得这么快的，我做建筑这么多年，没有无缘无故发生过这种情况，这也正是我要你们注意保养和清理的原因。

L：这我也不清楚，我告诉我丈夫要他保养。但是即使除去没有按时保养的因素，墙也不应该一年就倒塌。再说，工程师来查看时也怀疑钢筋不够，就算不能确定是不是钢筋原因，也不该倒得这么快。

S：这事我愿意负一部分责任，但是 5 000 美元的赔偿金太多了。这样吧，我可以给你 1 500 美元，另外我还可以负责这面墙今后的维修问题。

L：1 500 美元和我支付给维修公司的费用相比，还差一大截呢，至少要支付我的维修费用和工程师的检测费用，一共是 4 200 美元。

S：检测是你自己做的，我认为这部分费用不应该由我来支付。另外根据市场的价格，维修你那面墙壁 3 000 美元足够了，但是你选择了 4 000 美

元的维修公司，多出的 1 000 美元也应该由你自己承担，所以我提出支付
3 000美元维修费的一半，也就是 1 500 美元。另外我要告诉你的是，我的
施工完全是按照建筑条例进行的，绝对没有你说的偷工减料问题，所以你
不能对别人这样说，这是不对的。

L：1 500 美元还是太少了，我不同意。

M：莎莉，你能不能确定或者有没有证据证明是山姆偷工减料，导致了
墙体垮塌？

L：暂时没有。

M：那么根据现在大家知道的情况来看，垮塌问题并不一定是违规施工
导致的。山姆要求你不要再这样对别人说，除非你有确切证据，你能接
受吗？

L：好吧，我愿意在这一点上让步，但是你能不能提高赔偿金，以表诚
意呢？

S：1 700 美元，这已经是我的底线了。

M：好的，山姆，现在莎莉答应你不再对别人讲你的工程有问题，那么
我们的争论就在赔偿金额上了，对吗？莎莉你要求 4 200 美元？

L：是的。

M：你愿意支付 1 700 美元？

S：是的。

M：看来你们对于赔偿金的看法差距有点大，我现在想分别和你们谈
谈。首先，我想先和莎莉谈谈，山姆，你介意在休息室等一会儿吗？

S：可以。

（M 将山姆引到休息室，接着回到会议室与莎莉进行单方会谈）

调解员和莎莉的第一次单方会谈

M：莎莉，我现在想听听你的想法，如果你愿意的话，任何和山姆会谈
时不方便说的话现在都可以告诉我。我想知道你对于车库保养的事是怎么
看的？刚才山姆说去你家查看时，发现你们没有按他说的方法保养，你认
为你们有责任吗？

L：保养的事我确实不知情，但是我丈夫有可能忘记要按时清理了。所

以我只要求他支付 4 200 美元。

　　M：这样看来墙的倒塌你们两方都有责任，你最低能接受多少赔偿呢？

　　L：4 000 美元，这是我要付给维修公司的钱，再少我的损失就太大了，而且我现在还担心其余墙面是否会出现同样的问题。

　　M：如果山姆能够负责一些其他的工作，例如加固其余墙面或者负责维修你的车库一段时间，你能接受吗？赔偿金可以减少吗？

　　L：可以考虑，如果他能负责我整个车库的维修和加固，三年之内任何问题都由他免费解决的话，我想我可以接受 1 700 美元赔偿金。

　　M：好的，我知道你的要求了，现在我要和山姆谈谈，你介意去休息室等一下吗？

　　L：好的。

　　M：我们刚才说的这些，有想对山姆保密的吗？

　　L：关于我可以接受 1 700 美元的部分，我希望你不要告诉他。

　　M：好的。

（莎莉前往休息室，调解员开始与山姆进行单方会谈）

调解员和山姆的第一次单方会谈

　　M：山姆，现在我单独和你谈，你有什么在刚才的会议中不方便说的，现在都可以告诉我。我之前在会议中听到你说你的工程是按标准进行的，所以你没有偷工减料。但莎莉工程师的信中提到很可能是钢筋问题导致墙体不够牢固，你认为如果在标准之内的钢筋承重不够，再加上没有保养这两个原因，可能导致墙面垮塌吗？

　　S：有可能。但是我本来准备帮她维修，是她自己找维修公司花费 4 000 美元，我并没有同意她这样做，因此，支付 1 700 美元已经是我的底线了。

　　M：没有让步的余地了吗？

　　S：最多 2 000 美元，我赚钱也不容易，而且我提醒过她车库需要定期保养，是她自己没有照做。

　　M：我知道你们双方都不愿意事情发展成这样，毕竟你们是认识的邻居，交恶对哪方都没有好处，尤其是你还要靠邻居做生意。再说，即使除去保养原因，新的墙也不应该垮塌得这么快吧？如果莎莉能再做一些让步，你愿不愿意也做一点折中呢？比如帮她维修车库，加固墙壁？

　　S：好吧，钱不能再多了。但是帮她加固墙壁的事，我们可以再谈谈。

　　M：很好，我们刚才说的话，有想要对莎莉保密的吗？

　　S：没有。

第二次联席会议

　　M：好的。我刚才和你们两位都分别谈过了，山姆愿意为莎莉提供一些修缮服务，但是赔偿金他只能出到 1 700 美元。莎莉，你有什么想法吗？

　　L：我可以减少赔偿金的要求，但是山姆必须帮我加固其他墙壁，而且要保修车库三年。

　　S：保修三年我不同意，你们在保养方面有问题，我不可能作出这种承诺，但是我可以帮你加固其他墙壁。

　　L：如果你不保修，墙壁再出问题怎么办？这是不是意味着你自己也不相信工程的质量？

　　S：我已经答应加固墙壁，但是保修三年这种承诺我从来没有做过。因为不确定的因素太多，如果因为其他原因出现问题，当然不应该由我来承担维修及相关费用。

　　M：现在我们的分歧已经缩小了，但是两位关于是否要保修的事情仍然不能达成一致。现在我要提醒你们的是，再过 5 分钟法官就要回来了，如果 5 分钟内你们没有达成协议，法官将会正式开始审理这个案件。

　　（山姆和莎莉听到后神色显得有些焦急）

　　S：莎莉，我真的很想和你达成调解协议，这样我们就不用去法庭了。这样吧，我愿意出 2 000 美元，并且帮你加固其他三面墙，这样可以吗？要知道，另外请人加固也是一笔不少的费用。但是我要求你保证，不会对其他人说是我的工程质量有问题，因为我们都不能确定究竟哪里出了问题。

　　L：好吧。我同意你的提议。

　　M：很好，我来确定一下你们最终达成的协议内容：山姆支付莎莉 2 000美元并加固车库其他三面墙，莎莉不再对其他人说山姆的工程有质量问题，是吗？

S：是的。

L：是的。

（调解协议达成，调解员起草协议，双方确认后签署）

第四节　案例评析

车库维修与赔偿纠纷是实际生活中常见的一类纠纷。本案中，双方各执一词，墙壁倒塌的责任无法准确认定，并且诉讼所要花费的时间可能较多，双方均同意进行调解。此次调解的主要目的是墙壁坍塌后，维修费的负担问题。本案法律争议的焦点在于，究竟谁应当为车库墙壁的倒塌负责，即责任的分配问题。原则上只有对责任进行了准确认定，才能确定赔偿金的金额。但在调解中，了解案件真相是调解成功的因素之一，但并不是调解成功的前提条件，在本案中这一点就得到了很好的体现。直到最后达成调解协议，调解员及山姆和莎莉也没能对墙倒塌这一事件进行明确的责任划分，但这并没有阻止当事人双方达成调解协议。因为该案中的调解员在面对责任划分这一问题时，巧妙地模糊了责任的划分，将双方当事人的关注点逐渐由最初的责任划分引导到了赔偿金的协商问题上。这意味着当事人从纠结于过去发生的事实变为期待将来可能获得的利益。由此我们也可以看出，调解员在适当的时机，使用正确的技巧，是可以促使当事人达成协议的。整体看来，本次调解属于促进式调解，调解员在调解的过程中主要运用了引导当事人主动诉说、做大蛋糕、设置时限、鼓励让步等一系列技巧，促使双方达成了最后的和解协议。

一、引导当事人主动诉说

在调解过程中，一些当事人总会选择性遗漏、忽略一些重要的事实，或者对自己有利的说得多，对自己不利的少说或者干脆隐瞒不说。此时，调解员应当主动发问，让当事人来回答。其目的首先是弄清楚事件的来龙去脉；其次，通过深入沟通进一步挖掘当事人潜在的利益需求。

本案调解过程中，调解员充分利用了"引导当事人主动诉说"这一技巧。第一次联席会议之初，调解员就通过"那么，莎莉你先告诉我是怎么回事吧""你们先别激动，山姆，你等一会儿再说，我们先听听莎莉怎么说好吗？"等提问，先让莎莉陈述整个事件的经过。其后，调解员又向山姆发问"我想我们现在应该听听你的说法了，山姆"，通过聆听双方当事人的陈述，调解员得以对整个事件有比较充分的认识。这也为开展后续的调解工作做好了扎实的准备。

二、做大蛋糕

调解出现僵局往往是因为双方无法就有限的利益达成合适的分配方案。在本案中，莎莉和山姆在调解员的引导下将关注点由墙壁倒塌的责任认定转到维修费的负担问题上，但即使如此，双方仍然无法就费用的具体数额达成一致。此时，调解员运用了"做大蛋糕"的方法寻找破解僵局的契机。"做大蛋糕"指的就是，在了解当事人的利益所在之后，通过与当事人的交流，探寻在不损害一方当事人需求的情况下，能够满足另一方当事人需求的方式。即扩大当事人可能获得的利益总和，并用这种方式实现当事人之间在利益分配上的一致，最终实现和解。

本案中房主莎莉一方的利益需求便是车库墙壁的维修费用及后期维护。而在承包商山姆看来，对莎莉墙壁的维修费越少越好。其更关心的是，与莎莉此次的纠纷是否会影响自身声誉、口碑及后续的业务。此时，调解员发现了破解僵局的这一关键，并以此为切入点，最终在达成了双方均接受的维修费负担方案的同时，保障了山姆的声誉与口碑。

如今社会关系错综复杂，纠纷的类型也各种各样，不同纠纷背后可以挖掘的利益也是多元的。在调解中，"做大蛋糕"的方式并不仅仅限于做大当事人所求的经济利益，类似"维护面子""维持关系"等做法也可以视为一种扩大利益、"做大蛋糕"的方式。因此，调解员要善于观察，结合调解的具体情形及调解当事人之间的关系，选择合适的"做大蛋糕"的方式。

三、设置时限

与时间压力相关的是效率。通常当事人选择调解程序是为了追求高效解决纠纷。有的当事人会向调解员表达希望迅速解决问题的愿望；有的当事人在调解中会感觉到不适，希望调解程序赶快结束。时间压力在调解中有利有弊。当时间有限而当事人迫切要解决问题时，时间上的压力更有利于促使调解协议达成。但是有时候，时间压力也会产生相反的效应，当事人可能迫于时间的压力感到很焦急和烦躁，不愿进行细致协商甚至直接退出调解。因此，如何巧妙地利用时间压力，对于调解员来说是种考验。在本案中调解员对于时间压力的运用非常出色，她在法官给予的调解时间即将用尽时，及时提醒当事人如果还不能达成调解协议就需要由法官裁决，以此增加他们的紧迫感。

由此看出，时间压力作用的最佳时机，是在双方当事人整体达成协议，但在收尾的某些细节问题上僵持不下的节点。在这种情况下，时间压力的作用更可能迫使双方达成协议，因为此时当事人已经有很强烈的达成调解协议的合意和愿望，整体的利益分配也已经趋于协调。相反，如果在刚开局时就用时间压力迫使当事人快速达成协议，调解失败的风险将远超本案的情况。因为过早地给予当事人压力，将使当事人感到焦躁不安，使得整个调解过程都处于紧张状态中。

当然，给予当事人时间压力也需要巧妙运用。当时间过于紧张时，双方当事人可能暂时达成一致，但可能存在后期的潜在争议。整体上，调解员要充分尊重当事人双方的意见，平衡各方在时间问题上的分歧。

四、鼓励让步

调解是当事人各方就意见相左的问题展开讨论的过程，由于立场、利益的不同而产生分歧并开始"讨价还价"，此时各方进入谈判状态。因此，调解也是谈判的一种表现形式，没有谈判就没有调解。[①] 为了使调解发挥作用，调解员必须引导各方真诚地进行谈判，还要注意观察各方，鼓励当事人相互作出合理让步，从而促进调解协议达成。典型的鼓励让步的方式有如下几种：帮助当事各方了解，调解过程中的相互妥协是必需的，想尽快解决纠纷，获得双赢的话，就必须适当考虑让步；调解过程中调解员需要

---

① McCorkle, S., Reese, M. J. Mediation theory and practice. Boston: Allyn & Bacon, 2005; Moore, C. W. The mediation process: Practical strategies for resolving conflict. San Francisco, CA: Jossey-Bass, 2003.

充分挖掘当事人立场背后的利益，并进行利益排序，帮助当事人进行合理的利益取舍；利用移情方式，引导当事人换位思考；鼓励各方将自己作出的让步及可能获得的利益列成清单；巩固已经作出的让步。

回顾本案，在调解程序开始之初，山姆和莎莉互相指责，不肯让步，原因之一是双方都认为，车库墙壁倒塌的责任不在自己，并且对方的态度非常糟糕。调解双方在调解开始时剑拔弩张，这也是调解过程中的常态，双方当事人在面对争议焦点时情绪激动，无法继续进行调解，这时候就需要调解员进行引导。本案调解员在联席会议中，促使双方当事人正确面对自己的责任，极大地改变了双方当事人的态度，缓和调解程序中出现的紧张气氛，为后期双方的让步打下了基础。在分别与当事人进行单方会谈时，调解员引导两位当事人冷静思索墙壁倒塌的责任，及自身所能接受的最低金额。尤其是在与山姆的单方会谈中发现，山姆更关心的是自己的口碑与声誉。最后，调解员分别从莎莉可能存在的过错、山姆关心的声誉口碑两方面入手，促成当事人各自让步，最终达成了双方均可接受的赔偿方案。

第八章　专业医疗仪器案

第一节　案情简介

专业医疗仪器公司 MedPro 公司是美国一家生产脉搏氧饱和度仪的厂商。脉搏氧饱和度仪用于监测对接受麻醉手术病人的输氧流量。在美国过去的 20 多年里，由于脉搏氧饱和度仪的普遍使用，由麻醉并发症而导致的死亡案例大幅减少。脉搏氧饱和度仪通过探针连接到病人身上，探针系一次性用品，MedPro 公司自行生产专用探针，并指示使用者只能用其生产的探针连接到本公司生产的脉搏氧饱和度仪上。

脉搏氧饱和度仪的制造成本为 300 美元，并以 450 美元的单价供应给批发商，而批发商会以大约 900 美元的价格转售给医疗单位。一台脉搏氧饱和度仪在使用寿命期间，预期可带来大约 15 000 美元的探针销售额。如同打印机与墨水和炭粉的关系，探针的销售其实是 MedPro 公司最主要的利润来源。

MedPro 公司制造的脉搏氧饱和度仪属于业内最先进的器材，2006 年公司决定将产品出口到印度。在印度销售脉搏氧饱和度仪要解决两个问题：第一，获得当地监管部门的许可。第二，当地医院与外科医生必须愿意使用这套仪器。MedPro 公司在印度寻找当地的分销商，最终敲定在经销医疗产品方面经验丰富的孟买合伙人公司（Mumbai Partners）。双方签订合约，孟买合伙人公司获得 MedPro 公司脉搏氧饱和度仪在南印度地区的销售专有权。合约内容注明三种可以终止合约的情形：

（1）合约为期一年，每年一续，除非任何一方在每年的 9 月 1 日续约日期前 30 日或更早前以书面形式通知对方终止合约的意愿；

（2）双方均有权"有因"立即终止合约；

（3）双方均有权"无因"终止合约，但必须在终止合约 90 日前向对方提出书面通知。

其后孟买合伙人公司展开工作，一方面申请监管部门的许可，另一方面向医院委员会推广 MedPro 公司生产的脉搏氧饱和度仪。孟买合伙人公司脉搏氧饱和度仪的销售额如下。

年　份	2006	2007	2008	2009	2010	2011
销售额（美元）	0	100 000	500 000	800 000	400 000	50 000

在最后两年，孟买合伙人公司聘雇了查塔瓦（Ronald Chattawa）为脉搏氧饱和度仪营销主管。孟买合伙人公司与查塔瓦的雇佣合同中有竞业禁止条款（Non-competition Agreement），查塔瓦同意在离职后五年内不会向孟买合伙人公司的客户或潜在客户销售同类产品。

2010 年 5 月 24 日，MedPro 公司国际销售部经理曹杰士（James Cho）向孟买合伙人公司董事长克莱·甘地夫人发送了一份传真，表示孟买合伙人公司在开拓市场方面停滞不前，因此下达解约通知。传真的文字显示合同将于 2010 年 7 月 1 日终止。

2010 年 5 月 26 日，查塔瓦宣布离职，加入一家名为班加罗尔医疗器材（BHS, Bangalore Hospital Supply）的公司。从 2010 年 6 月起，班加罗尔医疗器材公司开始向孟买合伙人公司的客户销售脉搏氧饱和度仪及其相关用品，具体销售工作由查塔瓦负责。查塔瓦称班加罗尔公司已成为 MedPro 公司的经销商。

孟买合伙人公司在印度地方法院提起诉讼，控告查塔瓦违反竞业禁止合同。其后，法院签发了禁令，禁止查塔瓦在案件正式审理前向孟买的客户作进一步的销售。

孟买合伙人公司总裁甘地夫人非常愤怒，要求与 MedPro 公司的曹杰士见面。双方在 2010 年 6 月 10 日见面，甘地夫人指责曹杰士干预其与查塔瓦的雇佣合同关系。曹杰士否认曾作出任何干预，他认为查塔瓦是否签有竞业禁止合同纯属孟买合伙人公司与其前雇员之间的问题，与 MedPro 公司无关。

孟买合伙人公司认为所收到的终止合约信函不符合合同的约定，因此合约仍然有效。MedPro 公司不同意，指出是因为孟买合伙人公司的销售表现不佳而决定与其终止合约，符合合同约定。从 2010 年 7 月 1 日起，MedPro 公司停止向孟买合伙人公司供应产品。

根据 MedPro 公司与孟买合伙人公司的合约，双方因发生争议进行诉讼时，美国法院对提起的诉讼有对人管辖权，适用的法律为美国加利福尼亚州法律。孟买合伙人公司于 2010 年 10 月向加利福尼亚州的联邦法院提起诉讼，MedPro 公司也递交了答辩状，并提出反诉。

在律师的建议下，当事人请求对本案进行调解。法庭准许了当事人的请求，将案件指定由 JAMS 公司的调解员詹姆斯进行调解。

第二节　背景资料

一、法律背景资料

本案的争议焦点是曹杰士的信函是否符合合同约定。本案合同约定了三种解除合同的情况：第一是在自动续期之前通知对方解除合同；第二是有因解除合同；第三是无因解除合同。其中每种解除方式都分别有自己的适用条件，如果是自动续期前解除合同，那么合同应该在每年的 9 月 1 日解除；如果是有因解除合同，那么解除方必须按照合同约定的原因解除合同；如果是无因解除合同，那么从书面通知下达 90 日之后合同才能解除。在本案中曹杰士主张信函属于"有因"解除，其解除的原因是孟买合伙人公司销售额严重下降。表面上看，曹杰士的信似乎符合合同的规定。但是这里存在两个漏洞，第一，合同约定"有因"，但是没有明确约定解除合同的具体原因；第二，MedPro 公司的行为有可能是导致孟买合伙人公司销售额下降的原因。因此，虽然曹杰士书面通知了孟买合伙人公司，但从法律的角度来讲，其解约主张不见得一定成立。可以说，这个案件从法律上来讲存在灰色地带，无论是 MedPro 公司还是孟买合伙人公司都不一定能够胜诉。这也是双方希望通过调解解决纠纷的原因。

二、双方的背景资料

（一）MedPro 公司的背景资料

抛开法律的因素不谈，调解也应当符合双方的利益。对 MedPro 公司而言，其只是不满孟买合伙人公司的销售下降而非私人恩怨。而与班加罗尔公司签订新的销售协议，能够从一定程度上保证销售。另外，孟买合伙人公司在印度赢得了对查塔瓦的诉讼，法庭禁止查塔瓦在班加罗尔公司工作，因此 MedPro 公司很难从班加罗尔公司那里获得预期销售量的保证。

（二）孟买合伙人公司的背景资料

对于孟买合伙人公司而言，虽然曹杰士的书面通知可能有瑕疵，但是曹杰士完全可以按照之前的解除权条款重新解除合同。换句话说，即使孟买合伙人公司在美国赢得诉讼，MedPro 公司也可以解除合同。但是 MedPro 公司也不愿表现出恶意，因此可能在先行延时之后再行使无因解除的权利。总而言之，即使原来的合同没有解除，孟买合伙人公司在合同上的权益也是非常脆弱的。另外，按照美国的司法制度，在可以通过金钱赔偿的方式弥补被违约方的损失时，法庭是不会判决强制违约方履行合同的。在美国，索赔金钱的案件被称为法律案件，而请求法庭判令对方履行合同的案件被称为衡平案件。一般来说在案件具有双重性质的时候，法庭一定会采用金钱赔偿的方案。因此，即使孟买合伙人公司能够胜诉，最多也就是获得赔偿，法庭不会判决 MedPro 公司履行合同。但由于合同内容中存在各种解除权，法庭即使判令 MedPro 公司败诉，赔偿金额的计算应该从 2010年 7 月开始到起诉这段时间的利润损失，其赔偿金额不会超过 80 万美元。

第三节　调解过程

说明：字母 M 代表调解员詹姆斯，字母 G 代表克莱·甘地夫人，字母 C 代表曹杰士。

M：午安！我很荣幸与你们在这里见面，首先欢迎你们来到 JAMS 公司。

G：谢谢！我很高兴来到这里。

M：我已经跟你们的律师谈过有关调解的事宜，但还没机会跟两位当事人谈，首先就请轮流自我介绍一下吧。

G：我是克莱·甘地，孟买合伙人公司的董事长。

C：我是 MedPro 公司国际销售部经理曹杰士。

M：哦，我明白。我们这个调解是非正式的程序，我想你们只要叫我詹姆斯就行了，这样我会感觉比较自在。

（面向甘地夫人）出于礼貌我当然应该称呼你为甘地夫人，但如果你不反对的话，我可以叫你克莱吗？

G：当然没问题！

C：詹姆斯先生，您叫我吉姆吧。

M：我想再次欢迎你们的到来。首先我需要花一点时间向大家介绍一下调解程序，然后再自我介绍一下。你们如果对调解的程序或我本人有疑问的话都可以提出来。

我首先对诸位表示感谢，因为你们选我做调解员。我已做了二十年的调解员，相信你们选择我是因为非常信任我的经验和能力。需要强调的是，我与你们双方当事人事先并不认识，因此，我向你们保证在整个调解过程中我都将保持中立。甘地夫人，我听说过你们孟买合伙人公司的商誉，据说 MedPro 公司也是冲着你们的商誉而与你们合作的。我本人对医疗器材比较熟悉，而且我也做过有关分销合同纠纷案件的调解工作，所以对我们这个调解所涉及的领域和主题还是很熟悉的。在调解中，我们还会有一些保障制度。首先就是自愿原则，即你们不需要今天就达成协议，如果你们不能达成彼此都满意的协议的话，你们还有其他的选择。

G：很好。

M：我知道你们双方以前有过商事合作，然后你们之间出现了一些问题，因此才会来到这里调解。今天下午我们的工作就是要找出存在的问题，然后讨论一下你们双方商业利益所在。如果可能，我们看能不能找出一些共同的立足点。

此外，整个程序是保密的。谈到保密，我们有很多不同的讲法。简单地说，就是我们大家都同意这个调解的过程是保密的。

G：（打断詹姆斯的话）等等，等一下。我不太清楚这一部分。你也知道我还有另外一起争议，那就是我们原来的销售代表查塔瓦事件。我在这里调解所涉及的内容，难道不能再用到印度那边对查塔瓦的起诉吗？

M：你问的是一个很好而且很重要的问题。那就让我为你解释一下，什么是能用的信息，什么是不能用的信息。假如是一些商业记录，比如合同、协议等，也就是那些在调解以前就已经存在了的材料，你可以在任何法律程序中使用；但是在今天的调解中你可能会从对方那里得到一些关于查塔瓦先生的新的信息，假如有的话——我不知道有没有，我要澄清这只是对方为了今天能达成协议才愿意披露的，那么你就要想到，这些信息是保密的。

G：这样的啊，我知道了。

C：我需要你澄清一点，对于刚才你说的，我也听到了。我要重申的是，今天我们调解中所说的任何事情都是保密的吗？你刚才所说的意思是，孟买合伙人公司及其律师对今天我们在调解过程中所提供的信息而非以前存在的信息皆需保密，不能在将来的任何法律程序中使用，是这个意思吗？

M：针对什么是今天在这里得到的信息，我们之间要有个共识。我是说，今天在调解过程中，你在这里所说的任何一句话，只要是在这里完成的，就要保密。但另一层意思，就是在其他任何法律程序中，任何人都无权传召我作为证人披露今天在本次调解中得到的信息。

今天的调解程序，首先是双方作为一个集体来会面，之后我会至少分别跟你们各方单独会谈一次。我刚才所说的保密原则，对于单方会谈也同样适用。可能现在你们有一些信息不想向对方披露，可能有的信息永远都不想让对方知道，但为了促成调解，也许有些信息你会愿意跟调解员分享。我们每个人都是调解程序的保护者，当我在跟你们分别会谈之前，会问各方有什么信息、材料是不想我向对方披露的。但是你们知道还有一种可能出现的情况，那就是：事实上你也希望让对方知道的……

C：我没有什么好隐瞒的。

M：还有，你知道我不是法官，这儿也不是法庭，房门也已经关上，除了我们再没别人了，而今天还有很多事要办，我希望我们在非常自在、轻松的环境下进行调解。那么，如果没有觉得受到冒犯，也无损于我对你们的尊敬的话，请允许我把外衣脱掉（边说边站起来把西装外套脱下来挂在一边），因为我觉得工作的时候这样最自在。我也希望你们使自己轻松、自在一些。

G：我是从印度来的，那边很热，来到波士顿之后却冷得我要命，我还是穿着好了。

M：哦，没关系！要不要叫些热茶来？

G：好啊。

M：但我可以告诉你，你现在不在印度，在 JAMS 公司，一切都是自助的。第一杯茶是免费的，第二杯你就要走出去，到那边的饮水机自己亲自倒水，机子的左右两边都有茶杯。

G：我明白。

M：刚提到了茶，这点很重要，因为我们任何时候都可以茶歇。有的调解机构请求歇息的程序比较严格，但我们这里很随意，你可以直接说"我想茶歇"，然后我们就茶歇了。

既然你是从印度远道而来，那我尽可能地把时间安排得紧凑些。我们会在这儿调解到下午四点半，完不成的话明天再继续。

我跟各位在外面已经细谈过时间安排了，各位都同意今天我们的调解进行到下午四点半吗？

G：没问题。

C：没问题啊。

M：刚才我跟你们讲了一些我的情况，而且告诉你们我对这个案子了解多少，到目前为止我所了解到的都说了。当然我会在这次调解过程中得到更多的信息。如果你们还有另外一些信息需要披露，你们可以提醒我。到目前为止，我已尽我所能将这些背景情况进行了解了。

我准备了一份同意调解确认书。主要的条款我都曾电话或者刚刚告诉过你们了，特别是关于保密性的条款。我希望你们再读一遍，然后签署。

G：我看过了，没问题。

C：我也没问题。

（甘地夫人和曹杰士都签署了同意调解确认书）

M：你看我们第一个步骤进行得很顺利嘛。这个法律问题就解决得挺好！你们的律师已经预先给我送来一份你们同意进行调解的协议书，我看过了。但阅读与聆听不是同一回事，当我们做完这些开场要进行的事情之后，我就该停止讲话，开始聆听了。

稍等一下，让我也在协议上签名。在调解中达成的任何协议，我都是要签名的。签这份协议也是在提醒我：一切都必须为你们保密。我也提醒大家，其实要达成协议，在协议上签字是件很容易的事，当然我不是在说就此事达成协议是很容易的。

我知道你们签有一份正式的商业合同，而且其中有条款注明要是有纠纷的话就先以调解解决。我知道你们两方都认为对方违约了。

G：事实上是他们违约了。

M：但你们两方都承诺过，你们愿意执行这个承诺：当出现了纠纷时愿意用调解解决。我还有两个问题，克莱你是公司的董事长，你有代表公司发言的资格对吧？

G：当然有。

M：假如今天能达成和解，你能签字吗？

G：达成和解，拿支笔给我就可以签了。

M：吉姆，我知道你的头衔是国际销售部经理。据我所知，对这起争议中的合同纠纷你是完全有代理权的。所以，假如今天的调解能达成协议，你能代表公司签字，是吗？

C：是的。

M：你们都谈到一个查塔瓦先生，你们觉得在我们的调解中，他是否一定要出现呢？

G：我在印度那边已经起诉了他，虽然他跟这事有关，我也希望他在场，但是我没办法让他来这边呀，我不能强行把他从印度那边抓过来。但是我觉得 MedPro 公司应该对他们犯下的错负责，我以后再处理查塔瓦那边的事情。

M：我看，对于查塔瓦先生不在场，大家都同意吧？

C：我想，而且我相信对方也同意，查塔瓦先生的事情是另一个问题，是独立于本次调解议题的。

M：我还希望双方都想想，有没有另外什么人必须在场，否则不能解决问题的？

　　G：没有。

　　C：没有。

第一次联席会议

　　M：我从现在开始不再讲话，而是聆听，但我会做笔记——这是我们的职业病。我本来接受的是律师培训，律师手上如果没有笔的话，是不能思考、不能工作的。我现在是在白纸上写，因为我是个"中立人"，这会使得我更有逻辑性，更有敏感度。当你们说话的时候，我会认真听，尽可能地不打岔。当一方在讲话时，我知道另一方一定会聆听他在说什么，我也希望你们努力做到不要打断对方的讲话，并且希望你们也做笔记，把你们心里的存疑写下来，对方所提供的一些信息可能对你们有所帮助。

　　现在，你们有个新的挑战，你们在听对方讲话的时候，要尽可能听清自己可以同意的内容，因为在今天调解结束时，我们的成果就是从听到的对方所讲的内容中找出一些我们共同能够接受的内容来达成协议。

　　你们谁想先讲呢？

　　G：我可以先开始吗？

　　M：当然。

　　G：感谢你开始听我接下来要讲的背景情况。我已经发出一个正式声明，但有几点我要在此特别强调。我们签署这个合同的目的，就是发展一份长期的商业合作关系。其实在签这个合同时，美国 MedPro 公司就应该很清楚要在印度发展销售市场是需要较长时间的，我们必须说服印度的医生使用这个仪器，还必须说服印度的医院对这方面进行投资，投入大量的资金以改善他们的医疗服务，这都是需要时间的。我们一开始就已投入了 45 万美元来从事这方面的工作，花了多年的时间、多年的心血！但突然之间，他们发来终止合同的信件，我们完全是 MedPro 公司不负责任行为的受害者。

　　（曹杰士听到这里，似乎要开口辩驳，但边听边做笔记的詹姆斯只是看了他们一眼，又转而聆听克莱继续讲下去）

　　M：我知道她的话让你激动，你急着想要说明你的情况，但我希望你先保留，先别说。

G：我们公司的销售代表已经背叛了我们，但我知道这不是他一个人的行为！

M：你是指查塔瓦先生吗？

G：没错，正是查塔瓦。MedPro 公司和查塔瓦是一伙的，我们所投入的时间与金钱、我们的所得全部被他们偷走了！我是来自印度的，合约的条文对于我们来说其实并不是最重要的，MedPro 公司明明知道这个合约是个长期的合作，这意味着需要长期的时间来发展印度市场。而且我们也有证据证明查塔瓦跟 MedPro 公司的曹先生在给我们发来终止合约的信件之前一直在沟通。我们在起诉查塔瓦的过程中也发现了一些相关信息，其中一些电子邮件证明他们早在 1 月份就有来往，我可以念给你听……

C：我真的要打岔了！我要澄清一点，我认为有关限制竞争的案子是不能在这里提的，刚才不是都强调了吗？

G：我认为，MedPro 公司干预了我们，这与我之前提的有关限制竞争的案子不属于同一个争议。

M：我认为在共同的背景协议中我们已经同意将有关限制竞争的内容以及其他的一些议题排除在今天的调解讨论范围之外。

C：你们根本就没有全面地反映客观事实！

M：据我听来，孟买合伙人公司在印度起诉查塔瓦的案子是独立于我们今天所谈的案件的，但孟买合伙人公司与 MedPro 公司的商事关系是今天可以谈的，对吗？

C：但据我理解，任何涉及印度那边诉讼的内容，都不属于今天调解中所谈的。

M：这样好吧，你今天就先不要把电子邮件读出来，在单方会谈环节你再告诉我，现在继续进行好吗？

我先总结一下刚才听到的有关你所说的内容：孟买合伙人公司与 MedPro 公司达成了一个协议，你觉得这是个长期的合作关系，于是你花了 45 万美元来开拓印度市场，他们一方则在 2010 年 5 月终止了合同。对不起，我讲错了，他们寄出一封提出终止合同的信件。那据我听来，你觉得在某段时间之内，查塔瓦先生与 MedPro 公司有密切的交往。

G：是这样。

M：好吧，我们听听吉姆怎么说？

C：我们的看法是，这是一个很清楚的法律案件，MedPro 公司与孟买合伙人公司签订了一个有效的书面合同，就是孟买合伙人公司为 MedPro 公司销售产品。根据合同，我们有权利根据合同的相关条款终止合作关系，其中可以"有因"，那就是提前 30 日通知；假如"无因"，那就是提前 90 日通知。

G：我们跟你讲了很多次了，你们完全没有阐明终止的原因是什么，通知的时限是多长，那只是一封信而已。

M：这样吧，既然你说是一个法律的案件，那我来总结一下吧。

C：可以。

M：所以，你方的意思是根据合同的条款终止贸易关系，是吗？

C：我们还有另外一点要说明，那就是我们在签合同时已经很具体、很清晰地将合同终止的事由写在条款里了，因此，我们在 5 月 24 日寄出那封信要求在 7 月 1 日终止合同是依据合同条款来做的。甘地太太，我不是不尊重你，在该合同里已经写得很清楚，我相信你也有机会跟律师来谈此事，我们所做的一切一定是依据合同约定的条款进行的。

M：我知道，我们还有很多要讨论的，但现在先暂停一下。休息一下可能对接下来的讨论比较好，另外还有很多内容，我想在单方会谈时解决可能更好。

与甘地夫人的第一次单方会谈

M：克莱，我想知道你们孟买合伙人公司是怎样接到这笔生意的。我知道在印度你们花了将近 50 万美元来开展这笔生意，也许你可以告诉我关于这笔生意的更多信息。

G：好吧，我很乐意这么做。我们是做医疗用品供应生意的，规模不大。我们以前经销的是药用纱布以及其他一些小型医疗仪器，并非大型的医疗设备，是 MedPro 公司来跟我们接洽，希望我们做很大的投资，说这是一个长期的合作关系。

M：他们之所以找你们，是因为你们的生意做得很好，对吗？

G：我想是的。他们完全清楚，要做这个买卖的话，需要长期密集的投资才能够说服不论是医生还是医院的行政人员来使用这些仪器，要让他们知道这些仪器虽然很贵，但有良好的医疗效果，因而是值得投资的，这样他们才会采购。

M：根据我看到的文件，你们这个脉搏氧饱和度仪，就是用来测量氧的饱和度，记录血脉里的氧分情况的，是吗？

G：嗯，没错，这是唯一安全的测量血液含氧量的方法。

M：它是不是基本的仪器？是需要接管子的那种吗？

G：这个是做麻醉唯一安全的测量血氧的仪器，且其探针是一次性的，每次都要更换。更重要的是，从长远来看，探针销售所带来的收入比仪器本身还要高。

M：我刚才读到《纽约时报》一篇专题文章，说是为了医疗安全起见，那些探针一定要接到安全的仪器上面才不会出错，是吧？

G：对，但一些仿冒的产品也可以，不过专业的用法是用同类的探针来连接测氧仪器。其实我们一直在帮助他们推广这种探针，而且一直做得很好。现在他们提出解约，就像把刀架在我们脖子上一样。

M：你们的合同规定你们是独家代理销售，对吗？

G：是的，我们独家代理销售这个仪器；但是他们现在挖走了查塔瓦，要把代理权给班加罗尔公司。

M：嗯，我听明白了，我得到的信息是，你们在法律上的诉求就是查塔瓦与他们一方有串通做生意的情况。

G：他们以更便宜的价钱卖给他，不像我们早就做了大笔的投资。当然啦，我们投入了大量的资金和精力，印度的健康部门批准了仪器的使用，医院也开始使用仪器了。这个时候解除合同，对我们不公平。

M：嗯，我理解你的意思，你这边投入了很多资金和人力，现在到了"收获"的阶段了，要是你们的合作关系持续下去，孟买合伙人公司就能收到回报。

G：当然啦，我们已经合作五年多了，这五年之间我们处于开拓市场的阶段，所以利润并不大；但是现在市场已经打开了，我们能够赚到很多钱，MedPro 公司这时候解除合同，明显是想把我们撇开。

M：那你们现在想要他们怎样呢？

G：我刚才已经当着他们的面说了啊，继续履行合同，还要赔偿我们的损失。

调解员的旁白：通过联席会议和上面的单方会谈，调解员已经基本上了解了争议的关键和双方的主张，接下来调解员需要挖掘孟买合伙人公司背后的利益，并且开始分析孟买合伙人公司对几种不同的利益如何排序，哪些利益是可以让步的，哪些是不能放弃的。

M：你要求对方履行合同，给你们独家供货，并且要求查塔瓦不为班加罗尔公司工作。

G：对。不过我们已经取得法庭的禁令了，查塔瓦不能为班加罗尔公司工作。

M：我想确认你希望贵公司拥有独家销售权？

G：对啊。

M：我想问一下，如果班加罗尔公司与贵公司竞争，比起贵公司独家代理，贵公司会损失多少？

G：这个很难说。

M：要是查塔瓦不为班加罗尔公司工作呢？

G：那我们公司肯定可以胜出，我们的经验和销售渠道比班加罗尔公司强多了。

M：那也就是说，独家销售权也不是那么重要？

G：话不能这么说，那还是很重要的。

M：嗯，你知道他们已经和班加罗尔公司签订代理销售协议了吗？

G：这个我知道，但是我们的合同还没有结束，我们有独家销售权。

M：这我知道，但是如果孟买合伙人公司独家代理的话，那么他们对班加罗尔公司就是违约了。

G：这是他们的事，我不管。

M：克莱，我非常理解你的态度。不过我要问你，如果你是曹杰士，你必须违反班加罗尔公司那边的合同才能和解的话，你还愿意和解吗？

G：那倒是。但是……

M：你不希望把对方逼进法庭，不是吗？

G：那倒是。其实如果查塔瓦不为班加罗尔公司工作，独家销售权上面我们可以让步。

M：站在生意人的立场，我知道你们想要达到两个目的：第一，让他们继续给你们供货，并且给你们的条件要不低于给班加罗尔公司的；第二，查塔瓦不能为班加罗尔公司工作。还有什么其他的要求吗？

G：我们还要求他们赔偿我们的经济损失。

M：尽管我还不一定会跟他们分享这个信息，不过，我还是希望了解你想得到的赔偿额。

G：我跟他们讲过，我提出了 200 美元的要求。客观来说，我觉得这是合理的。

M：我想确认一下，你是说你们希望对方和你们合作，并且赔偿 200 万美元吗？

G：我这个基数是按照我们五年的利润来算的，我们曾经有一年的最高销售额是 80 万美元，利润是 40 万美元。我们觉得这个赔偿额是合理的。所以我算下来，利润上的损失有 200 万美元。

M：你的意思是，按照你们做生意的最高利润额，一年 40 万美元，五年就是 200 万美元。

G：对。我认为这很合理。

M：对方违约是 2010 年，对吧？

G：是的。

M：你的意思是说如果合同履行到 2016 年，你就能赚到 200 万美元？

G：是的。

M：那如果合同能够顺利履行，你们就不会有 200 万美元的损失了，不是吗？

G：不是那么说，万一他们不同意继续履行合同或者不给我们独家销售权呢？我们当然要主张自己的权利，我们得防一手，你知道的。

M：我明白你的意思。那我得确认一下，如果对方愿意和你们继续履行合同，那这个 200 万美元？

G：你告诉曹杰士我们希望他们继续供货，还要赔偿 200 万美元。

M：我明白你的意思，但是如果对方提出一个数额呢？

G：那要看情况。

M：好吧，我觉得我们谈得挺顺利的。我想你先休息一下，我和对方谈谈。

与曹杰士的第一次单方会谈

M：谢谢你等了这么久，那现在我们谈谈。

C：好的。

M：我想请你谈谈你们解除合同的原因，可以吗？

C：我们解除合同的原因很简单啊，孟买合伙人公司的销售额连年下滑，继续与他们合作不符合我们的利益。

M：嗯，我理解。那你们就想与他们解除合同，另外找合作伙伴？

C：这有什么不可以的吗？我们的合同规定我们可以单方面解除合同。

M：这个我非常清楚，我们不是在法庭打官司，不是吗？我们今天来调解，就是希望找到一个可以让双方都接受的方案，对吗？

C：当然啦，我和律师谈过了，他认为如果和解的话，会对我们比较有利。

M：我也赞同这个看法。你说一说你们和孟买合伙人公司的合作情况怎样，好吗？

C：嗯，我们是一家医疗仪器公司，我们要在印度推销我们的产品。因此，在 2006 年，我们选择和孟买合伙人公司合作，由他们开发市场，销售我们的产品。

M：嗯，为什么选择孟买合伙人公司呢？

C：我们必须找本地的公司销售，你知道，要与当地政府交流，必须通过当地人。孟买合伙人公司是一家经营医疗器械的公司，在印度有非常好的营销渠道。

M：嗯，明白。那也就是说和孟买合伙人公司合作是因为他们能够销售好你们的产品。

C：可以这么说，但是我刚刚说了，孟买合伙人公司的销售业绩连年下滑。

M：刚才克莱说之所以销售下滑，是因为你们挖走了查塔瓦，他是他们的销售经理。

C：不，不是这样的。查塔瓦从他们公司离职和我们没有关系。

M：嗯，我说这个不是要谈谁的责任。我是说，你们开始和班加罗尔公司合作，而班加罗尔公司又雇用了查塔瓦，不是吗？

C：这不是我们的错啊。

M：我不关心谁对谁错。我是说，既然现在查塔瓦不能为班加罗尔公司工作，那么班加罗尔公司的业绩肯定不会像你们预期的那么好，对吗？

C：嗯，这是毫无疑问的。现在班加罗尔公司的业绩也在下滑。

M：那这样，我刚刚与克莱谈过，他们还是非常愿意继续合作的。

C：他们要求我们赔偿 200 万美元，那我们怎么合作？孟买合伙人公司两年的销售额才 60 万美元。

M：你的意思是你们可以继续合作，但是赔偿方面要把数额降下来。

C：要继续合作可以，但是孟买合伙人公司的销售必须有保障。

M：你说的有保障是什么意思？

C：我是说我们继续合作，但是孟买合伙人公司要保证每年销售一定量的产品，如果达不到的话，我们就解除合同。

M：这个方案不错，那你认为多少万比较合适？

C：当然是越多越好啦，最好是上百万。嗯，我们的对话是保密的，对吧？

M：当然。

C：我刚刚说的我暂时不希望你告诉他们。

M：你是说保证销售量这回事还是说数额？

C：我是说数额，我们希望保证销售量的事你可以提。

M：嗯，好的，没问题。那刚刚说的赔偿金呢？你给我一个出价。

C：我们愿意出 6 万美元？

M：6 万美元？

C：嗯，我们愿意和他们继续合作，他们能赚到钱。

M：那万一你们要是不能继续合作呢？那种情况你考虑到了吗？

C：如果是那种情况，我们就去打官司，法官会判决的。

M：好吧，那这样，你先休息一会儿，我再和克莱谈谈。

与甘地夫人的第二次单方会谈

M：克莱，我刚刚与曹杰士谈过，曹杰士提出赔偿你们 6 万美元的损失……

G：什么，这简直是侮辱。

M：别激动，别激动。你还没听我说完，他们愿意和你们继续合作。

G：哦，他们怎么说？

M：是这样的，曹杰士说他们并没有想过不和你们合作，只不过你们的业绩在 2010 年和 2011 年持续下滑。

G：这毫无道理。2011 年业绩下滑是因为他们停止供货，他们应当负责才对。

M：克莱，你知道，我们调解的目的不是追究谁的责任，而是看怎么解决问题。

G：那他们想怎么解决呢？

M：他们愿意继续给你们供货，但是……

G：什么？

M：他们对业绩有要求，他们希望孟买合伙人公司的销售额保证在一定的量。

G：我们当然会尽力保持最大的销量，这个还用他们要求吗？

M：克莱，我知道，你们公司在这个仪器的销售上肯定是有优势的，对吗？

G：那还用说，我们是最早销售这个仪器的。要不是班加罗尔公司过来抢夺市场，我们的销售额只会上升，不会下降。

M：那你认为你们每年可以销售多少呢？

G：不知道。如果没有班加罗尔公司，我觉得我们可以保持 120 万美元不成问题。

M：那有班加罗尔公司呢？

G：等一下，你是说他们不愿意给我们独家销售权吗？

M：克莱，你知道的，如果那样，他们对班加罗尔公司就会违约了。

G：不给独家销售权，赔偿只有 6 万美元，我觉得我们谈不下去了。

M：别着急，有什么要求你可以提。你之前也说了，如果合作得好，你们双方都会赚大钱，不是吗？

G：那这样，第一，除班加罗尔公司外他们不能再在印度地区增加其他销售商；第二，他们给我们供货的价格，要在给班加罗尔公司的价格基础上再打个折扣。

M：折扣？多少？

G：对，折扣，嗯，九折吧。

M：你能说说折扣的原因吗？

G：那还用说吗？他们和班加罗尔公司串通起来，导致我们损失了销售。给我们的价格，必须要有折扣，否则他们哪里有诚意呢？

M：我明白你的意思，我会转达给曹杰士。我希望再确认一下，如果对方满足你们的这两个条件，你们就可以继续合作是吗？

G：是的。

M：那你们能够保持多大的营业额，每年？

G：有班加罗尔公司的话，我不知道。他们想要多少？

M：销售额当然越大越好啦。请你给我一个数字，你自己有把握的。

G：80 万美元吧。

M：那么你们和班加罗尔公司都有销售权，赔偿的话就按照 6 万美元算？

G：不是不是，独家销售权就算了，赔偿不能只给 6 万美元。就 80 万美元吧。

M：80 万美元？

G：对，2010 年和 2011 年的损失。

M：我再确认一下，你们和班加罗尔公司都保留现有的销售权，但是不能再增加新的销售商；MedPro 公司给你的价格应该在给班加罗尔公司的价格的基础上再打九折；外加赔偿你们 80 万美元——这是两年的利润损失。

G：是的。

M：前提是你们每年可以保证 80 万美元的销售额？

G：嗯，可以。

M：好吧，我再和曹杰士谈谈。

与曹杰士的第二次单方会谈

M：让你久等了。我刚刚和克莱交换了看法。

C：哦，她怎么说？

M：看得出来，她还是很有诚意继续和你们合作的。

C：光有诚意有什么用？

M：嗯，我明白你的意思。我问过她，她表示如果你不能给她独家销售权的话，那么她有两项要求。

C：嗯。

M：一是你们不得再增加新的销售商，只能是孟买合伙人公司和班加罗尔公司。

C：这个要求不合理！总得有个时间限制吧？不可能一直保持这样啊……万一他们的业绩都不好呢？

M：你可以提出你的想法。

C：销售商可以不增加，但是这个情况最多保持十年，或者直至与他们的合同终止。

M：我想确认一下，你的意思是说你们承诺十年之内不增加销售商，但是如果你们依法解除与他们两家的合同的话，那这个约定也随之解除？

C：是的。

M：那好。我知道你们关注的焦点是营业额，这个我和克莱谈。好，第二项是你们给他们的价格要在给班加罗尔公司的基础上打九折。

C：什么？这简直莫名其妙！为什么要给他们打九折？而且在我看来班加罗尔公司不关他们什么事嘛。

M：我知道，我理解你现在的心情。但是，你想听听克莱这样要求的原因吗？

C：她能有什么原因？

M：她认为你们将销售权给班加罗尔公司是背叛行为，所以只有给他们比班加罗尔公司低的价格才显得你们有诚意。

C：我们都是生意人。

M：我想她的意思是她需要有东西保证她能信任你。

C：信任我，那我凭什么信任她呢？他们的销售业绩一年比一年差。

M：她说如果只有两家销售商的话，可以保证 80 万美元的年销售额。

C：哦，勉勉强强。但是不管怎么说，打九折不行。

M：我认为她就是要个保证，如果你能给她保证，我个人认为可以解决。

C：怎么给她保证？

M：我不知道，你认为呢？

C：我可以和她互相保证，孟买合伙人公司每年达到一定的销售额，我就不解除合同。

M：不错，好主意。或者你们给他们的价格不高于给班加罗尔公司的价格？

C：这没问题。

M：嗯，对了，你们给班加罗尔公司销售权是个什么情况？

C：我想想。三年期限，普通许可……

M：普通许可？

C：对，我们希望将印度市场分成几个地区，每个地区都有销售公司。

M：那你们给班加罗尔公司的销售区域是他们州，嗯，应该是卡拉塔克邦，对不对？

C：是的。

M：但是给孟买合伙人公司的是全印度市场，不是吗？

C：嗯，孟买合伙人公司是我们的第一个合作伙伴。

M：刚才克莱说如果给她独家销售权的话，她可以每年销售 120 万美元。你看，大家都是生意人，都为了赚钱，对不对？

C：那这样你认为可行吗？我们给孟买合伙人公司除了卡拉塔克邦之外的全印度的独家销售权，孟买合伙人公司保证每年至少销售 120 万美元以上。

M：我觉得这是个方案。我得问问克莱。刚才克莱还有一项要求，希望你们赔偿 80 万美元的损失。

C：什么？我的理解是如果我们继续和他们合作，那么我们就不需要赔偿。再说他们哪里来的什么损失？

M：克莱是这样计算的，2010 年和 2011 年他们损失了利润，原因是因为班加罗尔公司。

C：班加罗尔公司 2010 年销售额不到 20 万美元，2011 年也只有 40 万美元。这对孟买合伙人公司的销售能有多大的影响？这样，我们最多赔偿 10 万美元，而且这个仅仅是为了表示我们合作的诚意。

M：好吧，我再和克莱谈谈。

与甘地夫人的第三次单方会谈

M：克莱，我刚刚和曹杰士又谈过了。

G：嗯，他接受我的方案了吗？

M：这样，你要求他们比照给班加罗尔公司的价格再给你一个折扣，他不同意。

G：那么……

M：但是他同意给你的价格不高于给班加罗尔公司的价格。

G：他保证？

M：这个没问题。而且呢，他可以给你独家的销售权。

G：那班加罗尔公司呢？

M：是这样，给你的独家销售权是改动过的，除了卡拉塔克邦归班加罗尔公司负责销售之外，其他市场由你独家销售。

G：如果是这样的话，那可以。

M：既然你们独家销售，那么赔偿方面是不是好商量呢？

G：他打算出多少？

M：10 万美元。

G：这样啊……

M：如果赔偿太多，恐怕他会认为无法再与你们合作。

G：那好吧。

M：他们那边有一个要求，你们要保证一年销售 120 万美元。

G：嗯……可以接受。

M：好的，我相信你们之间大致达成了和解方案。恭喜你们。

G：谢谢你。

M：我再和曹杰士先生谈谈，之后再敲定细节，你看怎样？

G：好的。

调解员的旁白：后来我与曹杰士确认方案，曹杰士认为可行。于是我召集双方进行最后的联席会议，敲定和解细节。

最终双方各自作出了让步，达成了和解。双方决定继续合作，甘地夫人放弃 200 万美元的索赔，并且不要求 MedPro 公司与班加罗尔公司解除合同。孟买合伙人公司与 MedPro 公司修改了原来的合同，合同规定只要孟买合伙人公司的年销售额在 120 万美元以上，MedPro 公司就不得援引"无因"解除条款，而且合同的有效期由一年变为两年，仍然是自动续期。依照新的合同，孟买合伙人公司取得全印度的独家销售权，但销售区域不包括班加罗尔公司所在的卡拉塔克邦。

第四节　案例评析

一、保持实质中立与形式中立

调解员在调解过程中应当时刻注意保持中立，这是开展调解工作的前提，也是与当事人建立信任的开始。在本章案例中，双方的争议是一个属于商业性质的纠纷。在这一类纠纷中，相较于"面子"等情感因素，经济利益是影响纠纷化解的主要因素，当事人对利益是否能够公正地分配、自身的利益是否能够得到维护更为敏感，因而调解员及时表示自己的中立立场十分重要。在该案例的调解过程中，调解员詹姆斯一开始便表示了自己的中立立场。

此外，詹姆斯向双方当事人表明自己的中立立场的同时，也介绍了自己二十年的调解从业经验，表现了自己的专业性，这也间接向双方当事人保证了自己作为调解员应当具备的中立性立场。显然，调解员单从形式上体现中立立场是不够的，具体的实质性表现还需体现在调解过程中，如调解员不能过多地干预当事人的自由，调解员不可直接或间接地对当事人进行评价，亦不能使用其专业知识去引导当事人作出决定。

二、挖掘立场背后的利益

利益的挖掘不仅能够让当事人收集更多可供利用的信息，同时也是为各方当事人提供表达需求的通道。在本章案例调解之初，调解员要求双方陈述自己的立场。甘地夫人认为 MedPro 公司的通知并不符合合同对于解约的规定，因此合同仍然有效，而 MedPro 公司在 2010 年之后拒绝供货的行为违背了合同的约定。甘地夫人的主张有三点：首先，要求 MedPro 公司对孟买合伙人公司的损失予以 200 万美元的赔偿；其次，保证今后继续供货；最后，要求 MedPro 公司终止与班加罗尔公司的合约，保证孟买合伙人公司的专有销售权。而曹杰士则称 MedPro 公司解除合同符合约定，因此 Med-Pro 公司与孟买合伙人公司的合同已经解除，MedPro 公司不会对孟买合伙人公司予以任何赔偿，而且既然合同已经终止，MedPro 公司就无须向孟买合伙人公司供货，并有权与班加罗尔公司签订销售合同。调解员见双方僵持不下，决定进入单方会谈的环节。调解员问甘地夫人希望如何解决纠纷，甘地夫人将之前的三点主张重复了一遍，并要求曹杰士道歉。调解员意识到甘地夫人的多项主张应该有轻重缓急之分，因此需要确定情况是否如此，并进一步明确孟买合伙人公司的根本利益在哪里。

通过与甘地夫人的第一次单方会谈，调解员发现孟买合伙人公司的主张虽然有很多项，但是孟买合伙人公司的根本利益在于与 MedPro 公司的合作关系，而不是索赔的 200 美元损失。调解员意识到孟买合伙人公司主张 200 万美元赔偿其实是谈判的筹码。在与甘地夫人的会谈中，甘地夫人表示如果计算到 2016 年，他们损失的利润应该是 200 万美元。很明显，MedPro 公司不可能在赔偿 200 万美元的基础上再与孟买合伙人公司合作。因此，调解员通过建立假设性的问题来询问当事人，"那如果合同能够顺利履行，你们就不会有 200 万美元的损失了，不是吗？"之后，甘地夫人要求调解员在与曹杰士谈话时先说其要求在合作的基础上获赔 200 万美元。调解员再次追问"如果对方提出一个数额呢？"甘地夫人回答"那要看情况"。至此，调解员已经挖掘出当事人立场背后的利益。首先，200 万美元赔偿要求只是谈判的筹码；其次，孟买合伙人公司希望继续合作，最好是继续拥有独家销售权；最后，孟买合伙人公司希望 MedPro 解除与班加罗尔公司的合同——但是这一点也可以商量。

在挖掘出这些信息之后，调解员觉得有必要与曹杰士谈谈，看看 MedPro 公司是否可能继续与孟买合伙人公司合作。在刚开始，调解员委婉地将甘地夫人的愤怒告知了曹杰士，MedPro 公司解除合同的行为是在市场成熟之后要撇开自己的合作伙伴。曹杰士非常坚持自己的主张，认为合同已经解除，声称 MedPro 公司不会满足孟买合伙人公司的任何要求。调解员同时告诉曹杰士，孟买合伙人公司非常看重与 MedPro 公司的合作关系。曹杰士表示自己不是故意要解除合同，但是孟买合伙人公司在仪器的销售方面停滞不前，所以必须解除合同。调解员告诉曹杰士，甘地夫人认为 2010 年销售下降的主要原因是查塔瓦利用了他从孟买合伙人公司获取的信息。曹杰士回应说他不清楚查塔瓦与孟买合伙人公司的纠纷，并表示甘地夫人的要求他们无法满足。至此，调解员也挖掘出 MedPro 公司的利益所在。首先，MedPro 公司在经营上仍然需要孟买合伙人公司，尤其是在查塔瓦被印度法庭禁止为班加罗尔公司工作的情况下；其次，MedPro 公司如果与孟买合伙人公司继续合作，则对方必须保证一定的销售额；最后，MedPro 公司不愿意在继续合作的情形下支付巨额赔偿。

因此，在挖掘出双方立场背后的利益之后，调解员发现双方利益有共同点，双方都希望继续合作。但是 MedPro 公司希望孟买合伙人公司保证销售额，而孟买合伙人公司则希望对 MedPro 公司有所约束，保证合作关系的稳定。正因为挖掘出了双方利益的共同点，调解员才能因势利导，引导双方形成解决方案，最终成功调解。

三、做大蛋糕

本案调解取得成功有各种原因，其中非常重要的一条就是调解员采取了调解共赢的策略。首先，对于本案的双方当事人来说，调解可实现各自的利益需求，诉讼却不能（至少是有很大风险的）。其次，对于本案原告孟买合伙人公司来说，诉讼根本就不能实现其利益需求。本案中，孟买合伙人公司在合作的前几年投入大量的资金和人力，逐渐打开了市场，因此孟买合伙人公司需要的是继续与 MedPro 公司合作，从而获得高额盈利。但是，对于能够通过金钱赔偿的方式解决的争议，美国法庭是不会判决履行合同的。因此，即使孟买合伙人公司胜诉，孟买合伙人公司也仅仅是获得赔偿。显然，这个赔偿的数额不会很大。首先，孟买合伙人公司之前的销售额不大，盈利就不可能太大；其次，因为双方有 90 天无因解除合同的权利，法庭有可能判决合同在 8 月 22 日（5 月 24 日解除通知之后的第 90 天）被解除，或者法庭可能认定合同自下一个终止期解除（即 2010 年 9 月 1 日），所以计算损失的期间也不会太长。而从 MedPro 公司的角度来说，他们解除合同的程序的确是有瑕疵的，如果是援引合同到期条款解除合同，那么合同应该在 2010 年 9 月 1 日解除；如果是援引"有因"解除条款，则涉及理由是否正当的问题；如果是依照"无因"解除条款，那么解除合同只能是在 8 月 22 日。因此，其解除合同通知所说的 2010 年 7 月 1 日终止供货反而成了合同解除程序瑕疵的有力证据。当然，这些都不是构成问题的关键，因为即使输掉诉讼，MedPro 公司也可以在 2011 年 9 月 1 日前解除合同。主要的问题在于，掌握了孟买合伙人公司销售信息的查塔瓦被印度法院禁止进行脉搏氧饱和度仪的销售，因此从销售的角度来讲，孟买合伙人公司成了现在最好的选择。

　　本案是典型的商业争讼案件，一般来说商业争讼案件当事人都是着眼于利益，没有过多的意气之争。正因为如此，如果一方多获得一分利益，另外一方就会少获得一分利益，但是利益除了以金钱的形式表现出来之外，还可以是未来的商机。解决本案的关键就在于调解员究竟是像诉讼一样来分割一块固定大小的蛋糕，还是帮助当事人把蛋糕做大，做大的份额能够超过当事人现在能够让渡的部分。换句话说，本案如果是用分蛋糕的思维，就不能实现双赢，因为本案不是意气之争，所以不双赢就不可能和解。而本案调解员采取了做大蛋糕的思维，实现双赢，同时满足了双方的利益，因而能够成功和解。

　　从法律上来讲，摆在双方面前的是诉讼的标的——对于合同是否解除以及因此产生的责任。但是调解员看到了双方可能存在的利益共同点——合作关系，而这个利益共同点不可能通过诉讼途径达到。调解员看到孟买合伙人公司继续合作的意愿，孟买合伙人公司前期投入了大量的资金和人力，已经将市场开拓出来了，眼前因为对方停止供货造成的损失与将来广阔市场中能获取的利润完全无法相比，但是依法律途径无法强制 MedPro 公司继续履行合同。调解员也看到了孟买合伙人公司的优势，孟买合伙人公司在印度法院胜诉，法院禁止查塔瓦从事脉搏氧饱和度仪的销售工作，因此孟买合伙人公司就成了在印度销售脉搏氧饱和度仪的最佳选择。既然 MedPro 公司关注的是仪器的销售量，现在它就有理由继续与孟买合伙人公司合作。因此在单方会谈中，调解员提醒曹杰士孟买合伙人公司的优势，使之认识到与孟买合伙人公司继续合作是最有利的。

本案成功和解之后双方签订的新合同有两个特别的地方：第一是合同的期限由原来的一年变为两年，第二是对 MedPro 公司援引"无因"解除合同设置了限制条件。这样做对孟买合伙人公司的好处是不言而喻的，孟买合伙人公司延长了合同的期限，而且避免了 MedPro 公司随便解除合同，因此合同关系比较稳定，孟买合伙人公司可以信赖。而这样的规定对 MedPro 公司也是有好处的：首先，孟买合伙人公司不再坚持其解除与班加罗尔公司的合同，从而避免陷入诉讼的境地；其次，超过 120 万美元销售额则不得无因解除合同的规定对孟买合伙人公司也是一种刺激机制，孟买合伙人公司必须努力保证销售额。因此，本案和解协议也体现了调解共赢的策略。

本案调解员采取了调解共赢的策略，挖掘到了双方利益的潜在"增长点"，帮助双方做大了蛋糕。调解员帮助当事人形成了符合双方利益需求的调解方案，最终保证了调解成功。

四、优劣势分析

在典型的商业争讼案件中，当事人都是着眼于利益的，没有过多的意气之争。相对于非商业型的案件来说，本案调解员在单方会谈阶段除了进行利益挖掘外，更重要的是帮助当事人进行利益排序，并在适当的时机提醒当事人可能出现的最优替代方案和最差替代方案。

在与甘地夫人的第一次单方会谈中，调解员就开始协助甘地夫人进行价值排序。调解员注意到了几项利益之间的优先性：合作关系、独家销售、解除班加罗尔公司的合同、200 万美元赔偿。调解员帮助甘地夫人对这几项利益进行了排序。

孟买合伙人公司要求独家销售权，以及要求 MedPro 公司解除与班加罗尔公司的合同。要达成这两项要求，MedPro 公司必然会对班加罗尔公司公司违约，MedPro 公司不太可能接受。但是从另外的角度而言，既然印度法庭以及禁止查塔瓦为班加罗尔公司工作，考虑到孟买合伙人公司强大的销售网络，其实独家销售权已经 MedPro 公司解除与班加罗尔公司的合同相对于继续合作的机会来说不是那么重要。调解员询问甘地夫人，如果 MedPro 公司愿意合作但是又不能解除与班加罗尔公司的合同，她能否接受。甘地夫人回答时略显犹豫。因此调解员提醒她班加罗尔公司不能再雇佣查塔瓦了，这时候甘地夫人明确表示在这点上可以让步。接下来调解员又对合作关系与 200 万美元的赔偿请求进行了排序，调解员确认 200 万美元的赔偿请求是谈判筹码，是次要的利益。

调解员还提醒当事人考虑了最差替代方案。在与甘地夫人讨论 MedPro 公司解除与班加罗尔公司的合同时，调解员提醒甘地夫人如果坚持这项要求，则 MedPro 公司就会拒绝和解，那么孟买合伙人公司就必须进入昂贵耗时且有风险的诉讼过程。在与甘地夫人的第三次单方会谈中，调解员转达了曹杰士的赔偿方案——10 万美元赔偿。当时甘地夫人还在犹豫，调解员提醒甘地夫人，如果索赔过高，那么 MedPro 公司就不会考虑与孟买合伙人公司合作了。

通过利益排序，调解员帮助当事人进一步明确了哪些利益不能放弃，而哪些利益是可以让步的，正是在这个基础之上，调解员才能协助双方形成一个大家都可以接受的方案。而调解员提醒当事人考虑了最差替代方案的效果也很好。孟买合伙人公司是不希望诉讼的，他们不熟悉美国司法制度，而且本案诉讼风险巨大，对孟买合伙人公司来说，诉讼就是最差替代方案。在甘地夫人有所坚持，可能导致调解陷入僵局的时候，调解员及时提醒甘地夫人，甘地夫人作出了理智的选择，避免了最差替代方案。总之，调解员运用了利益排序、最优替代方案与最差替代方案的方法，克服了调解中的障碍，使调解得以成功。

五、着眼未来利益

着眼未来利益是商业纠纷调解中常用的调解技巧，相较于一般的纠纷，商业纠纷更多地涉及经济利益的争夺，直白地讲，在这类纠纷中人们更关注的是"钱"的多少。调解员引导当事人不仅仅局限于争夺纠纷中现有的有限利益，而是引导双方当事人去关注未来利益，基于对这种未来利益的考虑，从而放弃追求分辨当前纠纷的是非对错，形成符合当事人意愿的解决争议的方案。比如在贸易纠纷中，单纯从法律角度考虑就只能判定谁负有责任且应当如何赔偿，其结果便有可能导致双方当事人长期的贸易合作关系恶化。调解员在调解中可以提醒当事人双方，如果能够继续保持良好的贸易合作关系，未来可能获得更多有利于双方的利益，以此让一方或双方当事人对当前争夺的利益作出让步，达成和解。

如在本章案例开始时，克莱·甘地夫人希望获得更多的经济赔偿，而曹杰士则希望减少经济赔偿。调解员通过引导双方当事人关注未来可能继续的合作机会，让双方当事人意识到通过未来的合作可以获得更多的经济利益，从而对当前的部分利益作出退让。运用着眼未来利益的技巧，虽不一定必然像本章案例一样促成双方形成在未来有明显可期利益的调解方案，但其更强调的是一种向前看的思维，让当事人将未来的因素纳入考量。这一因素既可能是未来的经济利益，也可能是其他的不特定利益。如在邻里纠纷、婚姻纠纷等人际关系更复杂的纠纷调解中，则可以突出强调双方当事人未来的关系。

第九章　房屋出租与维修案

第一节　案情简介

克丽丝·汀布莱小姐是一栋房屋的房主，该栋房屋为四层楼，总计 40 套公寓。由于房屋处于旧城区，加上房子有些陈旧，为了招揽更多租客，克丽丝·汀布莱准备对房子进行简单的装修。其中，房子的走廊与楼梯都需要粉刷，而木质的门廊和台阶需要重新修建。克丽丝·汀布莱考虑到这些工作难度并不大，决定从自己的租客中选择一位请求其帮助完成这几项装修工作。根据装修工作任务量及完成所需要的时间，她打算以两个月的房租来抵偿这几项工作的工资。经过询问，克丽丝与一位外来移民——胡安·卡洛斯先生签订了装修协议。协议具体内容如下：

第一，承租人需要完成整栋房子的走廊和三个室内楼梯的全部粉刷工作；

第二，承租人需要重新修建木质门廊和通往后门的四个台阶；

第三，承租人完成以上两项工作后，出租人将免除承租人两个月的租金作为装修修建的报酬（该承租人每个月的租金为 950 美元）；

第四，出租人承担承租人施工所需的所有材料及相关费用。

最后，胡安·卡洛斯花费了三个月的时间完成了房屋修缮工作。但在工作完成后，克丽丝·汀布莱认为胡安先生的工作质量不合格且耗时过长，不想兑现原定的条件，即减免胡安的房租，并要求胡安补交相应房租。胡安则认为，自己虽然花了三个月的时间完成工作，但耗时过长的主要原因在于装修房屋的实际工作量比预计工作量要多出许多，按照预计两个月的时间完成过于仓促。此外，尽管自己装修的工期超过了预期，但最后也顺利完成了原定的装修及修缮任务，理应获得原定的报酬。二人在房租与工资问题上产生了分歧，在争执不下的情况下，决定选择调解解决问题。

第二节　背景资料

一、法律背景资料

在该案例中，双方争议的焦点主要是由于装修房屋的实际工作量比预想工作量要大得多，承租人胡安未在两个月之内完成装修任务是否属于违约、胡安是否应该补交全部的房租。从约定的情况来看，合同中明确要求了胡安需要在两个月之内完成装修任务，胡安三个月才完成确实属于违约情形。胡安出于顺带帮忙的想法承接了房屋装修工作，但胡安并非专业装修公司，无法准确估计装修工作量，最后在装修的过程中发现工作量超过了预计，这是胡安违约的根本原因。同时，尽管装修时间超过了两个月，但是在后续一个月的装修工作中，房东克丽丝自始至终也没有向胡安提出过违约，因此胡安认为房东默认了工期的延长。在这种情况下，即便克丽丝将胡安诉至法院，很难确保法院是否会判决胡安违约；即便法院判决胡安违约，也很难支持克丽丝的全部诉讼请求。即使法院判决克丽丝胜诉，并支持了克丽丝的全部诉讼请求，其最后获得的赔偿并不会比诉讼支出的成本高出多少。

二、双方的背景资料

（一）克丽丝·汀布莱的背景资料

克丽丝·汀布莱与承租人达成装修协议的另一原因是同情胡安这位承租人。胡安初来美国，对很多事情都很不熟悉，并且他英语说得也不太好。胡安在承租的过程中总能够准时交房租。此外，据克丽丝·汀布莱观察，胡安是一位安静的、中规中矩的、勤奋工作的租客，非常爱惜房间，与其他租客关系也非常融洽。整体来说，胡安给人留下了不错的印象，并且克丽丝认为胡安经济困难并非出于自身原因，所以决定帮他一把。基于此，克丽丝·汀布莱决定与胡安签订维修协议，把相关的装修与维修工作交给他。胡安从 7 月初开始就按协议对房子进行施工，一直到 9 月下旬才完工，克丽丝没想到这项工作会花这么长时间，在她的认知里承租人胡安应该在两个月内完成全部工作。虽然房屋的维修工作现在已经完工，但是粉刷后的走廊有些地方仍有斑点，并且楼梯的扶手仍然有些摇晃。这是克丽丝·汀布莱对这次维修工作最为不满的地方，这些地方也很难通过安全检查。克丽丝·汀布莱甚至开始觉得这位租客是在利用她的慷慨，并怀疑他是非法移民。克丽丝·汀布莱现在的想法是从中要回至少一个月的租金，然后重新找人返工。

（二）承租人胡安·卡洛斯的背景资料

胡安·卡洛斯是承租人，最近的经济状况非常糟糕，在支付房租方面有些困难，刚好房东需要对自己租的房子进行某些方面的修缮，如果能完成她要求的工作则可以免除两个月的房租。所以胡安·卡洛斯和房东达成了一项装修协议，胡安需要在 7 月初到 8 月底这个期间完成整栋四层楼房的走廊和三个室内楼梯的粉刷工作及木制门廊和四个台阶的修缮工作。胡安·卡洛斯在 7 月初开始动工，到 9 月下旬才完工，总共花了三个月的时间完成这项工作，按照约定没有支付 7 月和 8 月的房租。但是房东指责胡安·卡洛斯工作时间太长，超出了约定的两个月工期，并且部分施工过于粗糙。对于房东的抱怨，胡安·卡洛斯表示可以理解，因为原本预计是两个月内完成这项工作。但胡安又表示，这项工作确实比预计的工作量要大，因为这栋楼有三个长楼梯，每一个都是从地下室延伸至四楼，为此他不得不重新安排工作时间。最重要的是，胡安·卡洛斯觉得自己从未向房东承诺过完工的具体期限。

胡安·卡洛斯认为自己付出了这么多的劳动后，房东应该感到很满意，因为她只花了两个月房租的钱就可以找人完成这么大量的工作，是很划算的。但是现在房东又要求他退还两个月的房租，胡安·卡洛斯认为这很不公平。

胡安·卡洛斯真的很想要一个公平的交易，而房东的要求对自己来说很不公平，这让他很沮丧。在这之前，胡安·卡洛斯一直是一个好租客，不仅准时交租金，而且与其他租客的关系也非常融洽。不过这栋楼地理位置优越，乘车和购物都很方便，胡安·卡洛斯确实非常喜欢住在这里，不想和房东发生冲突。此外，胡安·卡洛斯还怀疑自己是否被占了便宜，因为自己是来自墨西哥的新移民，房东可能会对自己有些不公平。现在胡安·卡洛斯怀疑她对待自己比对待本地的公民要差些。

第三节　调解过程

说明：字母 K 代表克丽丝·汀布莱，字母 H 代表胡安·卡洛斯，M1 和 M2 分别代表调解员戴西和凯莉。

M1：你们好，感谢两位同意来调解，我是调解员戴西。

M2：我是调解员凯莉。再次感谢两位能够来参加此次调解。有几件事情可以先问一下两位吗？

K：可以。

H：可以，完全没问题。

M2：那我们称你为胡安先生可以吗？

H：可以，直接叫我胡安也可以。

M2：你呢，你想我们怎么称呼你？

K：克丽丝小姐就可以。

M2：好的，克丽丝小姐！

M2：我想请问你们今天的时间紧张吗？

H：今天是特意空出了时间来参加调解，所以是有时间的。

M2：所以这次要谈多久都是可以的，对吗？

H：是的。

K：我也和胡安先生一样预留了时间，希望能达成调解。

M2：一般来说调解要花几个小时，所以我们今天需要花一定的时间。我想请问两位，如果最终达成了调解协议，你们能自主决定吗？

H：我完全可以，这件事本来就是我个人的事情。

K：我也可以，我的房子在我一个人的名下，完全可以由我自己做主。

M1：其实今天在这里进行调解就是给你们双方提供一个机会，希望能够借助这个机会找到双方都满意的解决方案。两位应该都知道，调解是一个自愿性的程序，你们自愿来到这里，也可以随时自愿离开。所以有什么关心的问题我们都可以敞开心扉地聊，如果有什么不愿意说的我们也不会强迫你们说。我们只是调解过程的组织者，只是中立的"第三方"，你们才是调解结果的决定者。另外，整个调解过程都是保密的。在调解以外的任何场合，我们都不得披露调解过程中所涉及的任何信息，法庭也不能传唤我们作为本次调解的证人。所以不要担心有什么信息会被泄露。现在我想请问你们，此次调解对于保密性有没有什么特别的要求？

K：我无所谓，唯一关注的是假如以后因为这件事去了法庭，我今天讲的任何话不能作为对我不利的证据使用。

M1：因为整个调解程序是保密的，所以法庭是知晓关于调解的内容是不能作为证据使用的。

H：我希望你们保证在法庭内外都不得披露关于此次调解的任何内容。

M2：我们保证绝不会泄密。现在我来介绍一下本次调解的几个程序：第一是联席会议。此次会议是让你们双方有机会一起讨论这个问题。第二，如果有必要可以进行单方会谈，就是调解员分别和你们二位进行一对一的会谈，在单方会谈中，你们不想我们披露给对方的话，需要告诉我们。其实我们扮演的角色就是聆听和转达各方的提议，然后让你们双方自己交流，了解你们的问题所在。我们不会站在任何一方的立场，最终的结果不是由我们决定的，而是取决于你们自己。如果大家需要小憩，也需要让我知道，休息以后再继续。你们还有问题吗？

K：没有。

H：没有。

M2：我们会对调解的谈话内容进行记录，但是调解结束后我们会销毁。如果最后两位达成协议的话，我们会根据笔记形成调解协议；如果两位达不成调解协议，也可以讨论下一步该怎么做，例如可以再次调解、进入诉讼或是进入仲裁程序等。有的调解程序中当事人希望在一开始就定下一些基本规则，例如：讲话过程中不能被打断。请问你们需要定下类似的规则吗？

H：没有。

K：不需要。

M2：那我们现在可以开始了吗？

H：可以。

K：可以。

M2：谁先开始呢？

H：我先开始吧。

K：好，那由他先开始吧。

M2：请问你们之间发生了什么事情，为什么会来调解？

H：我是她的租客，三个月前我们签订了一份协议，大概内容是由我负责帮她粉刷整栋房子的走廊和室内的三个楼梯，还需要重建木质的门廊和通往后门的四个台阶，她则免除我两个月的房租作为回报。但是当我完成协议规定的内容之后，我的房东认为我的工作耗时太长，而且觉得我工作粗糙，有些地方没有做好，要求我退还两个月的房租。在我看来，我们签协议之前她就已经知道我不是专业的维修工，协议中也没有说明我应该在多长的时间内完成。我觉得她对我的指责是很不应该的，她应该接受我完工的现状，因为这种结果是可以预见的。所以我不接受她要我退还她两个月房租的要求。

M1：所以，对你来说，事情是这样发生的。首先你们签订了一份协议，协议内容包括：你同意粉刷走廊和楼梯、修建门廊和台阶等，她则可以免除你两个月的租金，但是现在她指责你的工作质量不合格且耗时过长。而且在此之前，她知道关于这方面你不是专业的，你们也没有约定需要在多长时间内完成这项工作，我说的对吗？

H：是的，就是你说的这些。

M1：那我想问一下，在你们签署协议之前，你们对完成工作的时间有预期吗？

H：因为这是我第一次做这种工作，而且在签署合同前，我还没有完全走完过这三个楼梯，因为地下室我从来没有去过，所以并不知道地下室那一层还有楼梯。而且因为当时签协议时我的经济状况很糟糕，所以我就直接答应了她，就有了这份协议。

M1：那请问免除租金的这两个月时间是否在工作的时间内？

H：我们在协议中并没有指定是免除哪两个月的房租，但是从我 7 月开始动工时，她就自动免除了我 7 月和 8 月的房租。

M1：你刚刚说房东对工作的结果如何是可以预见的？对吗？

H：是的，因为房东知道我不是专业维修的，我只是一个学生，是她的租客而已。所以既然她当时决定找我，并和我签署了这份协议，那她对这个结果是肯定可以预见的啊。

M2：那关于施工的结果如何，你们在协议中有明确规定吗？

K：你们怎么和他谈了那么久，为什么只问他问题不问我？

M1：请平复一下你的心情，我们先问胡安先生一些问题并不代表我们忽略了你，这仅仅是调解的流程，我们需要一个个来，先询问一方再询问另一方，请你理解。

K：你们不要轻易地相信他的话，他不会说英语，说不定是非法移民。

H：你这是对我的人身攻击吗？

M2：请大家冷静一下，我们并没有偏袒谁或忽视谁，我们仅仅是按照流程办事，是绝对中立的。之所以一个一个地开始提问是想慢慢发现你们二位所争议事件的详细事实。所以克丽丝小姐，请你不要太激动，一会儿会由戴西这位美女调解员专门对你提问的，你不用着急。

K：好吧，你这么漂亮，我选择相信你。但是问题还是你们跟他谈话的时间太长了，我的时间比较紧，可以快一点吗？

（戴西回答克丽丝小姐）

M1：在调解过程中双方都是平等的，给他的时间有多少我们也可以给您同样的时间，如果你有需要的话甚至可以更长。这对你来说应该是一个好消息，所以请你耐心等待一下。

（凯莉继续向胡安提问）

M2：你们签订协议的时间是 7 月，但是至 9 月底才完工，粉刷和重新修建总共花了三个月的时间，但是协议上写的是免租两个月，那么请问你交了第三个月的房租了吗？

H：当然，我是很诚信的，每个月都准时交房租。

M2：好的，谢谢你的回答。如果你在听的过程中觉得我们说的话可能存在一些错误，你可以先记录下来，我们待会再讨论，或是直接向我们提出来也行。

M1：调解是一个很长的过程，如果大家想得到满意的结果是需要耐心的。

H：和美女调解员交谈其实我心里是很高兴的。

M1：我上一次做调解的当事人是山姆，你比他帅多了。

H：是吗？谢谢！那我们以后多多交流吧。

M1：不用以后，今天就可以。

M1：凯莉，你还有什么需要向胡安先生了解的吗？

M2：没有了。

M1：好的，胡安先生，我们对你的提问目前已经告一段落，现在我们需要向克丽丝小姐提问，了解一下她的想法，麻烦你稍等一下，可以吗？

H：可以，我完全没问题。

M2：好，那克丽丝小姐，我们开始吧。

K：终于轮到我了，你们问吧。

M2：麻烦你从你的角度，也就是在你的认知范围内，这个事情从开始到现在的来龙去脉是怎样的呢，请你说给我们听听吧。

K：可以。胡安先生一直是我的租客，我看他每个月都会按时交房租，从不拖欠，也很爱惜房子，并且和其他租客的关系也相处得非常融洽，但是经济好像并不宽裕。正好我的房子需要重新修葺和刷漆，我就准备从我的所有租客中选一个人来帮我完成这项工作，报酬是可以免除两个月的房租。据我之前的观察，胡安先生这个人看起来很老实，而且工作勤奋，虽然经济不宽裕但是好像也不是他自己的原因造成的。所以我比较中意他，向他咨询之后，他也同意了，因此我们就签署协议了。协议的内容和刚刚胡安先生说的没有太大的区别，但是有些地方我需要强调。我给他的工作内容很简单，一般人都可以很好地完成这些工作，所以我才没有找专业人士来完成房子的修葺和粉刷，而是决定从这些有需要的租客中选择一个人来完成。但是现在出现了墙壁粉刷有斑点、楼梯扶手不稳等情况，明显是他工作不认真所导致的。这样把我的房子搞得乱七八糟，我很伤心。在他的工作过程中，我不止一次暗示了他要在两个月之内完成，但是目前的结果却是他超过了两个月，花了三个月的时间才完成。

M2：所以你刚刚说的协议的内容和胡安先生说的差不多，是不是表示你对他之前所说的协议内容是认可的？

K：是的。

M2：感觉你刚刚用了很多事实来证明他是一个很好的房客？

K：他看起来是很好，但谁知道他工作起来并不像他表面上看起来的样子，真是人不可貌相。

M2：请问你和他认识有多长时间了？

K：并没有很久。

M2：所以其实你们对对方还不是特别了解？

K：是的。

M2：也就是说，其实在这几个月的观察中，你觉得他其他各方面还是不错的，和邻居们的关系也不错。

K：是的。

M2：所以现在的问题是你觉得他工作不认真、态度不端正，所以才导致这种结果发生，这让你非常不满是吗？

K：对，就是这样。

M2：那么对现在这样的结果你有什么想法吗？

K：他施工的时间比预期的时间超出过长，而且效果也不好，所以想要他退还两个月的房租。

H：怎么可能，我是不会退还的，我还做了三个月的工作呢。

M2：不好意思，胡安先生，麻烦你先安静一下，我们现在正在和克丽丝小姐谈话，如果你对克丽丝小姐的话有什么不满，我们待会可以给你们时间让你们自己再进行一次沟通。

H：对不起，我听到她的话太激动了，你们继续。

（凯莉继续和克丽丝小姐谈话）

M2：我们刚刚的交流还算愉快吧？

K：是的，刚刚的谈话还是很愉快的。

M2：你目前觉得还好吗？

K：嗯，还不错。

M2：我们知道现在不是最后的结果，但一切的等待都是值得的。你刚刚说到你是因看到他的经济不是很宽裕，所以才愿意让他用劳务抵房租的，是吗？

K：是啊，就是因为我这个人一直都很乐于助人，所以才选择这样帮助他。

M1：你们签订了正规的合同吗？是属于劳务合同吗？

K：什么是劳务合同啊？我不懂法律。

M1：就是说你们两个都是自愿签订的合同对吗？而且对合同的内容都很清楚？

K：是的，这是我们双方一起签的合同啊。

M1：那请问工作的时间在协议中有没有具体写清楚呢？

K：虽然没有，但我们平常聊天时我暗示过他。

M2：请问你的这种暗示具体指的是什么呢？你暗示到了什么地步呢？他知道这种暗示吗？

K：比如说，平常我会跟他说你尽量在 7、8 月内完成。还有比如 9 月份有新的留学生会过来租房子住，肯定需要一个好的环境等。

M2：你的暗示中是否包括如果他没有在 7、8 月内完成，会有什么不利的后果吗？

K：那倒没有。

M2：所以你看是不是我目前所理解的这个意思，就是协议中并没有写具体要在什么时间内完成这项工作，你只是在跟胡安先生平常的一些谈话中暗示他要在两个月内完成工作，但是也并没有暗示如果两个月内没有完成这项工作对胡安先生有什么不利后果，是我理解的这个意思吗？

K：差不多吧。

（两位调解员进行讨论之后认为有必要进入单方会谈，于是咨询双方当事人的意见）

M1：大致情况现在我们已经有所了解了，你们想不想再单独和我们聊一聊，如果有需要的话我们就可以进入单方会谈。

K：可以。

H：当然，她有些话我绝对不会接受。

M1：好的，那请问谁先开始呢？

K：我先谈吧，我可不想继续等。

H：那就女士优先吧，我是很绅士的。

M1：那好，胡安先生，那我们先和克丽丝小姐去隔壁的会议室进行单方会谈，可能会需要花费一些时间，麻烦你耐心等待一下。这里有茶水，请你随意。

H：好的，谢谢。

（两位调解员与克丽丝小姐一起来到了隔壁的会议室）

与克丽丝小姐的第一次单方会谈

M1：克丽丝，来杯茶还是咖啡？

K：咖啡，谢谢。

M1：那请问你这次来调解具体想要达到一个什么样的目的呢？

K：我刚刚已经说过了，需要他退还我两个月的房租。

M1：就只有这一点要求吗？

K：他能够做到就不错了。

M1：对啊，你看，你也知道他经济不宽裕，这两个月房租对他而言可能比较困难。

K：当然，否则之前我也不会选他来帮我完成这项工作，我说了我是个好人嘛。

M1：你也说你是个好人，而且也一直考虑到他的经济不宽裕，那你有没有考虑过让他少退还一点钱呢？

K：我现在不太想和你们聊天了。

M2：为什么呢？刚刚我们不是聊的还很愉快吗？

K：你也说了是刚刚了。现在你们给我的感觉就是都在替他说话，而要我妥协。但他把楼梯修得那么糟糕，假如有人踏上去然后跌倒了，责任是由我来承担的。墙面也粉刷得很粗糙。我对公寓进行维修是想尽可能把我的公寓做到最好，结果他导致我的想法不能实现。我先生早就告诉我，他不行，不能把工作交给他。但是我说他是一个新移民，他需要钱，所以我就把工作给他了。现在，我该怎么做？

M2：我们很理解你，你心地善良，是真心实意地想要帮助胡安先生。你也希望为你的租客提供好的设施，你是个很好的老板。我们也了解到胡安先生确实没有做好他的工作。但是如果你们双方都想达成和解的话，现在让胡安先生知道你的心情和要求才是关键。

K：那肯定要让他知道啊！毕竟我的出发点是为他着想的。

M2：到目前为止，我总结一下你刚刚所阐述过的内容：你希望他退还两个月的租金，而且你对他很生气，但是你也对他经济不宽裕表示理解。我说的对吗？

K：是的。因为我的房子目前还需要返工，所以我需要他退还我两个月的房租，我得重新去找个人把房子修好。

M2：你现在的主要目的还是要把房子重新修好，比如把墙壁粉刷好以及把楼梯修好，对吗？

K：对啊。

M2：你现在很生气，那如果胡安先生真诚地向你道歉，你还是觉得需要退还两个月的房租吗？

K：他道歉是需要的，但是我还需要找人帮我返工，所以我还是需要这两个月的房租。

M2：那你为什么不考虑叫胡安先生继续帮你返工呢？因为一般情况下有人会考虑这样做，毕竟现在已经知道问题在哪里，如果他返工的话可能会比较快一点。而且他还在你这里租房子，以后你们还会见面，这样你们的关系也不会继续恶化。

K：其实我也有过这个想法，但是我认为他还是需要退还我房租，不过可以少点，毕竟我知道他经济状况不好。

M1：你刚刚的意思是只要胡安先生帮你返工继续完成这项工作，你可以考虑要求他少退还一些租金，是吗？

K：是的。但是他必须在半个月内把返工工作全部做完，并且需要做得漂亮。

M1：那具体能减少多少房租你能确定吗？

K：其实只要他漂亮地完成了返工工作，我会考虑只要他返还我一个月的租金。因为我知道他本来就不宽裕，而且毕竟他之前也做了三个月的工作。

M1：好的，我们理解您的意思了，克丽丝小姐。请问你还有什么想要向我们说的吗？或是向胡安先生说的？

K：没有了。

M2：好，那我们的单方会谈即将结束，请问我们刚刚谈话的内容你认为有什么是需要保密的吗？

K：等等，我想问一下，整个调解过程中所说的话你们可以保证不向外泄密，但是他认识很多的外国人，要怎么才能避免他毁坏我的名誉？

M2：从另外一个角度来讲，你是否想过这也是个好的方面呢？他认识很多人，如果调解成功的话，他也会帮你宣传，你是一个好的房东，这样就可能有更多的人来租你的房子。

K：嗯，那好吧，我不希望胡安先生有诋毁我的行为。对于我来说，我看重的是他否能做好工作，我不希望他有一个我应该免除他房租的立场。但是你们要确保最后我同意他可以帮我在半个月内漂亮地完成返工工作，而我只要求他退还我一个月房租这件事情在待会跟他的交谈中绝不能让他知道，还有我们刚刚说的我不希望他抓到对我不利的事。

M2：好的，我们明白了。我们再重申一次，我们的工作是保密的，只要你不想让胡安先生或别人知道，我们是不能说出去的，你可以放心。谢谢你，麻烦你稍等一下，我们还需要与胡安先生进行单方会谈。

K：好的，反正该说的我都已经说了。

与胡安先生的第一次单方会谈

M1：胡安先生，让你久等了，现在可以开始我们的单方会谈了。

H：这里咖啡还不错。

M1：谢谢你的等候。

H：也谢谢你们花的时间。

M1：我们再重申一次，我们私底下的对话是保密的。当我们讨论到最后的时候，会再确认一下有什么特别的信息需要保密。你刚才还有什么没有谈到，现在想要在单方会谈中继续和我们谈的吗？

H：其实她一开始能给我这个工作机会让我可以免除两个月的房租，我是很感谢她的，因为我的经济一直不是很宽裕。但在我完成这项工作之后她居然还要我退还两个月的房租，我简直不能忍受。她说我花的时间太长，而且工作质量太粗糙，墙壁刷得不够好、楼梯还有些摇晃，那是因为克丽丝小姐根本不知道其中的工作量有多大，室内的三个楼梯每一个都直接连接到地下室，这是我在接这项工作前所不知道的。而且她也知道我是第一次做这种工作，对墙壁的粉刷和楼梯的修缮我已经尽力了，我认为有点瑕疵是在所难免的。但是克丽丝小姐还是嫌弃我做得不够好、耗时太长，我感到很沮丧。说实话，这么大的工作量在三个月内能完成，克丽丝小姐其实已经赚到了，现在她居然还要我退还两个月的房租，我很生气，我觉得她就是因为我墨西哥的移民身份，所以给我不公平的对待。但是我又不想和她发生冲突，因为我之前住在这里一直很愉快，邻居们都很友好，而且这里交通也很方便。但是现在克丽丝小姐的做法让我很伤心。最重要的一点是协议中从来没说过我要在多长时间内完成这项工作。

M1：其实克丽丝小姐也认为你是一个很好的房客，不仅爱惜房子，而且和邻居们相处得也很好。你刚刚说了你还是想继续住在这里是吧？

H：是的，毕竟我住习惯了，这里环境也很好。

M1：那你有没有想过怎么修复你们两个的关系，然后继续住在这里呢？

H：想是想过，但是不知道怎么做。反正我是不可能答应退还她两个月的房租的，我可是实实在在地替她做了三个月的事情。

M2：因为克丽丝小姐对你的工作质量不认可，那你觉得如果你是房东，你的房客把工作做成现在这样你会满意吗？

H：你是什么意思？为她开脱吗？

M2：请不要误会，我们只是想让你换位思考一下，你也说了你想缓和与克丽丝小姐之间的矛盾，其实你可以站在她的角度上考虑一下问题，说不定您可能会理解她这么做的原因。

（胡安沉默了一会儿）

H：我其实也知道我得工作完成的不是很漂亮，但我是个新手，以前没做过，没办法啊。

M2：请问你刚刚的意思是承认你的工作做得不是很好对吧？

H：是的。

M2：那你有想过怎样对你的工作进行补救吗？

H：最大的可能性也就是我再把房子不好的地方重新补救一下。

M2：也就是说你其实也愿意再把房子粉刷一遍并把楼梯也修好，对吧？

H：我说可以，但是她不可能答应。

M2：那可以在待会的联席会议中你们再讨论讨论。

H：再说吧。

M2：那你对克丽丝小姐要求你返还两个月房租的事情是怎么看待的？

H：我已经说过了，这是不可能的事情。我不可能白白工作三个月。所以她想要我返还房租的事情是不可能的。

M2：请问你是说返还房租的事情是不可能的，还是说返还两个月的房租是不可能的呢？

H：都不可能。

M1：好的胡安先生，我们明白了。那请问你还有什么需要在这次的单方会谈中向我们说的吗？

H：我没有什么要说的了，就是希望克丽丝小姐冷静冷静，也站在我的立场替我想想。

M1：好的，请问我们刚刚的谈话内容有什么是不能透露的吗？

H：最好不要把我肯继续把这项工作完善好的事情告诉她，其他的无所谓。

M1：好的，谢谢。待会我们将继续进行联席会议。

（两位调解员和胡安先生回到联席会议室）

M1：克丽丝小姐，久等了。现在我们将继续进入联席会议，你们还有什么话需要和对方说的吗？

K：胡安先生，虽然之前我们相处得很愉快，但是由于你这项工作的确做得不合我意，质量不好还耗时太长，所以我还是希望你退还我那两个月的房租。

H：不可能，坚决不可能。除非你支付我三个月的工钱。

K：那怎么可能，你的工作完成得那么差。

H：我的工作完成得不合你意，但是我确确实实替你工作了三个月，难道你想否认吗?

K:你是在诋毁我的人格吗?

H:难道你不是这个意思吗?

K:不可理喻!我们觉得我们之间没有什么好说的了,不如直接法庭见吧。

H:谁怕谁啊?

M2:两位请冷静一下,不要太冲动。

K:你看看他都说了些什么。

H:那你看看你都做了些什么。

M2:我想两位可能都理解错对方的意思了。克丽丝小姐并不是不承认胡安先生三个月的辛苦工作,同时胡安先生其实也并没有诋毁克丽丝小姐的意思,对吗?

(克丽丝小姐和胡安先生都不说话)

M1:好吧,那我们换个议题,刚刚你们都说到直接去法院诉讼,是已经决定了吗?

K:那取决于他。

M1:如果到最后我们的调解进行不下去的话,我们是可以一起探讨一下其他解决方案。

H:那可以诉讼啊。

M1:诉讼完全没问题。但是你们需要考虑一下诉讼只有一方能赢,而另一方必定会输,你们都有绝对的把握能赢吗?而且我想你们双方应该都不想把关系弄僵吧,毕竟胡安先生是一个好租客,而克丽丝小姐也是一个好房东,不是吗?

K:我原本是准备和他好好谈谈的,但是我不能忍受他说的话。

H:那你的话给我的感觉就是想直接否定我三个月的工作。

K:那是因为你都还没听我把话说完就打断我。

H:那你说吧。

K:我已经说了我现在不想和你说话。

M1:要是克丽丝小姐现在不想和胡安先生说话,可以先和我们聊聊。

K:你听听他刚刚说的话是什么意思,我本来考虑他是个外来移民,连英语都说不好,还好心考虑帮他一把,现在反倒是这种结果。

H：你这是在歧视我是个外来移民吗？

K：我现在已经没法和你沟通了，我要回家。

M1：胡安先生，你可以先冷静一下，我想克丽丝小姐并没有这个意思，她只是在陈述一个事实罢了，对吧，克丽丝小姐？

K：我说的本来就是实话啊。

M2：胡安先生，我想你需要冷静一下，不要太敏感。克丽丝小姐其实并没有歧视你是外来移民，而且也没有要否定你工作了三个月的事实。

H：好吧，那我为我刚刚的话道歉。

M2：我想你可以直接跟克丽丝小姐道歉。

H：克丽丝小姐，对不起，刚刚我有点冲动。

K：没关系，可能我也没有把话说清楚吧。

M2：对啊，我们就应该心平气和地好好谈谈嘛，其实看得出来你们双方都不想把关系弄僵对吧？

K：我们回归正题吧。胡安先生你没有把我交代的工作做好，而且时间已经超出了一个月，所以我要求你把两个月的房租退还给我。

H：那不可能，两个月太多了，你们都知道我经济不宽裕，我是不会也无法给你那么多钱的。

M1：那胡安先生，如果克丽丝小姐减少一点金额你愿意考虑一下吗？

H：那得看她愿意减少多少。

M1：克丽丝小姐，我们都知道你是个善良的人，而且也知道胡安先生经济不宽裕，你愿意减少一点金额吗？

K：如果减少一点金额，就不够我再重新请一个工人帮我返工了，那我怎么办，难道要我自己去粉刷墙壁和修葺楼梯吗？

H：你要是不嫌弃的话我可以帮你返工。

K：你是要我再接受一次这样的结果吗？

H：我已经有经验了，所以返工不会有太大的问题。

K：你如果保证能漂亮地完成返工工作的话，我可以考虑接受这个提议。但是你必须保证要在半个月内完成这项工作并且确保没有任何瑕疵，否则到时候我们真的要法庭见了。

M1：胡安先生，你怎么看克丽丝小姐所面对的这个难题呢？

H：这些条件我都可以接受，但是你不能要求我退还房租了。

K：那不行。

H：我都已经答应帮你返工了，而且也保证在半个月内完成了，你已经没有损失了。

K：我怎么可能没损失呢，你加起来总共多花了一个半月的时间。

H：之前我们的协议中并没有写要在多长时间内完成，所以我花三个月的时间完成工作是完全可以的，最多就是返工还需要多花半个月时间。

K：但是你的工作质量不合格。

H：那也是因为我没有经验啊。

M2：胡安先生你刚刚的意思是你承认没有把克丽丝小姐的工作很好地完成，确实有一些瑕疵是吗？

H：是的。

K：所以你还是需要退还我房租作为赔偿的。

H：我没有钱。

M2：胡安先生你的意思是只要有钱就愿意退还克丽丝小姐的房租吗？

H：那也不可能是两个月的房租，那太多了。

M2：那请问你觉得退还多少比较合适呢？

H：我觉得不退最合适，我平时还可以帮她介绍客源，来自我们学校的留学生还有来自我们墨西哥的移民，我都可以介绍他们来这里租房子。要是我多介绍几个，你不是就可以赚回来了吗？

K：那你能找来多少个租客呢？要是你能在一个月内帮我介绍十个租客的话，我可以考虑免除你这两个月的房租。

H：一个月十个这是不可能的，你也清楚这方面的行情，这有点太多了。五个行吗？我可以再帮你做一个月的卫生。

K：整栋房子的卫生吗？可以。

M2：如果我没有听错的话，两位是已经达成协议了是吗？

K：是的。

H：对，也就是说我一个月内再帮你介绍五个租客，还有帮你打扫房子的卫生就可以不退还你两个月的房租了，对吧？

K：不，还需要在半个月内帮我把墙壁重新粉刷，并且楼梯也要重新修好。

H：可以。但是我说的整栋房子的卫生只限于楼梯和走廊，并不包括每一个房间的卫生工作。

K：那当然，我说了我是个好人，我当然不会随意占你便宜的。但是丑话说在前面，要是你在一个月内没有帮我介绍过来五个租客，那你仍然需要退还我一个月的房租，并且需要打扫一个月的卫生。

H：完全没问题，放心吧。

M1：所以你们刚刚是已经达成协议了，对吗？那请允许我总结一下你们的协议内容，看是否正确，可以吗？

H：可以。

K：可以。

M1：协议内容如下：第一，胡安先生对克丽丝小姐的房子进行返工，重新粉刷墙壁和修缮楼梯，返工工作必须在半个月内很好地完成，不得有瑕疵。第二，胡安先生在一个月内为克丽丝小姐再介绍五个租客，并负责在一个月内打扫整栋房子的楼梯和走廊的卫生。如果一个月内胡安先生没有介绍五个租客过来，则胡安先生仍然需要退还克丽丝小姐一个月的房租。协议的内容就是我说的这些，没有遗漏吧！

K：等等，要是你在半个月内还是没有把墙壁粉刷好，楼梯也没有修好，那你还是需要退还我一个月的房租，行吗？

H：这个没问题，我相信我自己，我已经找到诀窍了。

K：OK，那就这些。把最后这条加到协议里就行。

M1：好的，那稍等一下，我们起草一下协议书，两位如果没有问题的话就可以签字了。

K：好。

H：可以。

M1：两位请看一下协议的内容，没问题就可以签字了。

H：没问题了。

K：可以签字了。

（两位当事人签订了协议）

M1：很久没有遇到这么好说话的当事人了。

M2：是的。

第四节　案例评析

本案是涉及金钱纠纷的典型案例，案情简单。案件的重点内容如下：首先，两位当事人是房东与租客关系，且二者之前相处融洽。其次，克丽丝小姐仅仅是不满意胡安先生的工作结果，并不是真正需要胡安先生退还两个月的房租。而胡安先生经济不太宽裕，所以相比诉讼，调解能够更好地解决胡安先生的经济问题，胡安先生也更容易接受调解。最后，双方当事人并不想破坏二者之前友好的租客与房东关系。本案虽然看似容易调解，但是仍然存在一些阻碍。在这次纠纷中涉及的两个月房租对克丽丝小姐而言是微不足道的，如果调解中胡安先生没有对自己的工作结果表态，承认自己的工作存在瑕疵的话，克丽丝小姐并不介意提起诉讼。从胡安先生的角度看，克丽丝小姐要求其返还两个月的房租对他是极其不公平的，如果克丽丝小姐在纠纷金额方面没有作出退让，胡安先生也可能直接提起诉讼。因为合同中并没有规定什么时间内必须完成工作，所以胡安先生有胜诉的可能。

在调解员的不懈努力下，经过联席会议和单方会谈，双方当事人在调解员的引导下自己提出了解决方案，最终达成了调解协议。克丽丝小姐并没有要求胡安先生退还两个月的房租，而是采取了一些其他替代返还房租的方案。双方当事人之间的关系也和好如初。案例演练中，调解员主要采用的调解技巧有：积极聆听、由当事人提出解决方案、换位思考、总结并固定调解成果等。

一、遵守调解的基本原则

自愿性、中立性和保密性作为调解的三项基本原则是整个调解的灵魂，本次调解过程中两位调解员将三项基本原则贯穿整个调解过程。首先，在调解开始时，调解员戴西向双方当事人解释了调解的自愿性、中立性和保密性。例如，调解员向当事人说明了当事人可以随时结束调解；调解员是中立的，调解员只是调解程序的组织者，并不能左右调解的结果；调解员未经同意不会将调解过程中所涉及的信息透露给对方当事人或任何人。其次，在调解的过程中，当当事人对调解员表示不信任时，调解员也重申了中立性原则。单方会谈中调解员凯莉和克丽丝小姐讨论了保密性问题，其实此时凯莉可以把话题继续停留在此阶段，给克丽丝一些时间，让她说出有关保密性的想法。与其一直对她重申保密性原则，不如问她对此怎么想，这才是本议题的核心。这样做可以让调解员尝试理解当事人。调解员在调解中不免会遇到挑战，比如说一些当事人在整个调解中会不断地产生疑问，调解员如何充分理解当事人的疑问，如何解答这些疑问，对调解员而言都是挑战。最后，在调解结束时，克丽丝小姐和胡安先生是否达成协议，以及协议的内容如何都由当事双方自己决定。

二、积极聆听

积极聆听并适当地重复当事人的陈述，并在重述的过程中确认当事人所要表达的内容与情感，会使当事人感受到被尊重与被理解，同时也会增强他们对调解员及调解过程的信任。调解员可以询问当事人为什么会有那些感受，这可以帮助当事人挖掘背后的利益。本次调解过程中两位调解员都将重述、提问、总结和确认等聆听的技巧运用得活灵活现，并且达到了不错的效果。

三、由当事人提出解决方案

调解员在适当的时候可以鼓励当事人自己提出解决方案。如当事人完全无法提出方案，调解员可以采用询问等间接的方式给当事人提出方案建议，但是一般情况下不要把一整套调解方案一次性地直接推给当事人，而应逐步引导当事人向自己设计的方案靠拢。途中如果出现当事人逃避的情形，调解员可以向当事人提出建议或相关方案，以便讨论后续相关议题。在此次调解过程中，克丽丝小姐一直在逃避情绪，拒绝表达自己的想法，此时调解员凯莉的做法很好。她适当地向克丽丝小姐提出了解决纠纷的建议。在克丽丝小姐接受调解员提出的建议后，后面的话题便围绕胡安先生道歉的作用和胡安先生返工等话题继续进行，顺利地推进了调解进程。

四、提醒当事人换位思考

在调解过程中，调解员如果能使当事人站在对方的立场上考虑问题，达成调解协议就不在话下。但是该技巧需慎用，一旦使用不当容易给当事人造成调解员不中立，偏向对方的假象。此时就是考验调解员的时候，调解员需要控制住当事人的情绪和谈话场面，让当事人相信调解员的中立性，在此基础上再提醒当事人换位思考。如果当事人已经不信任调解员，达成调解协议的可能性则微乎其微。调解员凯莉在与胡安先生的单方会谈中使用了换位思考的技巧，提出希望胡安先生站在房东克丽丝小姐的立场想一下问题的经过。当凯莉刚提出这个建议时胡安先生就变得很激动，认为凯莉是克丽丝小姐的帮手，想为其开脱。凯莉非常冷静地向胡安解释了其自身的中立性，使胡安先生相信调解员是中立的，并成功引导胡安先生进行换位思考。

由于本次调解的案情比较简单，当事人胡安先生比较和善，所以调解员才做了一个大胆尝试，在与胡安先生单方会谈时使用该技巧，这说明调解员的洞察力和判断力较强，能够准确判断出对待何种类型的人和在何种情况下可以使用哪种技巧。

五、总结并固定调解成果

固定已经取得的成果与聆听的技巧经常联合使用。在调解员重述和总结当事人妥协的意愿并要求当事人确认时，就是在固定已取得的调解成果。所以调解员在做一个活跃聆听者的同时，也可以选择性地将目前双方当事人达成合意的内容固定下来。最终没有达成调解协议的内容也不会影响已经达成协议的部分。

在克丽丝小姐同意胡安先生对房子进行返工时，调解员就应该把双方已经确定的该项成果固定总结，并要求当事人确认。很遗憾，当时调解员戴西小姐并没有这么做。所幸这并没有影响整个调解结果，最后双方当事人顺利达成了调解协议。如果最终双方没有达成调解协议，双方当事人可以对达成合意的部分进行和解，或仅对该部分达成协议。

第十章　颜家祖坟被挖案

第一节　案情简介

清明节是中国文化传统中极其重要的一个节日，人们一般都会选择在清明节祭奠已逝去的家人，寄托哀思，延续亲情。2011年清明节当天，岳塘区天霞村村民颜良（化名）率领全家子孙前往祖坟扫墓。可是当他们来到自家祖坟时，却发现祖坟的坟围子有一大半被周平（化名）家占用，而且周平家还砌了一米多高的围墙挡住祖坟，导致颜家后人进出扫墓很不方便。见此情形，颜家欲找周家理论，可是当时周家无人在家，于是，颜家在没有征得周家同意的情况下就将围墙拆了一个口子，方便族人进去扫墓。周平回来后，发现自家祖坟的围墙被拆，随即找到颜良，要求其将缺口修复。颜良本就对周平砌围墙之事不满，见周平还找上门来理论，心里更是不舒服。就此，双方发生了激烈的争吵。激动之下，脾气暴躁的周平表示，如果颜家不修复围墙，就要将颜家祖坟挖掉。颜家不得不表态同意修复围墙，但仍旧指责了周平。周平一气之下，于当天下午调来两台挖机，挖掉了颜家两座百年祖坟。颜家得知自家祖坟被周家挖掉之后，立刻召集了颜氏家族二十多人来到周家，讨要说法。颜家是当地大姓，闻听祖坟被挖，许多同宗村民都纷纷赶到现场声援。周家大门紧锁，周平也早已闻风逃避。周家这样的态度让颜家更加愤怒。周家随后赶来的亲戚，面对人多势众的颜家，却并不示弱，双方不但言语激烈，而且手握工具，相互推搡，肢体冲突不时发生。一场极有可能引发群体性械斗的宗族纠纷一触即发。

眼看矛盾愈演愈烈，事态渐渐恶化，周围的邻居报警。接到报案后，天霞乡司法所会同天霞派出所联同村委会干部，第一时间介入此纠纷，迅速赶到现场开展调解工作。当时现场一片混乱，颜家扬言如果周家不给说法，就把周家的祖坟挖掉，把周家家里的东西砸掉。天霞乡司法所所长罗某会同天霞乡人民调解委员会调解员李某赶至现场。现场气氛剑拔弩张，为了避免事件性质发生恶化，司法所工作人员赶紧先安抚好双方的情绪，同时了解事情经过。经过一个多小时的劝说，颜家人激动的情绪终于平复下来，附近看热闹的村民也陆续散去，一场极有可能引发群体性械斗的宗族纠纷被控制在萌芽状态，该纠纷也进入了调解阶段。

第二节　背景资料

一、法律背景资料

顾名思义，祖坟就是埋葬祖先的坟墓，在中国古代，人们多以家庭为单位建立墓区。祖坟与中国传统的祖先崇拜观念密切相连。早在殷商时代，中国先民就极其重视鬼神，并由此形成了鬼神崇拜，而其中最重要的内容之一就是对祖先的崇拜。彼时的中国先民认为先祖逝去后就已成为神灵，后人需要对这些神灵进行祭祀，以求得先祖的保护。在日常生活中，商朝人往往通过占卜的形式来寻求先祖神灵的指示以决定行动的方向，所以有所谓商人"无事不卜，无时不卜"之说。河南殷墟出土的甲骨文中有大量商人祭祀先祖的记载。当时的殷商王室甚至发明了世界上最为复杂的祖神祭祀仪式——周祭制度。远古时代的墓地只有墓室而没有坟头，但《周礼》上已经有了按照爵位决定坟墓高度的记载，说明贵族和大夫之家自周代已经开始封墓为坟，春秋时期这种做法应该已经进入寻常百姓家了。

中国先民之所以对祖坟倾注如此巨大的热情，其原因如下。第一，给予人们一种归宿感。人生存时要有归宿感，死后也要有归宿感，而中国历来以农业立国，重土地，表现为生时留恋乡土，死后则归葬祖坟，此为人生之最后归宿，因而后世也就有"入土为安"之说。第二，满足了人对永

恒的精神需求。坟墓是重偶像的产物，只要保存遗体，仿佛就可以精神
"不朽"。第三，维系代际联系和教化人心。中国古代宗法制下，祖坟起到
了维系代际联系和教化人心的作用。祖坟是本家族的源头、最高偶像物，
是家庭赖以兴旺发达的寄托所在，因而，人们将自己死后能体面地进入祖
坟视为人生的圆满，并通过对祖坟四时祭祀来维系整个家族。不准埋入祖
坟历来都是对死者的严厉惩罚。由于祖坟如此重要，故中国旧时有死于外
地者，亲人扶灵柩归乡（葬于祖坟）的习俗，即所谓"落叶归根"。第四，
显示社会等级，炫耀社会地位。坟墓是死亡文化中最能显示社会等级、炫
耀社会地位的一类形式。中国古代历来以此显尊卑，奖功勋，体现了以国
家为社会之中心、官吏为天下之楷模的政治格局和价值导向。

　　从文化的角度来说，祖坟与中国传统的孝道观念、风水观念和宗法观
念密切相关。

　　第一，祖坟与孝道观念。儒家思想素来是中国传统文化的主体和基础，
中国人受其影响至深。儒家主张"故人道亲亲也。亲亲故尊祖，尊祖故敬
宗，敬宗故收族，收族故宗庙严"（《礼记·大传》），意思是做人的道义是
亲近自己的亲人，亲近亲人所以能尊敬祖先，尊敬祖先则敬重宗族，敬重
宗族则团结贵族，团结贵族则宗庙严。《礼记·祭统》也指出："孝子之事
亲也，有三道焉：生则养，没则丧，丧毕则祭。养则观其顺也，丧则观其
哀也，祭则观其敬而时也。尽此三道者，孝子之行也。"这是指人子事亲的
三种孝道，即生养、死葬和祭祀。养则顺是说对于父母不仅要物质上供给
饮食，服劳奉养，而且精神上要承顺无违，不失其敬。丧则哀是说在父母
去世时要守丧尽哀，哭痛不已，疾痛在心。祭则敬是说要定时而且郑重其
事地祭祀先人。由此可见，对死者的厚葬和祭祀已经成为衡量孝道与否的
一个重要标准。长辈逝去后，应当为其选择一块合适的墓地，还要定时定
期进行祭祀，同时要保护坟地环境免受破坏。祭祖是联系死者与生者的重
要环节，通过祭祀，人们寄托对死者的哀思，延续与死者的情感交流。由
此，生者必须要重视对祖坟的保护，否则会遭受指责，会被视为不肖子孙。
一旦出现对祖坟的破坏行为，子孙后代会举全族之力进行反抗，即使是倾
家荡产也在所不惜。

　　第二，祖坟与风水观念。风水历来与坟墓相连。晋人郭璞著《葬书》

称，"葬者，藏也，乘生气也。……经曰，气乘风则散，界水则止，古人聚之便不散，行之使有止，故谓之风水。"可见风水之术也即相地之术，核心即人们对居住或者埋葬环境进行的选择和对宇宙变化规律的处理，以达到趋吉避凶的目的。受风水信仰的影响，中国古代的民间社会普遍认为坟山的风水能够决定家族的吉凶祸福。在风水观念影响下，子孙后代在为逝去先人营造坟茔时，都要慎重选择吉地。如前所述，古人相信人死后有气，气能够感应并影响活着的人，所以要选择生气凝聚之地安葬。而"山水合抱必有气"，这样才能聚气，并造福子孙。在给先人选好合适的墓地下葬之后，还要注意日常的保护工作。这主要表现为禁止多葬、盗葬，禁止损害祖坟的龙脉，禁止砍伐祖坟的"风水树"等。中国先人对祖坟风水观念的重视，还引发了民间许多关于坟产的争讼，这在中国传统诉讼中极其常见。

第三，祖坟与宗法观念。祖坟还同时与中国传统的宗法相连。宗法作为调整家族关系的制度，起源于父系氏族社会对祖先的崇拜。宗法制度的特点是宗族组织和国家组织合而为一，宗法等级和政治等级完全一致。宗法观念的最核心内容就是"亲亲"与"尊尊"。"亲亲"与"尊尊"的意思是要亲近应该亲近的人，尊重应该尊重的人。"亲亲"要求在家庭内部要"父慈、子孝、兄友、弟恭"，"尊尊"则不仅要求在家庭内部执行，而且在贵族之间、贵族与平民之间、君臣之间都要讲尊卑关系，讲秩序和等级。家族是中国传统社会的基础，家族主义影响很深，中国的家族非常重视祖先崇拜。一般来说，一个家族的成员都居住在一定地域之内，但由于社会变迁和人口流动，家族成员会分散在不同地域，致使家族成员之间交往变少，而通过对祖先的祭祀活动可以使家族成员聚集在一起，因而祖坟具有"聚族收宗"之意义。家族成员不但要在特定的时日举行祭祀活动，还要重视对祖坟的日常维护，祖坟和祠堂已成为宗族联系的纽带。宗族内部的家法族规也往往以祖坟或者祠堂为最重要的活动场所。

与祖坟相关联的最重要节日莫过于清明节。清明节是中国传统节日，也是最重要的祭祀节日，是祭祖和扫墓的日子。清明节祭祀的对象是祖先和去世的亲人，以表达祭祀者的孝道和对死者的思念之情。关于祭祀的时间，一般是在清明前后，但各地有所不同，湖南、江西等地多在清明节当天或者提前几天。关于祭祀的场所，清明祭祀可分为墓祭和祠堂祭，尤以墓祭最为普遍，而墓祭也正是清明祭祀的特色。在墓地祭祀，祭祀者离祭祀对象最近，容易引起亲近的感觉，使生者对死者的孝思亲情得到更好的表达与寄托。关于祭祀的方式，主要是整修坟墓、挂烧纸钱和供奉祭品。整修坟墓时要清除杂草，培添新土。

　　通过上述背景资料，我们可以发现，从道德的角度来说，挖人祖坟不仅是一种对先人的严重侮辱和侵害行为，而且还对后人的情感造成了严重伤害，这种伤害往往是难以修补的。从法律的角度来说，挖人祖坟同时也是一种违法行为。其一，根据《治安管理处罚法》第65条第1项的规定，故意破坏、污损他人坟墓或者毁坏、丢弃他人尸骨、骨灰的，处5日以上10日以下拘留；情节严重的，处10日以上15日以下拘留并罚款；其二，根据最高人民法院《关于确定民事侵权精神损害赔偿责任若干问题的解释》第3条第3项的规定，肇事者的行为侵犯到死者的遗骨或者骨灰，使死者的近亲属遭受了精神痛苦，其近亲属可向人民法院起诉请求精神损害赔偿。

二、双方的背景资料

（一）颜良的背景资料

　　颜良平时在家的时间少，但颜良的家族观念比较强，每次清明时节都会抽时间回来扫墓，他认为最近几年自己家里人丁兴旺也和祖坟的风水有关。这次回来祭拜，却发现周平在祖坟旁边起了一堵墙，让本来通往自家坟地的小路更加不方便了，今年一起回来扫墓的人又多，不太好站，有点恼火，就把墙踢塌了一点。想着墙修砌得也不怎么结实，就没太在意。后来，周平居然气势汹汹地跑过来理论，颜良一下子没忍住怼了周平几句。周平扬言要挖祖坟，颜良想到自己确实弄倒了周平砌的墙，但也是因为周平家的墙先把自家的祖坟挡住了，最后虽然答应帮他修补，但当时嘴上也不想输了气势，所以又骂了几句。没想到周平真的把自家的祖坟挖了，颜良极其愤怒，一方面是祖坟被挖在当地代表着不孝，另一方面这也是一件很丢面子的事情，所以一定要修理周平，不然落在别人眼里还以为自己家没能力。

（二）周平的背景资料

周平觉得自己的祖坟很久没有修砌了，前段时间修了一下，在旁边盖了一面墙，虽然把颜良家的祖坟挡住了一点，但是这毕竟算是自己家的地，而且近几年颜良家发展得好一些，自己却一直在家里种地，经济条件不怎么好，心里也有点不平衡，所以也没有考虑太多。到了清明这天，自己去上坟的时候发现墙居然被颜良拆了，周平觉得颜良有些欺负人，敢在自己家的地拆自己的墙，于是去兴师问罪。结果颜良一开始不仅不答应把墙补起来，态度还不好。一气之下，周平回去找了两台挖机就把颜良家祖坟挖了，挖完当时有点后悔，但是事已至此，挖都挖了，心里又有点虚，怕颜良找麻烦，所以只能找地方躲了起来。

第三节　调解过程

说明：字母 Y 代表颜良，字母 Z 代表周平，字母 Y1 代表颜某文，字母 Z1 代表周某河，M1 和 M2 分别代表调解员李某和罗某。

调解员在调解前讨论调解方案

M1：罗所长，你好！

M2：你好！这次的事情比较复杂，事件本身也比较敏感，周家挖祖坟的事情社会影响较大，而且，这是一起群体性的纠纷，还好我们提前介入，不然有可能会影响到全乡。这个纠纷涉及两个家族的重大利益，矛盾容易升级，处理得不好的话，也容易在两家之间留下矛盾的隐患。再者，由于这个事情闹得比较大，有媒体也关注到了这件事情，这对于我们地方的调解组织还是有一定的压力的。所以呀，这一次乡里集结多方的力量来妥善地解决这个事情，主要是我们两个人带队去做这个调解工作，其他单位和人员都会配合的。

M1：罗所长说的有道理，我表示赞同！我也认为这个问题比较复杂，颜家是一个大家族，因为是家族的矛盾，家族人数比较多，你一嘴他一嘴的，问题一下子很难说得清楚。另外，周平的脾气比较暴躁。在这种情况下，我认为调解工作需要先通过单独的、背靠背的沟通，通过劝导和说服的方法让两边都冷静一些，等两边都冷静下来了，能够好好思考的时候，再把他们约到一起谈。

M2：嗯，这个方案可以。然后，我认为现在怎么样打开两家的死结是最为困难的问题。虽然这一起极容易引起群体性械斗的纠纷暂时被压制住了，但当前双方的情绪还是比较激动，双方互相都很抵触，怎么样让双方能够平静地坐下来谈是个问题。另外，因为这种事情（挖祖坟）闹矛盾，更多的还是面子上很难过得去，面对面恐怕很难一下子谈得下来。所以，我同意你说的先进行单独的、背靠背的沟通。一方面，我们先劝一劝，安抚一下情绪；另一方面，看看他们各自都有什么想法，边调边看。

M1：那行，针对这个情况，我们制定了一个方案，由我们的乡、村调委会，组成调解工作小组，分头做两方当事人相关家族亲属的思想工作，通过这种方法，能够更快地有效化解这个纠纷。

M2：好，先这么办，辛苦啦。

M1：你也辛苦啊。

第一次与颜良背靠背调解

M2：你好，我是天霞乡司法所的所长罗某，主要负责来调解你和周平的这个矛盾。纠纷的大致情况我们都已经了解了，乡里对你们这个纠纷很重视，所以我们也是专门过来和你们商量一下，看看这个事情大家怎么和平解决。

Y：和平解决？（非常生气）绝对不可能，祖坟都被挖了，你能忍？先把周平打一顿，再把他们家祖坟挖了再说。你们是来帮他说好话的吧？

M2：当然不是，我是乡司法所的法律工作人员，是代表乡政府来调解你们的矛盾的，另外还有调解员李某。

M1：你好，我们作为调解员不会偏袒你们任何一方，这点你可以放心。你要是不放心的话，可以随时拒绝我们作为这个纠纷的调解员。

Y：……（沉默）

M2：首先，我建议现在还是要冷静一点，不要乱来，我们知道你现在还在气头上，发生这样的事情，我们也能理解你的行为。事情已经发展到这一步了，现在主要是来看看怎么解决大家才能接受，你有什么想法也可以先表达出来。

Y：哼！

M2：我们到这里来，就是为了帮你们解决这个问题，你这边要是吃了亏，我们也会帮你去争取补偿的。所以首先你们不要闹，闹也不是办法对不对？大家坐下来谈一谈，没有什么解决不了的是不是？要是作出什么出格的事情，派出所那边也不好交差呀。

Y：在我们这里，被挖祖坟代表着大大的不孝，也是大仇，这不仅仅是我一个人的问题，是我们全族人的问题，你要我怎么冷静？你说要怎么解决吧？

M2：这个我也是知道的，但是你们每年清明节都回来祭拜，说明你们对先人肯定是孝顺的，不存在不孝顺的问题，邻里乡亲们也都知道这都是突发事件导致的，都能理解。并且，这件事情你们是占理的，我也认同。但是什么事情都是能解决的，人肯定是不能打，要不你看看有没有什么条件愿意解决这个事情，事已至此，事情总是要解决的是吧。

Y：我是看在你们这些领导的面子上，先放他一马。要解决也可以，我刚才也说了，祖坟被挖是我们族里大家的事情，大家情绪都受到了影响，我们这么多人，要他先拿些钱来做精神补偿费。然后还需要补祖坟，两个老人合在一起重新葬可能还要买地，那还需要一笔钱。你们要他总共拿100万元来，这件事就算了，不然没完。

M2：100万元？100万元会不会太多了点。

Y：一分钱不能少，不然我也把他家祖坟挖咯。

M2：那行吧，我们先和那边说一下。

第一次与周平背靠背调解

M1：你好，我是人民调解委员会的调解员李某。这次乡政府很重视你们这个纠纷，专门组成了纠纷解决小组，我是这次纠纷的调解员之一。这次的纠纷比较严重，在乡里的影响也很不好，我们作为调解员特意来调解这个纠纷。这是乡司法所的罗所长，他是比较懂法律的，有什么法律问题可以咨询他，也能给你提供一些参考。

M2：你好！我是乡司法所的法律工作人员，也是负责调解你们这次纠纷的调解员，涉及什么法律问题，我都能帮你提供一些参考。

Z：你好！这个事情我咋知道怎么解决呐，谁叫他们先挖了我们的祖坟。我挖他们祖坟也正常啊。

M1：他们没经过同意破坏了一点点墙，也还算不上挖坟是吧。

Z：那也算是坟圈呐。

M1：不管怎么说，首先，我建议大家都稍微冷静一些，不然也解决不了问题，我们来做调解，也会帮助你们沟通，看看能想什么办法，让大家都能接受。

M2：我们刚才去了颜良那边，也劝了一下颜家，问了一下颜良的想法。所以，现在也来问问你这边是怎么想的。

Z：还能怎么想，挖都挖咯。

M1：你放心，我们也没有说要来追究你的责任，只是想看看有什么办法能化解这个纠纷。

Z：他那边是怎么说的呢？

M2：他那边的意思是你们挖了他祖坟，要你给些补偿。

Z：怎么补偿？

M1：颜良提出你们挖了他们的祖坟，不仅是他，族里的人的情绪上都受到了很大影响，要求一些精神补偿，另外修坟可能还要买地，需要一些费用，要你们这边承担。

Z：精神补偿？我还没要他们给我们精神补偿呢。他们要多少钱？

M1：颜家提出总共要 100 万元。

Z：100 万元？未免太嚣张了吧。告诉他们，一分钱没有。

M1：不要着急，我们也觉得这个数额有点多，所以还要问问你们这边的想法。先不说对错在哪边，这个事总要有个解决办法。钱的多少可以谈，不过至少我们有化解这个矛盾的方向了，让这个矛盾一直存在着也不是个办法，大家都是同一个乡的，抬头不见低头见，这个事情闹久了对谁都不好，耽搁的是双方的时间和精力，你说对吧？

Z：你说的是有道理，你们的面子我也是要给的，但是颜家狮子大开口，别说现在我没有这么多钱，有我也不会给。

M1：那有可能的话，你愿不愿意给些赔偿呢？不管怎么说，百年的祖坟，你说挖就给挖了，这搁谁都有些难以接受是吧。这搁以前，是大仇啊，你觉得呢？

Z：嗯，精神补偿我是不会给的，我们这边也有影响。修坟我可以出些钱，但也出不了多少。

M1：那你大概愿意出多少呢？

Z：3 万元。

M1：行，那先这样，我去和那边沟通一下。

调解员之间的第二次讨论

M1：100 万元也确实多了点，不过 3 万元和 100 万元之间的差距稍微大了一些啊。

M2：是的。两边现在都还有些情绪，不过颜家要价 100 万元也没有什么政策依据，也不是一定要 100 万元，只是被挖了祖坟后一定要讨个说法，主要也还是面子上的问题。周家这边拒绝赔偿，但是颜家要求的赔偿额度太大，周家不乐意也接受不了，这样调估计难以解决。

M1：这倒是。关键是从现在这种情况来看，要压低赔偿金的数额恐怕比较困难。

M2：是的。诶，要不要找找人？看看有没有分别在他们家里说得上话的人，找他来做做工作？可能他们说话比我们说话有用一些。

M1：这个办法可行，毕竟是在乡里，大家还是重面子的。

M2：我记得周某河好像是他们周家的吧，和我们关系也比较好，要不找他去试试。

M1：嗯，可以试一试。另外，颜家这边好像有个亲戚是某街道企业的负责人吧，好像和颜良关系也挺好，在他们族里也有些地位。

M2：嗯，是的，好像叫颜某文。

M1：那我们也去找他试试。

M2：行，看看他们愿不愿意帮忙参与调解一下。

（调解员们分别找到了周某河与颜某文，并说服了两人参与调解）

与颜良的第二次背靠背调解

M2：我们和周家沟通了一下，同时转达了你的要求。正好知道颜某文也是你们家亲戚，所以邀请他一起过来，大家一起商量商量。

Y1：良哥，事情我都听亲戚们讲了，我个人认为这次周平确实做得过火了些，不过这么僵着也不是个事，总要想个解决的方案，把这个事情了了。

Y：颜某文，你是我们后辈里比较有出息的了，你讲这个话也有些道理，你的面子我们也是要给的，不过这挖祖坟的事情怎么能说了就了呢？这要放在以前，你知道是多大的仇吗？

Y1：这个我是知道的，并且我也理解你，毕竟挖的也是我的长辈的坟，我也感同身受，觉得气愤。本来我也不愿意插手你们的事情，但是现在闹大了，乡里这么多的领导干部都来帮着解决，我们不给面子也不好，外人怎么看我们颜家，以后还有很多事情都需要别人照顾，你说是吧？

Y：那我也说了只要周家拿 100 万元出来，事情就能解决。

M2：周家那边说只愿意出 3 万元。

Y：3 万元？想都别想，我宁愿不要这个钱，也要把他们家祖坟挖了。

M2：别激动，数额是可以谈的，周家愿意出钱也代表他们认为自己理亏不是吗？而且要严格点来讲，要 100 万元还是有些牵强的，不管依据什么来算也没有这么多。

Y：哼！

Y1：良哥，我也了解了一下，周平也知道自己做错了事情，有些后悔，现在也不敢来见你，虽然别人做错事在前，我们也不能太小家子气了嘛。

Y：那好吧，30 万元，只要他们拿 30 万元出来赔，就算了。

M2：我们知道你已经作出退让了，但是 30 万元对于农村人来说也是笔大数目啊。

Y1：30 万元确实也不少了，我一年工资也才几万块钱呐。

Y：那他也要为他的行为付出代价。

M2：这一点我之前也说过了，作为调解员我不会偏袒哪一边。现在你家的祖坟被挖了，要求获得赔偿也合情合理。但是你也知道，在乡里哪有什么收入，30 万元我估计他们也赔不起呀。

Y1：是啊，良哥，他们赔不起也是空的呀。要不你看看，能不能再少点，我们两家也都这么多年的往来了。

M2：从各方面来讲，这个赔偿的数也很难确定呐。你要不要再考虑考虑？或者你看要是那边能主动给你赔个不是，你看你大人有大量，能不能让他少赔点？

Y：那好吧，我看在颜某文和领导的面子上，最少也要 10 万块钱，我已经退让很多了，不能再少了。

M2：好，我们也知道你做了很大的退让，那先这样，我们去和周平再沟通一下。另外，要是你们都冷静下来了的话，我们组织你们两家见面商量一下，好把事情都说清楚。

Y：见面谈可以啊，就怕他不敢来见我。

M2：要像你们之前那么大的阵势，见面谈可能是谈不成，人多也不好说清楚。下次要是见面谈，你看能不能人少一点，说得清楚一些。

Y：这个可以听你们安排。

M2：好的。

与周平的第二次背靠背调解

M1：我们刚刚从颜家那边过来，也了解了他们的想法，现在过来，再和你商量商量。然后，这次一起过来的还有周某河，你们也比较熟，所以我们叫他过来帮你参考参考。

Z1：你说这个事情你怎么这么冲动叻，一上来就把别人的祖坟挖了，这个事情换作谁都会生气嘛！

Z：那也是他们先挖了我们的墙，后面还来找我吵架，你也知道我脾气一向不好，我一冲动就把（颜家）坟挖了。

Z1：他们没和你说一声就挖了你的墙本来是他们的错，但是挖祖坟的严重性你应该明白啊，我们这里的习俗你也是知道的，对祖坟都很尊敬。

Z：这个我也知道，我承认是有点冲动了。他们现在是怎么说的，要我赔 100 万元怎么可能？

M1：100 万元确实很夸张了，我们在那边也做了些工作，颜家也做了一些退让，对方现在只要求赔 10 万块钱。

Z：但是 10 万块钱我也拿不出啊，我上有需要赡养的父母，下有两个正在读书的小孩，家里全靠我一个人养猪赚钱，砸锅卖铁也没 10 万块钱啊。

M1：要是我们再协商一下，再少一点你觉得能不能接受呢？毕竟都到了这个份上了。

Z：出点钱我也是同意的，不过我出不了多少这也是实话。

M1：这个我也能理解你。不过这个事情关键倒不是在钱本身，你也知道这种事情主要是说出去不好听，这次你挖了他们的祖坟，他们在外人眼里多少有些没面子，乡里大家又都比较好面子，要是这个方面能有点办法，可能要好解决些。

Z1：要我说的话，要不你到时候好好给人家道个歉，别人心里多少要舒服一些，钱的事情也好商量。

Z：我不道歉，道歉了我也没面子不是吗！

M1：周某河说的也有道理。毕竟在这件事情上损了面子的还是颜家，他们也是咽不下这口气，才要求赔偿这么多。要是你能道个歉，那边面子上也给足了，可能钱的问题又会好谈一些。

Z：唉。那行吧，按你的意思办，但是我可没什么钱，不要指望我能出多少钱。

M1：嗯，你有这个意思就行，钱的事情我们回头再商量一下。之前也问了那边，那边也愿意面对面谈一下，你看你这边愿不愿意和颜良面对面谈一谈，我们来组织。你放心，我们已经和他说了，他不会对你怎么样的，同意面对面把事情说清楚，只要你们情绪不要太激动。

Z：可以和他见个面。

M1：行，然后面对面谈，你也不要带太多人，一两个人就行，人多了不仅不容易把事情说清楚，也容易起冲突。

Z1：我可以陪你去。

Z：那行，那我就和周某河一起去。

M1：好，那先这么定，我们选个时间找个地方，再通知你们过来。

Z：好。

经过商量，两位调解员选择到司法所的调解室进行面对面调解。

面对面解调

M2：今天就清明节（周平）挖（颜家）祖坟的纠纷进行调解，《人民调解法》规定，调解有三个基本原则。首先，在当事人自愿、平等的基础上进行调解。就是说调解的过程和调解最后的协议都是基于双方自愿的，我们不会强迫你们来调解或者接受什么协议，另外在调解中你们是平等的，我们调解员不存在歧视、强迫、偏袒和压制哪一边。其次，不违背法律、法规和国家政策。最后，尊重当事人的权利，不得因调解而阻止当事人依法通过仲裁、行政、司法等途径维护自己的权利。我们希望能够通过调解解决你们的事情，不代表不允许你们去行使自己的权利。

M1：另外，如果你们觉得由我们来调解可能影响公平的话，也可以提出来，我们也可以回避。

M2：如果没有问题的话我们就开始调解，讨论一下怎么解决这个事情。

Y：没有问题，我还是相信各位领导的。

Z：我也没有问题。

M2：好的。之前我们也都和你们各自谈过两次了，你们的想法我们也都了解了，也都替两边传达了一些要求。今天你们两家能够过来，一是给我们面子，另一方面也代表你们还是愿意和解这个事情。

Y：只要他赔 10 万块钱，这件事情就算了。

Z：10 万块钱我没有，有也不给。

Y：你不给钱这件事情就没完，明天我就把你家祖坟挖咯，见你一次打一次。

Z：你来呀，谁怕谁。

M1：两位先平静一点，我们之前都说好的，面对面谈都别激动，既然过来了，就争取在两边都满意的情况下把事情解决掉。

Y：只要他赔钱，事情就好解决。

M2：别激动，之前多多少少也都沟通了一下，我们先谈一谈。

M1：为了大家都能把自己的想法说出来，我建议我们一个一个来，由我来主持，一方说的时候另一方尽量平静一点，有想法也可以慢慢表达，不要着急，两位没问题吧？

Y：可以。

Z：可以。

M1：好，那我们继续。这次你两家发生了这个矛盾，主要是你们两家的祖坟离得比较近，平时修坟什么的没太注意。不过话说回来，这也说明你们两家以前关系还是很好的是吧，听说两老以前也算得上是至交吧？

Z1：颜家和周家两家老祖的那一代是挚友。要不然颜家的祖坟也不能埋入周家的地方，后来，老人都死了，我们两家的关系也因经常要到那个地方去扫墓，还是比较好的。

M1：对吧，常言道"远亲不如近邻"，以前两家老祖肯定也是互相帮助过日子的，你来我往的，积累的情分也都算不清了。后人能够记得这份交情，也是值得称赞的。

Y：我听老一辈的说过，那时候家里生活比较困难，周家经常给接济些粮食。

Z1：是啊，这个我也听说了，好像是因为，有一次老人在后面的林子里被蛇咬了，还好及时被你们家老人碰到了给背了出来，才救回一条命，我们家老人很感激。后来，因为吃的东西比较少，老人就常常给你们家送东西，就是这样关系慢慢好起来的。以至于到后来，颜家老祖去世的时候，其他地方位置不太靠，周家同意埋在他们家地里面。

M1：这么说，两家还有救命的交情呀。你把你们老祖的救命恩人的坟都挖了，确实有点过了呀。

Z：这我哪知道呀！一时冲动就给挖了。

M1：当然，我们都知道你是冲动了。

M2：经过之前的沟通，颜良提出要求赔偿10万块钱。

Z：10万块钱我确实也拿不出啊。

M2：这个可以再协商协商。

M1：颜良，现在情况你也了解了。这件事情本来也是因为一点小矛盾，只是周平比较冲动，才把事情闹大了，现在他知道错了，比较后悔，也愿意给点补偿。但是你也知道，他们家经济条件本来就不好，10万块钱他们可能也确实拿不出来。

Y：那不可能就这么算了吧，这个事情就算告到法院按规矩办，他也要给我赔钱吧？

M1：从法律的角度来说，根据最高人民法院《关于确定民事侵权精神损害赔偿责任若干问题的解释》第 3 条的规定，非法利用、损害遗体、遗骨，或者以违反社会公共利益、社会公德的其他方式侵害遗体、遗骨的，对于这种侵权行为，虽然可以向人民法院起诉请求精神损害赔偿，但具体数额没有明确规定，法院判多少也不好说。另外，到法院去诉讼一下子也解决不了，祖坟一直放在那不弄好也不合适呀。这些也要考虑一下。

M2：而且周平也知道自己错了。这件事情大家也是争口气，也没必要把两家这么多年的关系就这么闹没了。

M1：是的呀，你看要不让他当面给你承认下错误，给你道个歉，赔偿那边你给他再少一点点？

Y：哎，行吧，我也不是不讲道理的人，要不是他做的这个事情性质太恶劣了些，我也不容易生气。这样吧，你让他当面给我道歉，赔偿方面，拿 5 万块钱出来算了。不看僧面看佛面，我也是看在你们的面子上。

M2：周平，颜良同意你道个歉，然后赔 5 万块钱，你看看能不能接受？

Z：我之前也答应你们可以道歉的，不过 5 万块钱我现在一下子也拿不出来，看看能不能分几次给。

M2：颜良，你的想法呢？

Y：可以吧。

M2：好吧，既然大家都同意这个方案，那就这么办好吧，周平，你给颜良道个歉，一码归一码，以后两家还是要来往的。

Z：良哥，对不起，这件事情是我太冲动了，我也没想到这个挖坟的严重性。你也知道，我没读什么书，也不会讲道理，那天和你吵了一架之后，气不过，没忍住，才做了这种错事。我们两家老祖以前关系那么好，我这个做后辈的挖了他的坟确实是非常的不尊敬。我在这里诚心地给你道个歉，给颜家的老祖道个歉，是我的不对。另外，赔的钱，我现在手上没这么多，我先给你 3 万元，后面再去亲戚那里凑一点，你看可不可以？

Y：钱不是最重要的，主要是你自己来道歉了，我心里要好受一点。在我们这里，你也知道，挖坟是大忌。这样吧，钱你就给 3 万元就行了，我也知道你家经济比较紧张。

Z：唉，谢谢良哥，我这也是一下子太冲动了啊。

Y：那就这样解决吧，回头坟补好了，你再来上点香，烧点纸钱，给老人赔个不是吧。

Z：行吧。

M2：好的，既然周平道了歉，赔偿的问题我们就签个调解协议书吧，主要也是留个依据，希望大家后面能够遵守调解协议书的内容。

Y：可以。

Z：可以。

最后双方签署了调解协议书，双方约定：（1）当事人周平当面在协调会上向颜家亲属代表赔礼道歉。（2）当事人周平对此次挖掘坟事件负有一定的责任，愿意一次性补偿颜家补修坟墓费及精神损害抚慰金等各项费用，合计人民币 3 万元。（3）当事人颜家亲属代表颜良对此次事件的调解表示接受，不再以任何理由就此事找有关部门及当事人的麻烦，同时放弃法律诉讼。周颜两家的纠纷，至此终于成功化解。

第四节　案例评析

一、平复当事人情感和情绪

当事人的情感和情绪在调解中是调解员应当格外关注的方面，其往往是影响纠纷走向的重要原因，也是影响调解成功与否的关键因素。如在本章的纠纷中，感情和情绪是激发矛盾的主要原因。根据前述背景资料，可以看到，祖坟对于一个家族来说具有特别重要的意义，尤其在经济较不发达、家族聚居较集中、传统习俗较为浓厚的农村地区更是如此。而且祖坟并非颜良一个家庭所有，还是当地许多颜姓村民共同所有，寄托着他们的哀思与亲情，也是联系所有颜氏族人的重要纽带。这样的一个纽带被周平给蓄意破坏之后，颜氏族人非常气愤，上门理论，而当事人周平逃避不理，其周氏亲戚也并不示弱，这更导致事态的不可控。正因为有了官方机构的及时介入，将当事人双方及时隔离，稳定了现场，并安抚了双方激动的情绪，这才将一件有可能引发大规模宗族械斗的群体性事件遏止在萌芽状态，也为将来调解的进一步展开提供了前提和基础。之后，调解员在调解开始时也优先对当事人的情绪进行了安抚，通过背靠背调解的方式，待双方都能够做到平静地交谈时，才展开面对面调解。

二、借助案外人的协助

在分析案情和讨论方案时，调解员一致认为首先要尽快找到当事人双方的关键人物，并以此为突破口，来疏导双方的思想，为将来"面对面"商谈打下基础。在中国的农村，每一个家族当中都有一些掌握一定话语权的人物，因其所具有的某种特殊的经济地位或者政治身份，他们在各自家族内部具有相当大的发言权。如果能做通他们的工作，对于解决家族之间的纠纷非常有帮助。调解员经过调查了解，及时地找到了当事人双方家族的关键人物。颜氏家族的关键人物颜某文曾任某街道企业负责人，与政府机构关系密切；周氏家族的关键人物周某河有较好的经济基础，正在筹办建筑垃圾加工厂，需要与政府机构进行良好的沟通。调解员积极和他们取得联系，做了大量工作，取得他们的信任，然后再通过他们来影响各自背后的家族。结果证明这一做法相当有效。

调解员们了解到正在筹办建筑垃圾加工厂的周某河急需了解环保政策，从而办理相关手续。调解员们主动和周某河联系，不厌其烦地帮助他解读办厂的优惠政策。刚开始，周某河不愿谈论周颜两家的恩怨，时间一长，调解员们的热情融化了周某河心中的坚冰，他被司法所工作人员的良苦用心所感动，主动告知调解员们周平的心理动态，并且与调解员们一起做周平的思想工作，希望他不要逃避责任。通过周某河的牵线，当事人周平对调解员们建立了深刻的信任，并且承认自己是因为冲动而犯下了错误，愿意公开向颜家道歉。

另一个关键人物颜某文，是颜氏家族颇有影响力的后人，曾是某街道企业的一名负责人，调解员们通过做颜某文的思想工作，希望他能发挥党员的带头作用，转变思路，尽快促成双方握手言和，平息矛盾。

三、活用法理情

本案调解过程中的最大亮点莫过于"情理"与"法律"的综合运用。

中国农村自古以来就是一个乡土社会，这种乡土社会的传统文化具有一种重情的特征。乡土社会多以小农经济为主，即使是步入现代工业社会后，在中国的农村仍然保留有许多传统乡土社会的因素。乡土社会的人们通常都在某一个地方长期生活，迁徙很少，彼此与周围的人之间都有或远或近的亲缘或血缘关系，他们自古以来即结下了深厚的乡土情谊，非常重视亲情以及由亲情衍生出来的同乡情或者友情等。由于生活缺乏流动和变化，人们彼此之间非常熟悉，相互依赖，从而形成一种强有力的道德约束机制，相互之间对人情极为重视，有时甚至将法律弃之脑后。但是，我们还应指出的是，现在农村的经济基础已经发生了巨大变化，人员流动也日益频繁，受到外界新鲜事物的影响日益增多，现代法律对农村的渗透也日益增强，乡土社会的人们在解决纠纷的时候也必须逐渐重视法律的作用和影响。

本案中的调解员敏锐地注意到了这一点。他们打出了两张"王牌"："感情牌"和"法律牌"。"感情牌"是"忆苦思甜"，周颜两家老祖本是至交，不然颜家的祖坟也不会坐落于周家附近。通过回忆过去，唤醒当事双方的情感交流。既然双方本是挚友，怎能做出挖别人祖坟之事呢？这从情理上无论如何都说不过去。"法律牌"是指根据现行法律规定，挖别人祖坟的行为是一种民事侵权行为，可以申请精神损害赔偿，侵权一方必须承担相应的赔偿。以情为主、出情入法、情法并用，这是本案调解的一大特色。本次调解运用了情法并用、双管齐下的手段，当事双方都有所退让，为案件的调解成功奠定了基础。

四、运用道歉

我国基层农村的很多纠纷起初都是由一些细枝末节的小事引起的，但双方都碍于面子而僵持不下，最后导致矛盾升级。因此，在调解中，调解员要注意是否可以在面子方面下功夫，找到调解的突破口。如我国有的地方就有"挂红"的说法，即发生了矛盾，受到伤害的一方不是硬要求对方赔付多少金钱，而是希望对方能在象征性的给予一点赔偿后，上门打封鞭炮"挂红"赔礼道歉，然后坐下来，喝餐酒，就算是挣回面子了，问题也就解决了。尤其是农村地区，邻里纠纷比较常见，双方都是乡亲邻居，谁也不想把关系闹僵，但就是因为争面子，认为退让就是怕了别人的表现，于是双方你不让我，我不让你，就这么僵持着。所以，这个时候调解员要是能够做通一方当事人的工作，让其道歉，纠纷就会变得容易化解。如在本章纠纷调解的后期，调解员说服了周平当面给颜良道歉，周平的道歉促使了纠纷的化解。

这迟到的道歉，让现场的气氛顿时缓和下来，颜家人的脸上也没有了当初的愤怒。考虑到事情已经发生，无法挽回，而周平认错态度良好，颜家人的态度悄然发生了变化，后面也降低了赔偿的要求。

五、鼓励让步

鼓励让步在调解中的应用也较为常见，在形式上既可以是鼓励一方让步，也可以是鼓励双方让步。尽管在我国调解的实践中，较为常见的现象是调解员强势地要求当事人作出退让，但这违背了调解基本的自愿原则。鼓励让步不是简单地压制当事人，从而让当事人作出妥协，而是在双方的矛盾之间寻找平衡。一般来说，当纠纷双方认为纠纷解决方案符合自己心中的利益平衡时，纠纷就较为容易化解。同时，调解中鼓励让步的方式也是多样的，这与调解所涉及的要素有关，如在上述案例中，调解员鼓励双方作出让步。

在这个案例中，调解员对颜良鼓励的是减少赔偿的要求，对周平鼓励的是面子上的让步。但是这个鼓励让步并没有让双方纯粹地减少所追求的利益，而是在物质利益与心理需求上做了替换，其中的心理需求在当事人看来也算得上是一种需求的利益。

第十一章　邻居院墙垮塌受伤案

第一节　案情简介

张建国 40 岁，与妻子王霞凤居住在天泽乡广平村。张建国夫妇的大儿子张大明在县城读高中，每个月才回一次家；小儿子张小明 10 岁，在上小学。李萍现年 50 岁，其丈夫陈国庆五年前过世。李萍有一子一女，女儿陈秀英 27 岁，已婚，在不远的县城工作；儿子陈军 24 岁，在外地工作，逢年过节才回家。张家与李家是多年的邻居，两家关系一向和睦，张大明和张小明都叫李萍"李奶奶"。

张李两家原来的房屋紧紧相连，共用一面承重墙（见图一）。两年以前，张家将自己的房子拆了盖新房，并用院墙圈起来一个小院子。新房在两家原来共用的承重墙这侧向张家这一边后退了一尺（见图二）。自从张建国家盖了新房之后，两家互相串门也少了，关系也没有以前亲密了。

新房盖好之后，李萍在原来两家共用的承重墙外侧挖了一条浅沟。张建国认为自己退了一尺，承重墙外侧是自己的地方，因此试图劝阻李萍挖沟。李萍说两家后面雨水积聚，必须挖一条沟才能排水。张建国见李萍态度坚决，于是不再反对，但告诉李萍不要把院墙挖垮了。一个雨天的晚上，李萍试图把沟挖得更深。张建国听到响动，来到院墙边查看，看到李萍直接挖到院墙脚下，就叫李萍不要再挖了，李萍不听。就在这时，张建国家的院墙突然垮塌，把李萍砸倒在地。张建国连忙喊妻子将昏迷的李萍抬回她家，然后帮李萍止血和包扎伤口，并打电话告诉李萍的女儿。李萍的女

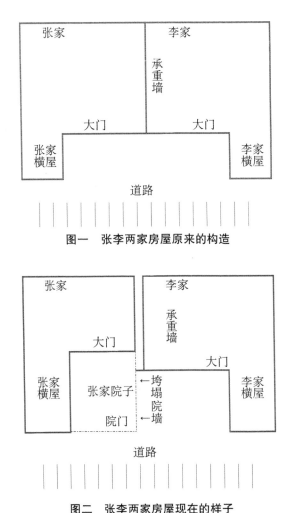

图一　张李两家房屋原来的构造

图二　张李两家房屋现在的样子

注：实线表示房屋外围墙体，虚线表示院墙；图的上方为北方，下方为南方。

儿连忙赶回家送李萍去医院。李萍住院总共花去 3 500 元。李萍认为张家的院墙砸到了她，因此张建国应该承担她的医药费。两个月后，李萍的儿子陈军找到张建国要求赔偿。而张建国则认为李萍被砸伤完全是因为她挖倒了院墙，纯属咎由自取，所以李萍不但应该自己承担医药费，而且应当对挖倒张建国家的院墙承担责任，赔偿 1 000 元。张建国和陈军发生争吵，继而推搡对方，陈军扬言要找机会教训张建国。

张建国找到广平村村委会，要求村委会主持公道。村委会调解了一次，但是双方无法达成一致。在村委会的建议下，张建国和李萍来到天泽乡人民调解委员会调解。

第二节　背景资料

一、法律背景

本案的案情比较简单，就是李萍在张建国的院墙外挖沟，结果院墙垮了，导致李萍受伤住院。李萍花费了医药费 3 500 元，而张建国重修院墙花了 1 000 多元。但是本案双方对院墙垮掉的原因有不同看法，张建国认为是李萍挖倒的，而李萍则认为是由于张建国家的院墙砌得不牢固造成的。除此之外，李萍认为她有权挖一条沟来避免潮气从张家流向自家，而张建国则认为李萍的看法有错，李家地面潮湿与自己没有关系。

因此，本案涉及两个主要的法律问题，首先是李萍的人身伤害和张建国的财产损失问题；其次是张家和李家作为邻居的邻里排水纠纷问题。对于第一个问题，从法律上讲，关键是看院墙垮掉究竟是什么原因造成的。如果是李萍挖倒了院墙，尤其是在张建国已经出言阻止的情况下，那么应该由李萍自己承担人身伤害的损失，而且张建国的财产损失也应该由李萍来承担。如果是因为院墙本身没有砌好，那么张建国显然对院墙垮塌是有责任的，但这并不意味着李萍就不用承担责任，毕竟李萍挖沟的地方是在张家的范围内，而张建国并未允许李萍在此挖沟。对于第二个问题，关键看张家是否从两家之间排水。本案中张家并未从两家之间排水，因此李萍的看法事实上是错误的。李萍认为即使张家没有从两家之间排水，但是由于张家的房屋地基比李家高，所以潮气就从地下流到了李家。值得注意的是，李萍这种理解在很多农村地区是很常见的。这也是为什么不管张建国怎么解释李萍都无法认同的原因。总之，从法律上讲，张建国不应该对李家的地面潮湿承担责任，但是本案中的当事人李萍以及周围的普通群众都不这么认为。

二、张建国的背景资料

张建国与李萍两家关系原本是非常融洽的，但是自从张家盖新房之后，张建国就觉得李萍的态度变了。李萍时不时地在旁人在场的情况下对张家出言讽刺，说张家比她家条件好，李萍等周围邻居不配与张家交往等类似的话。张建国认为李萍是在犯"红眼病"，自家条件相比以前是有很大改善，但是无论如何也没有富裕到令人眼红的地步，再说那也是自己辛苦赚来的钱。

李萍的丈夫老陈去世之前曾经要求张建国对李萍多一些照顾，而且要张建国不要着急修房子，免得房子拆了之后，两家房子对比起来李萍家房子显得寒酸。当时张建国答应了李萍的丈夫，但是张建国认为自己之所以答应，只不过是想李萍的丈夫去得安心，这不是一个认真的承诺。再说李萍的丈夫去世好几年了，而张家大儿子马上就要到婚娶的年龄，张建国认为没有理由不重新盖房子。

张建国修房子之后盖院墙的原因有两个，第一是家门前的路现在铺了水泥，经常有摩托车从门前经过，张建国希望小儿子在院子中玩耍能相对安全一些。第二，李萍很喜欢张家小儿子张小明，因此经常给小明一些糖果糕饼之类的零食，这些糕饼往往是李萍的亲戚朋友看望李萍的时候带来的，但是李萍一般会把这些食物放很久，张建国希望尽量避免张小明吃李萍给的东西，因此张家在盖了院墙之后也有意或者无意地锁上院门，这样李萍就进不来了。

张建国认为李萍受伤纯粹是咎由自取。李萍在刚开始挖出一条浅沟的时候张建国就出言阻止过。张建国认为两家原来是共用一面承重墙，也就是说墙体靠张家一面其实是张家的宅基地范围。李萍坚持要挖出一条沟，她的理由是不挖沟就会排水不畅，导致她家的地面经常湿漉漉的。考虑到当时李萍已经对张家心存芥蒂，而且她又是一人独居，张建国就没有坚持阻止李萍挖沟。但是李萍在下雨天把沟挖得很深，而且挖到了自家院墙的脚下，在张建国看来这是非常过分的行为。当天张建国已经非常郑重地要求李萍停止挖沟了，但是李萍仍然坚持，导致了院墙墙体垮塌。因此，张建国认为李萍受伤完全是自己造成的。

本来张建国是不打算要求李萍赔偿修院墙的费用的，但是李萍家恩将仇报的做法让张建国非常愤怒。李萍受伤之后，张建国夫妻二人在第一时间将李萍抬回家，而且帮李萍止血包扎，还及时通知了李萍的女儿。李萍非但没有任何感激的说法，反而要求张建国承担她的医药费，李萍的儿子陈军甚至还扬言要教训张建国。因此，张建国现在的态度是不但不承担李萍的医药费，而且要求李萍应当承担重修院墙的费用。

总之，现在张建国认为这一系列的事情都是李萍造成的，因此李萍必须自行承担医药费，而且还要赔偿张家重修院墙的费用。张建国同时还希望李萍或者陈军道歉。

三、李萍的背景资料

李家与张家已经做了 16 年的邻居了，两家的关系一向很融洽。两家共用一面承重墙，可以说是生活在同一个屋檐下。张建国的两个儿子都是李萍看着长大的，李萍还帮张建国带过张小明。李萍非常疼爱张小明，总是将晚辈送来的零食留给张小明。

自从张建国家把原来的房子拆掉之后，她就发觉自己似乎成了张家不受欢迎的人。以前李萍经常到张家去坐，张家人会给李萍泡茶，还拿出水果甜点热情招待。但是自从张家新修了房子之后，李萍去张家他们也不泡茶了，一副不冷不热的样子。李萍以前在张家坐的时候经常抱张小明玩，但是后来李萍发现张家似乎有意无意地防止自己与张小明接触。再到后来，张家干脆经常锁上院子大门，在发生过一两次屋里明明有人但是叫门不应的情况后，李萍就再也没有进过张家的院子。

老陈过世之前曾经让张建国好好照看李萍，而且张建国也答应不着急盖新房。但是在李萍丈夫过世之后才三年，张建国就把房子拆了盖新房。让李萍恼火的是，张建国家把原来的房子一拆，原来共用的一面墙就成为李家的外墙了。但是现在外墙墙皮剥落严重，还有好多破洞。有张建国家的新房做陪衬，李家显得非常寒酸，李萍心里很不是滋味。

李萍认为必须要在两家房子之间挖出一条排水沟。李萍家是那种老式的房子，在春夏季的阴雨天地面就会非常潮湿。张家修新房的时候，在原来的地基上填高了一尺，因此张家整个房屋比李家高出很多。李萍认为这加剧了自己家地面潮湿的情况。因此必须在两家之间挖出一条排水沟，一是让屋后的水能够排出去，二是防止对方地基下的潮气流到自己家来。但是李萍挖沟的时候张建国却出来横加阻拦，这让李萍很不满。张建国认为是李萍把他们家的院墙给挖倒了，李萍认为这是毫无道理的。李萍甚至有点怀疑是不是张建国在墙后面把墙挤垮了。当然，当时事发突然而且光线不好，李萍没有把握说一定是张建国挤垮的，但无论如何院墙垮塌都不是因为自己挖沟造成的。所以李萍认为张建国家的院墙把自己砸伤，张家应该赔偿医药费，或者至少赔偿一半的医药费。

李萍的儿子陈军去找张建国要钱，反而被张建国动手轰了出来。陈军从张建国家没要到钱，他把张建国的嚣张态度一五一十地告诉了李萍。陈军扬言要给张建国一点教训，虽然李萍知道打人是不对的，但是也仅仅是告诫儿子不要搞得太过分了。

现在李萍的立场就是要求张建国赔偿医药费，虽然李萍内心认为赔偿一半也可以接受，但是李萍没打算一开始就让步。

第三节　调解过程

说明：字母 M 代表调解员陶某，字母 L 代表李萍，字母 Z 代表张建国。

调解前的准备

M：早上好！

（将一个卷宗放在桌上）

Z：你好。

L：嗯。

M：那啥，这天有点冷，喝点热茶吧。

（起身泡茶端到张建国和李萍身前）

Z：谢谢，你太客气了。

L：谢谢你，大妹子。

M：哪的话，应该的。这样，我还是先介绍一下我们这儿的情况。我叫陶某，是我们天泽乡人民调解委员会的专职调解员。人民调解委员会是专门帮咱们老百姓自己解决纠纷的组织，我们调解是不收费的。

　　Z：这个我知道，我们村支书给我讲了，就是他推荐我们到你们这里调解的。

　　M：是的是的，我们这里调解不收费。我刚刚进来之前已经看过材料了。你是张建国吧？你看我比你大两岁，我喊你建国兄弟可以吧？

　　Z：没问题啊。

　　M：（笑呵呵地扭过头来）大姐你是李萍啰？你看我叫你大姐可以不？

　　L：可以可以。

　　M：好，那大姐、建国兄弟，我呢，今天担任你们这个案子的调解员。我听我们主任说，建国兄弟是同意选我做调解员的，那大姐你没什么意见吧？

　　L：那你既然是指定的，我信政府。

　　M：大姐，是这样的。我们人民调解委员会是在乡政府里头办公，而且我们主任还是乡政府的干部，但是呢，选择调解员还是你们自己说了算。

　　L：哦，这样啊……

　　M：不过呢，大姐你放心，你们两个我都不认识，如果你同意我做调解员，我一定不拉偏架。

　　L：我老婆子一个，没读过书，但是你要是偏心我可是看得出来啊。

　　M：那你放心，大姐，我 20 岁在乡政府参加工作，32 岁的时候开始搞调解，都搞了 10 年了。你去打听打听，都知道我是怎样一个人。

　　L：那好，既然你都这么说了，那我信你。

　　M：好，大姐、建国兄弟，那我们就正式开始。首先呢，我要问一下你们，如果我们今天调解有结果，你们两个说了都算吧？

　　Z：我没听明白。

　　M：我是这个意思，我看了建国兄弟你填的申请表，这个问题是涉你们两家的，我的意思是说要是有结果，你媳妇不会有不同意见吧？

　　Z：哦，那我说了算。

　　M：那大姐你呢？

　　L：我们家就我一人。

　　M：不是还有陈军吗？

L：我家陈军的事我说了当然算话。

M：那就好。这样，现在我先介绍一下我们今天调解的过程安排。我们调解就和平时的聊天差不多，不过多了几条规矩：第一是待会儿我们轮流说话，一个人说话的时候另外一个人不要插嘴，有不同看法自然有机会提。两位同意吧？

L：可以。

Z：没问题。

M：第二是要始终保持和气，不要吵架骂人。我相信两位都是讲道理的人，这个应该没问题，对吧？

L：谁欺负我老婆子，我和他没完！

Z：说什么呢，我欺负你了吗？

M：哎，哎，建国兄弟，还有大姐，都别动气啊。有我呢，有啥话和我说好不好？你们两位都放心，今天我主持调解，两位都会有公平说话的机会，不会出现谁欺负谁的事。

L：那行啰。

Z：好吧。

M：第三是这样，我们这个调解过程有个安排，你们知道的，万一有话不好说，可以单独和我说。

Z：我不太明白。

M：是这样，待会儿我们三个人一起，但是如果我认为有必要，那我就安排你们其中一位去我们旁边的那个小会议室休息，我和另外一个人私底下谈。谈完……

Z：那另外一个人呢……

M：是这样，我会和你们两位都分别私下谈。

Z：哦，明白了。

M：对，私底下谈话的内容是保密的，除非得到你的许可，我不可以把我们私下谈话的内容告诉对方。

Z：我没什么见不得人的。

L：我也是。

M：那更好，我也相信是这样的。不过待会儿如果有这么个程序的话，你们两位没有意见吧？

　　Z：只要是公平的就行。

　　L：我也是这个意思。

第一次面对面调解

　　M：好，我看咱们今天来都还挺有诚意的，我觉得吧，两位的问题没什么大不了的，我们应该能够解决。我们现在正式开始吧？

　　L：好。

　　Z：没问题。

　　M：是这样，虽然我看了建国兄弟的申请表，但是有蛮多情况，我还是不清楚，这样，你们两位都说说具体怎么个情况，好吧？建国兄弟啊，我看呢，大姐年纪大些，我们就让大姐先说，可以不？

　　Z：没问题。

　　M：那大姐，你就先说？

　　L：我说什么呢？

　　M：这样，你就先告诉我发生了什么事情。

　　L：哦，就是我屋子里地面潮湿，我就去挖一条沟，结果他们家院墙砌得不紧，一下子……

　　Z：话可不是这么说吧，明明是……

　　M：建国兄弟，我们刚才说好了的，大姐说话的时候你不要插话。

　　Z：这个我知道，但是她乱说话……

　　M：这个没关系，你有不同意见的话待会儿你自然有机会说，好不好？

　　Z：但是……

　　M：是这样，两个人相互打岔就难以把问题说清楚。这样，大姐，待会儿建国兄弟说话的时候，你保证不插话好不好？

　　L：可以。

　　M：建国兄弟，你看？

　　Z：那行。

　　M：这儿有铅笔和纸，你有什么意见就记下来。那大姐，你接着说吧。

　　L：说到哪儿了？哦，我在挖沟，然后他们家院墙砌得不紧，结果垮了，把我给砸伤了。

M：哎呀，那伤得严重吗？

L：我住院住了好几天，医药费都花了 3 500 元。

M：哦，那还是花了蛮多钱。那大姐你现在是怎么个想法呢？

L：我的要求不高，我要他们家赔我 3 500 元医药费。

M：除了这个呢，还有其他要求没有？

L：没有了。

M：建国兄弟的申请表上说这个事是上个月 5 号发生的，对吧？

L：是的。4 月 5 日。

M：大姐，你挖沟的地方是在建国兄弟他们家边上吗？

L：就是在他们家边上。我们房子之间有一点地方，我去年就在那里挖了一条沟，他还叫我不要挖。

M：等一下，大姐，你说去年就挖了沟？

L：是的。

M：大姐，你既然去年就挖了一条沟，为什么上个月又去挖呢？

L：他们家地基高，弄得我们家地面潮湿，我当然要把沟挖深一些啦。

Z：调解员，我有话说，我们家地基……

M：建国兄弟，你稍微等一下，我马上就让你说话，好不？

Z：好吧。

M：大姐，我听了你的话，你说你们家地面潮湿，你认为是因为排水排不出去，所以你在你们两家之间挖了一条沟。上个月你去把沟挖深一点，然后建国兄弟就从他们家院子里喊你，要你别挖了。就在这个时候院墙就倒了，把你砸伤了。

L：是这么回事。

M：那大姐你现在就是要求建国兄弟赔你 3 500 元医药费？

L：嗯……是的。

M：好，那我们这样，现在我们听听建国兄弟的说法，好不？

L：好。

Z：我们两家之前关系很好的，我们……

L：哎，说正事啰……

M：大姐，大姐，建国兄弟讲话的时候请你不要打断哈。

L：那好，他讲完再说。

M：建国兄弟，你接着说。

Z：那我就说正事。那天下雨，她在我们家院墙外头挖沟，那个地方本来就是我们家的，我就叫她不要挖了。结果她不听，都挖到墙根了，果然就把墙挖垮了啊。

她当时就晕过去了，还是我和我老婆把她抬回家，帮她包扎，还给秀英打的电话。

M：等一下，秀英是大姐的亲戚吗？

L：是我女儿。

M：哦，那你刚刚说那个地方本来是你们家的，是什么意思？

Z：我盖新房的时候大门左边的墙向后退了一尺，这一尺的地方当然是我们家的呀。

L：那我们家地面那么潮……

M：大姐，大姐，我们调解要讲程序，刚刚开始的时候说好了的，轮流讲，我保证你有机会讲话好不好？

L：好吧。

M：建国兄弟你刚刚说是你和你爱人把大姐抬回去的？

Z：是的，我老婆还给她包扎了呢。

M：大姐你知不知道？

L：我知道，当时我晕了，我醒过来秀英给我讲了。

M：大姐，我觉得建国兄弟人还是不错的。

L：嗯……我没说建国不好。

M：我觉得大姐你也是个讲道理的人。那建国兄弟，你们家的新房是什么时候建的？

Z：是前年建的。

M：你们两家的房子原来是怎么样的呢？

Z：我们两家的房子原来是连在一起的，中间隔着一堵墙，这个墙是共用的。后来我们家建新房，就把原来的房子拆了，我们又后退了一尺，才盖的房子。

M：哦。

Z：所以现在的房子之间有一尺宽的地方，那个地方是我们家的。

M：哦，我大概明白了。你说的房子连在一起，那你盖新房之后，你们原来的房子内墙成了大姐家的外墙啰？

Z：是的。原来是两家一起的，所以他们家墙外头的那地方是我们家的。

M：那你们原来的房子盖了多少年了？

Z：是我娶媳妇那年盖的，有 21 年了。

M：那我总结一下啊。建国兄弟你的意思是大姐挖沟的地方是你们家的地方，所以你不要她挖？

Z：对啊。我是好心劝她不要再挖了。

M：你刚刚叫她不要挖了，结果墙就垮了，对吧？

Z：是的。其实她们家潮湿不潮湿和我们家没关系。

L：哎，张建国你怎么胡说八道呢。你们家……

Z：我怎么是胡说八道呢……

M：哎，两位两位，我们有话好好说好不好？

L：是有话好好说，但是不能这么胡说八道吧，欺负我一个老婆子啊？

Z：你讲不讲道理，我们家排水完全走的另外一条水沟好吧。

L：你们家地基填那么高……

M：两位，两位，先安静下来，听我说。大姐你先喝口茶。建国兄弟，你也先停一下。

（调解员停顿了一小会儿，给张建国也添了水）

M：那，大姐，你先别插话，我们听建国兄弟说完好吧？建国兄弟，大姐说她看医生住院花了 3 500 块，你知道吧？

Z：我听说了。

M：那你现在是想怎么解决这个问题呢？

Z：那个 3 500 块钱我是不赔的。另外我请人重修院墙花了 1 000 多元，她要赔给我。

M：哦。还有什么要求吗？

Z：陈军还要给我赔礼道歉。

　　M：陈军是大姐的儿子吧？你这个要求申请表上没说，我得问问。

　　Z：是的。

　　M：陈军做了什么事情？

　　Z：不说还好，一说我就来气。我和我老婆好心好意救人，还打电话给陈秀英，简直是仁至义尽了。这个事情，我当时想的，就这么算了，要知道我重修院墙还请了人的呢，我自己也算进去，还供吃喝，还掏钱买烟，算起来我花了至少有 1 200 块钱。结果倒好，陈军跑到我家里来要钱，态度恶狠狠的，好像我欠他钱似的，非要我出钱，还说不出钱就要让我尝尝厉害。

　　L：你本来就应该出钱啊，我住院……

　　M：大姐，我们按照规则来讲话好不好？你放心，你肯定有机会说话。

　　L：好吧。

　　M：那后来你们是怎么处理的呢？

　　Z：陈军要耍横，还动手动脚的，我就把他推出去了。

　　M：所以你想要陈军道歉？

　　Z：不是，后来我听说陈军到处扬言说要教训我，还说要请黑社会什么的。

　　L：哎，什么请黑社会，可没有这回事啊。

　　M：这你是听谁说的？

　　Z：村里好多人都这么说。

　　M：哦。那我总结一下，你现在的想法是不愿意赔偿大姐的医药费，要求大姐赔你重修院墙的 1 000 元，然后你希望陈军道歉？

　　Z：是的。

　　M：还有要补充的意见没有？

　　Z：没有了。

　　M：大姐还有什么要说的吧？

　　L：陈军是性子比较横，但是他不会和黑社会沾边的。

　　Z：那他扬言要打我是真的啰？

　　M：建国兄弟，我先问问大姐。

　　M：大姐，陈军今年 20 多岁吧？

L：24 岁。

M：24 岁啊，年轻人啊。性子急躁也是正常的。他真的有说过要打建国兄弟吗？

L：具体我不知道，但是他肯定不认识黑社会的人。

M：那大姐，这个事情嘛，打人肯定是不对的，对吧？

L：我知道打人不对，但是陈军又没动手。

M：我觉得动口说要打人也不好，你看呢？

L：嗯。要是陈军真这样说，我回去教训他。

M：建国兄弟，你看，大姐这样表态了。你算是陈军的长辈，这个事情我觉得不是什么大不了的，你觉得呢？

Z：行，这个事情我不追究了。

M：好，那大姐接着说。

L：我也不是不讲道理的人。我们两家原来地面是一样高的，但是你们家新盖房子的时候垫高了地基，潮气肯定都往我们家流，所以我才要挖一条沟。我不管是不是你们家的地方，反正你们房子退了一尺地，空着又没用。我就是在墙边挖了下，又没有挖进墙里面，谁叫你家院墙砌得不好？说不定我那天不挖，墙也一样要倒。凭什么要我出钱。

M：嗯，嗯，大姐你的意思我听懂了，建国兄弟也听懂了。还有什么要说的吗？

L：就是要赔我 3 500 块。

M：好的。那这样，我刚刚听了两位的意见，我现在想和你们两位分别单独谈谈。大姐，你看刚刚是你先说的，那现在我先和建国兄弟谈谈，可以不？

L：你还要和我说话吧？

M：嗯，我和建国兄弟谈完就和你再谈，你放心，不会让你等很久的。

L：那好吧。

M：小易啊，带我们李大姐去旁边会议室坐坐，把电视打开。

背靠背调解

调解员第一次与当事人张建国单独谈话

M：建国兄弟，现在我和你两个人谈谈。我之前就说了，我们现在说话的内容是保密的。除非你同意，我是不会把我们谈话的内容泄露出去的，包括对李大姐。

Z：没关系，我又没啥见不得人的。

M：是的是的，你们之间也不是什么大问题。你看，刚刚大姐表态很痛快，如果陈军真的胡乱说话，她会回去教训他的。

Z：嗯。

M：你刚刚说你们两家房子盖了21年了？那你们做了20多年的邻居了啰？

Z：是的，当初就是一起出钱出人工起的房子。

M：那你们做了21年的邻居，应该关系处得不错啊？

Z：我们两家关系本来是不错的。我两个儿子以前喊老陈喊爷爷，喊李萍喊奶奶。

M：那现在呢？

Z：老陈5年前死了。李萍呢，自从我们家盖了新房子，她就得了"红眼病"，说话很损。

M：这样啊？你说说看她怎么个情况呢？

Z：我们家盖了新房子之后李萍就老是找碴儿。有一次塘外头的老孙两口子到我们这边来玩，我刚好回来，就喊他们喝茶。老孙两口子进我家的时候，李萍就说她不进来了，说我们家门槛太高，她怕摔着了。还有一次，我听屋前张裁缝家说，说李萍说的，"张家有钱了，瞧不起人了，我们这些穷人没资格和张家来往。"

M：哦，这样啊。

Z：你说这样的话气人不气人？我们家条件是比以前好些了，但是没有瞧不起人啊。再说就算我最近挣到些钱，也是辛辛苦苦挣到的，又不是偷的抢的，她干什么横挑鼻子竖挑眼的？

M：嗯，要是我听到这样的话，也会比较烦。

Z：就是嘛。

M：但是你是说大姐是在你们家修房子后才这样的？

Z：是的，以前她挺好一个人。我和我老婆要出门做工挣钱，有时候把小儿子小明交给她带。但是我们家修了房子之后她态度就变了，明显是得了"红眼病"。

M：嗯，我会和大姐聊聊这个问题。还有那个挖沟的事情，你是什么看法呢？

Z：我说了，那个地方原来是我们家的，虽然我盖新房子的时候退后了一尺，但是那个地方仍然是我家的啊。

M：嗯，不过好像去年就挖沟了，当时你怎么不阻止大姐呢？

Z：你想想啊，她都对我们家那个态度了，我要是不让她挖，她不跟我急啊。

M：哦，建国兄弟你的确会做人。

Z：谈不上会做人啰。不过呢，也是多年的邻居，这抬头不见低头见的，我也不想闹翻脸。

M：你刚刚说你最开始是打算这件事就这么算了的？

Z：是的。

M：你是说她的医疗费她自己出，你们家重修院墙的钱你也不找她要了？

Z：是啊。谁叫我们是多年的邻居呢？

M：但是你现在要找她要 1 000 元的维修费？

Z：人善被人欺啊！我不找她要修院墙的钱，她还反过来要医疗费。我早就给她讲了，叫她不要挖，万一把墙挖倒，她偏不听，果然挖垮了吧。

M：那这样，要是我待会儿和大姐谈谈，她愿意让步，那你这边呢？

Z：那你先和她谈了再说吧。

M：刚刚你们吵起来了，你说你们家排水完全走的另外一条水沟是怎么回事？

Z：是这样，我们两家原来是连一起的，排水是走她们家后面，然后走到她们家左边的水沟排出去的。

M：那现在呢？

Z：现在我们家在自己家右边挖了一条沟，从我们家前面就出去了，所以她们家潮湿和我们家完全没有关系。

M：哦，好吧。你刚刚告诉我的事情，我可以和大姐说不？

Z：我说了没关系，我又没啥见不得人的。

M：是的是的，我也觉得你是个直性子的人。不过我还是要问过你。

Z：嗯。

M：那我和大姐谈谈。

调解员第一次与当事人李萍单独谈话

M：大姐，让你久等了。小易啊，再给大姐端一杯茶来。

L：客气了。

M：大姐，您老今天赶过来辛苦了，怎么样，还好吧？

L：我这腿脚不太好，膝盖有点问题，一变天就不舒服，尤其是下雨天。

M：哦，怪不得呢。大姐你有一个儿子一个女儿吧？

L：是的，女儿大些，27 岁了，在县里工作。儿子 24 岁了，女朋友都还没有。

M：哦，都是大人了。那他们都没和你住一起吧？

L：是的啰，就我一个老婆子住在乡里。

M：就你一个人住啊？那啥，我刚刚和建国兄弟聊天，他说你们两家关系挺好的，说小明喊你喊奶奶，以前他们两口子出门做工你还帮着带小明？

L：是的呢，小明喊我们家老陈喊爷爷，喊我喊奶奶。小明挺乖的一孩子。

M：那你真是个好人。小明好像还在村里读小学吧？那现在你不带小明了吗？

L：一说我就来气。

M：啊？为什么啊，你跟我说说？

L：小明是个乖巧听话的小孩，我很喜欢，我真的是把他当亲孙子带的。我的侄子外甥给我带来的吃的，我都舍不得吃，都拿给小明吃。

M：哦。

L：但是自从他们家盖了新房之后，他们态度就变了。

M：哦，是怎么个情况呢？

L：他们就瞧不起人啊。我以前经常去他们家坐，他们态度很热情的，又给我拿凳子坐，又给我端茶倒水，还拿水果蛋糕给我吃。但是后来呢，我去了之后连板凳都要自己拿，更别说茶水了。还有一次更可气，有一天我吃了晚饭想去他们家坐坐，他们家里明明有人，可就是不开门。

M：这不会有什么误会吧？

L：怎么会有误会，他们家当时还亮着灯，堂屋里面还开着电视呢。

M：哦。那大姐，那后来你和建国兄弟他们家关系就不那么好了吧？

L：那显然不那么好了，他们家那样对我，我还能怎么样？

M：大姐，你觉得建国他们家对其他人态度怎么样呢？

L：嗯，我觉得建国他们家盖了新房，经常把院子门锁起来不让人进去，明显是瞧不起我们周围这些人。

M：那你有这个想法建国兄弟知道不？周围人知道不？

L：我是个心直口快的人，我有什么就说什么的。

M：哦，那你是有和邻居说过建国兄弟家发财了，瞧不起人这样的话吧？

L：这个……那什么，我是有说过，但这是他们瞧不起人在前啊。你想想，明明有人在家，故意不开门，这算什么？不就是嫌弃我们家穷吗？

M：嗯。你接着讲。

L：你看，他们家盖了新房，那房子上面贴了瓷砖，还是三层的楼房，多气派啊。我们家呢，还是原来的土砖屋，而且他们拆了的那边还是原来的墙，墙皮也掉了，好多烂洞。

M：嗯，那的确是不好看。

L：要不是我家老头死得早，多拿点钱，我怎么也要把房子再粉刷一下啊。

M：哦，那是，土屋现在还是不好看了。

L：就是不。建国当时明明答应我家老头子说不会盖房子，还要好好照看我的。

M：这是怎么回事？

L：我们两家是在一起嘛，我家老头快不行的时候和建国说，要他不要着急建房子，建国当时是答应了的。谁知道我家老头死了没几年，建国说话就不算数了。

M：你是说他盖了新房子了。

L：嗯。

M：大姐我再问问，你家老陈是什么时候过世的？

L：五年前吧。

M：那建国兄弟家的新房子是什么时候盖的呢？

L：两年前吧，不到两年。

M：那他要盖房子你没去问问吗？

L：他说话不算数，我去问有什么用呢。

M：大姐啊，刚刚你讲的我都听明白了。我觉得吧，建国兄弟也不是坏人，你想想，虽然建国兄弟对你不满，但是他还是马上和他爱人把你抬回去，还帮你包扎。

L：这个事我知道，我也没说建国人很坏。但是他们家墙建得不紧，把我砸伤了，居然还要找我赔修院墙的钱啊。

M：大姐，这个事呢，我刚刚问过建国了。你想想，建国说要你赔他修院墙的钱是什么时候？

L：就不久前啊。

M：对，就是不久前，是在院墙已经修好之后，而且在你们家陈军和建国兄弟闹腾了之后。

L：那又怎样呢？

M：建国兄弟说了，他原本没打算找你要钱。你看，他都把院墙重新修好了，想要钱的话不早就要了。

L：那他后来不还是要找我要钱。

M：这个事是因为你们家陈军那么一闹，换谁都会生气，你说是吧？

L：我不知道。那他现在还找我要钱吗？

M：大姐，说实在的，我真不知道。不过我觉得建国兄弟是个实诚的人，你们各让一步的话，我觉得我应该可以说服建国兄弟。

L：哎，哎，话是这么说，他不找我要钱，我还要找他要钱的呢。

M：大姐，你的意思我去给建国兄弟讲，不过你告诉我，你可以考虑少要点不？

L：嗯……这个嘛……要看他。

M：你有没有个数目呢？

L： 你先问问他看吧。

M： 那好吧。那你现在的立场就是要建国兄弟赔偿医药费？

L： 还有，我要挖条沟，要不然我家里潮气大，我腿脚受不了。

M： 哦，这个嘛，你不说我还忘了，建国兄弟说你们家潮湿和他们家没关系。

L： 这是什么话？怎么叫没关系呢，他们家高我们家低，潮气不就流过来了？

M： 大姐，你看，建国兄弟家盖了新房子之后在他们家右边挖了一条沟，对不对？

L： 是的啊。

M： 所以他们家排水都是从右边再走他家前面就排出去了。所以他们家应该不影响你们家的。

L： 哎，排水是排水，但是潮气是从他们家过来的，你看他们家高我们家低，那不就过来了。

M： 大姐，不是这么回事呢。

L： 哎，你是住街道没到我们农村住过吧？他们家高我们家低，湿气就过来了，我们都知道。

M： 大姐，你别着急。我不是要偏帮哪一边。我和建国兄弟再谈谈，看他同不同意在你们两家之间挖一条沟。

调解员第二次与当事人张建国单独谈话

M： 建国兄弟，我刚刚和大姐谈了谈。

Z： 她怎么说？

M： 是这样，你们两家这个事情呢，我觉得其实是有些误会。

Z： 她那个样子，那是她的事。

M： 建国兄弟，我干了这么久的调解员了，误会这个事情呢，很难说的。但是我发现很多误会其实都不是什么大不了的事情，一般两边其实都不是故意的。有时候可能说者无心，听者有意。

Z： 这个是有道理。不过你说李萍说的那些话，你觉得是无心的吗？什么建国瞧不起人，建国家门槛高。

M：建国兄弟啊，这个事情呢，我这么看。大姐的话是不对，但是说的是气话，你想想，你们家盖了新房子，他们家的房子还那么破旧，换谁心里都不会舒服。

Z：那也不应该那么说话啊。

M：建国兄弟，刚刚我和大姐谈，她说你们家盖了新房之后经常把院子门锁起来，还有一次她想去你们家串串门，结果你们故意不开门。

Z：啥？那不会啰。

M：我也觉得不至于啊，其中应该有什么误会吧。

Z：我们把院子门锁起来是有这回事，但是有人在家故意不开门那不会。

M：但是大姐说那天你们家电视开着灯亮着，明明有人。

Z：然后她喊门，我们家没人应？

M：大姐这么说的。

Z：哦，我知道是怎么回事，我和我老婆还有小明去小明姥姥家，因为停了一整天的电，所以我们也没有关电闸。估计第二天下午还是晚上就来电了，所以电视和灯都开着，但是家里没人。

M：这个事应该有很久了吧？

Z：是很久了，但是我记得，因为第三天回来我老婆就给我抱怨，说我不关灯不关电视，白白用了两天的电。本来打麻将输了钱，心里就不高兴，她一直说，我们就吵起来了，所以我记得很清楚。

M：原来是这么回事，我就说是误会呢。那你们在家也锁院子门是怎么回事呢？我知道你们那块邻居关系都不错，经常串门的啊？

Z：这个事呢，是这个情况。我们家门前原来是土路，现在村里打上水泥了。经常有很多摩托车经过，你晓得的，现在的年轻人开摩托车不注意。

M：你们家小明又还小？

Z：对啊，小明今年才 10 岁。所以我们没办法，只有把院子门锁上，要小明在院子里面玩。我们村头的王贵家的小孩就是在院子边上玩，结果被一辆摩托车压到了，腿都断了。

M：哦，原来是这样啊。

Z：其实呢，还有个原因……

M：哦，什么原因呢？

Z：嗯，这个……

M：建国兄弟，有什么话直接说，我会保密的，除非你授权我。

Z：是这么回事，李萍呢，哦，大姐呢，她有些晚辈有时候来看她，就给她送一些蛋糕啊，糖啊，饼干啊。她呢，又舍不得吃，就拿来给我家小明吃。

M：这不挺好的吗？你们都说小明把大姐当奶奶，你们关系不错。

Z：我知道大姐是疼小明，但是她那些东西都不晓得放了多久，有时候都过保质期了。

M：你发现过？

Z：有一次小明拉肚子了，还送医院了。所以后来我就很注意，有一次她拿给小明的蛋糕就过期了，我就要小明别吃，然后悄悄地扔了。

M：所以你们就把院子锁着？

Z：没办法啊？总不能给大姐说你别给我家小孩吃零食，吃坏肚子吧？

M：我明白了。还有我刚刚和大姐谈了一下她房间潮湿的问题，她认死理，就认为潮气是你们家流到他们家的。

Z：我知道啊，我之前就和她讲过好多回了。她就是不听。

M：那建国兄弟啊，你们家旁边那么窄的地方也没啥用吧？可不可以索性大方一点，就让她挖一条沟呢？

Z：那要看她啊，她现在还要我赔 3 500 块钱呢。

M：嗯。

Z：如果她不要我赔钱，我可以让她挖一条沟，不过地方仍然是我家的地方啊，这个要说清楚。其实挖沟不起作用，她们家潮湿主要是因为是土地面，只要打个水泥地面肯定就不会那么潮。

M：这样啊，我明白了。这样吧，我再和大姐谈谈？

Z：可以啊。

<u>调解员第二次与当事人李萍单独谈话</u>

M：大姐，我刚刚又和建国兄弟谈了谈。建国兄弟说了，他比你年轻，让着你也应该。所以如果你要挖一条沟也可以，不过地方还是他们家的地方。

L：这可以啊，我又不是要占他们家的地方。

M：那就好，我们又解决了一个问题。大姐我再问下你们家大概有多少面积？

L：面积？我不知道。

M：那有几间房？

L：有个堂屋、两个房间、厨房，还有厕所在旁边。

M：堂屋有我们这个调解室两个大吧？

L：差不多吧。

M：还有就是大姐你说过你有一天想去建国兄弟他们家，结果你以为建国兄弟家有人，但是你喊门也没人应。

L：对啊，不欢迎就明说，何必这样搞呢？

M：大姐，这个事情我问了建国兄弟。他说他们家当时虽然灯开着，电视也开着，但是的确没人。

L：他知道我说的哪次？都这么久了他还记得？

M：还真凑巧了。建国兄弟说那之后的第二天和第三天他和他老婆吵了一架，还吵得很凶，你应该知道吧？

L：是有点印象。

M：建国兄弟说他们一家去小明姥姥家了，然后前一天不是停电了吗？他们走的时候没有特意关灯。所以第三天回来才发现灯亮着，电视开着。就因为这事，建国兄弟的爱人就抱怨建国兄弟，所以他们才吵起来的。

L：是这样啊。

M：对，所以说这个事是个误会。

L：那他们家有事没事把院子门锁着，这总不是误会吧？

M：这个事呢，建国这么做也是有原因的。

L：什么原因？

M：大姐你们村有个人叫王贵的你认识吗？

L：认识啊。

M：那王贵的小孩被摩托车压断了腿你听说了吧？

L：是有这么回事。

M：你们家和建国家门前不是土路铺上了水泥吗？现在经常有摩托车经

过，所以……

　　L：我懂你的意思了。你是说小明太小了……

　　M：就是这样，大姐你说，天下父母是不是都最关心自己小孩。

　　L：哦，那这样的话，我还以为……

（停顿几秒钟）

　　M：建国兄弟经常锁上院子门其实就是为了小明的安全。

　　L：好吧。

　　M：另外还有一件事……

（停顿两秒钟）

　　L：什么事？

　　M：大姐，你很喜欢小明对吧？

　　L：是啊。我把他当自己孙子一样的。

　　M：是这样，我知道你疼小明，建国兄弟两口子也知道，不过呢，你老经常拿一些糕点、糖果给小明吃。

　　L：是啊，小孩子喜欢吃这些东西啊。有什么不行呢？

　　M：这些糕点、糖果什么的你一般是怎么放的呢？会放冰箱吗？

　　L：就放桌子上啊。我家又没有冰箱，再说我也吃不得冷东西。

　　M：大姐，你知不知道这些食品是有保质期的呢？

　　L：你的意思是说，建国说我给他家小明吃坏了的东西吗？

　　M：大姐，大姐，不是这样，建国兄弟没这样说。

　　L：我对小明就像对自己的亲孙子一样的，我给他吃东西我肯定都会看一下，肯定没长霉、没坏我才会给他吃的。

　　M：大姐，我知道你疼小明，这个建国兄弟也知道。不过呢，有件事你大概不是很清楚，食品是有保质期的，即使没有坏掉，也不要吃。

　　L：那只要没坏不就没事啊？

　　M：大姐，食品有的可能坏了，但是看不出来闻不出来的，再说小明还只有 10 岁，小孩子的抵抗力比我们大人差，所以更要注意。

　　L：这样啊，那我倒是没注意。但是我怎么晓得保质期是多少天呢？

　　M：这个不一定，像生鲜的东西保质期只有几天，也有半年一年的。

　　L：关键是我老婆子又不识字，我看了也不认识啊。

M：就是啊，所以建国兄弟有顾虑也是情有可原的。大姐，说件事你可别不高兴啊。

L：你说。

M：有一次，你给小明吃的糖，建国兄弟发现过期了，不过也就过期几天。

L：我从来没管过过期不过期啊，我不知道啊。你看，我好喜欢小明的，才把好东西都给小明攒着，我真的不知道啊。

M：大姐，不要紧不要紧。建国知道你对小明好，他没怪你。

L：那建国不会再让我给小明吃东西了吧？

M：那不会，我倒有个好办法。你有什么吃的，不要直接给小明，而是给建国兄弟，建国兄弟先看看有没有问题，没有问题再让小明吃。

L：那现在我们闹成这样子，建国不会同意的。

M：是这样，大姐，你看你们之间这些事情其实都是误会。建国兄弟经常锁院子门并不是不欢迎你，而是怕摩托车碰到小明。又因为上次房间亮着灯的事，引你误会了。这样，我去和建国兄弟说说，肯定欢迎你去他们家串门的，好不好？

L：好的。

M：那我觉得你们之间的误会都解决得差不多了。你看我刚刚告诉你了，建国兄弟说同意你在两家之间挖一条沟，其实我觉得要建国兄弟帮忙都可以。

L：要是那样就挺好，我上了年纪，现在搞体力活搞不动了。挖一天的话后面几天腰腿都受不了。

M：挖条沟应该不是什么大问题。那大姐啊，刚刚我和建国兄弟谈的时候，他表态说了，他重新修墙的钱不找你要了。

L：那我的医药费还是要给我出啊。

M：大姐，我觉得吧，你们这么多年邻居，为了一点小事闹得不开心，也特别不值，是不是？我觉得建国兄弟表了态，你是不是也大度一点，让一步？

L：我给你讲呢，我老婆子一个，又没得收入，就是吃的低保，还有我老头子给我留的一点钱呢，让多了我可让不起。

M：那你说多少？

L：这样，医药费我自己出 1 500 元，剩下 2 000 元要建国出，可以吧？

M：哦，那好。那我再去找建国兄弟说说。

调解员第三次与当事人张建国单独谈话

M：建国兄弟，让你久等了。

Z：没关系。

M：是这样，我刚刚和大姐又谈了谈。关于房屋亮灯、你们要锁院子门还有给小明吃零食的事，大姐现在都知道情况了。

Z：嗯，她怎么说呢。

M：其实我就说，你们两家之间没什么大不了的问题，都二十多年的邻居了。她说她现在明白了，她还是很疼小明的，这你也知道。她只是不知道有保质期这一说，再说也不识字，所以……

Z：她疼我们家小明我知道，但是真的不能随便拿东西给小明吃了，本来小孩就……

M：大姐保证不再随便给小明吃零食，不过呢，我刚刚倒是有个建议，大姐疼小明，有好东西都想小明留着，所以我就给大姐说有什么东西绝对不能直接给小明，而是先给你，你看过了觉得没问题再给小明吃。你看怎么样？

Z：这样啊，也行吧。

M：那另外还有个事啊，你看大姐一个人在家，儿子女儿又不在身边，你们这么多年邻居了，你不应该多照应啊？大姐爱人老陈去世的时候还拜托你照看大姐呢。

Z：是应该，但是她那张嘴太酸太讨厌了。

M：建国兄弟啊，其实呢，大姐可能的确说了那些话，她说那些话一方面是因为你们两家房子的确差好多，她家房子看着又破又旧，所以心里不舒服。你要多让着点嘛。

Z：这个我知道。

M：另外她之所以说那些话，也是因为她误会了你们。以前她经常去你们家串门，后来你们家经常锁上院子，她不是又失望又烦躁的啊？

Z：你说的也有道理啰。

M：你看，现在误会都澄清了。你没事邀请大姐过去你们家坐坐，让她带小明玩，我相信大姐就不会再说那些话了。

Z：嗯，是这么回事。

M：都到这份上了，那个钱的事你看，应该怎么解决才好？

Z：这样，我重修院墙的钱我就不找她要了，她的医药费她自己出，然后我允许她在我们两家之间挖一条沟。

M：建国兄弟，是这样，刚刚关于钱的事，我问了大姐。她虽然没表态，但是我相信和她说说，她也会让步。

Z：那你的意思是？

M：我是说，你看大姐，一个人住，也没多少收入来源，子女又不在身边，你就让着点呗？我觉得如果你同意出 2 000 元医药费，我能够说服大姐接受。

Z：那不行。

M：那一半的话，1 750 元可以不？

Z：这不是钱多钱少的问题。这是谁对谁错的问题。

M：这不是谁对谁错的问题吧？

Z：这就是谁对谁错的问题，你想想啊，如果我给她赔了钱，那不就是说我承认她受伤我有责任了？

M：建国兄弟，你听我讲，我们这个调解不是打官司，赔点钱不代表什么。

Z：那还是不行呢，我给你讲，我们那里人要是知道我给李萍赔了钱，肯定都认为是我的错，所以不是 2 000 元或者 1 750 元的问题，这个钱我不能出，一分钱都不能出。

（停顿几秒钟）

M：建国兄弟，既然你说你们邻居们都这么看问题，那你也有道理。你看你们不是原来共用一面墙吗？

Z：是啊。

M：你们把原来的房子拆了，你们房子原来的墙就变成了大姐房子的外墙，上面破破烂烂的。你可不可以搞点石灰水泥帮大姐粉刷一下呢？

Z：你是说我不给大姐出医疗费，而是帮她刷下墙。

M：材料也要你出呢。

Z：材料费大概 400 块，人工费 200 块。没问题啊。

M：那你还可不可以帮大姐把家里的地面也打了呢？

Z：那人工材料都要我出就贵了。

M：反正都简单点搞，你看大概要多少钱？

Z：打地面简单点搞，他们家大概 80 平方米，材料要 1 400 块。人工的话要个师傅要个小工，他们家地面还要稍微挖一下，估计要三天，那么大概要 1 200 块的样子。所以材料要 1 400 块，人工要 1 200 块，总共 2 600 块。

M：那你看怎么个搞法呢？

Z：我家里还剩的有砂子和石灰，水泥也还有六七包，大概值个 800 块的样子，我自己出个人工，再喊上我徒弟，我不要工钱，她给我徒弟 400 块工钱。我最多出到这个样子。

M：我去给大姐说说。

Z：可以。

调解员第三次与当事人李萍单独谈话

M：大姐，我刚刚又和建国兄弟谈了一下，是这样，你的医药费他不愿意出。

L：什么？

M：大姐你先别急。建国兄弟不愿意出钱，但是愿意帮你把你们家外头那面墙刷一下。

L：那能值几个钱？

M：我还没说完，还帮你把房屋里面打个水泥地面。

L：打地面？那估计要点成本吧。

M：是的，建国兄弟讲了，你们家地面潮湿是因为你们家是土地面，挖条沟不管用，简单点打个水泥地面就好了。你看你腿脚本来就不好，打个水泥地面要的。

L：那我要出多少钱呢？

M：建国兄弟那里剩下的有 800 块的材料，他直接给你。他自己帮你搞，不收人工费。但是他带的徒弟当小工，你要付 400 块钱，其余就是买材料的钱，大概 600 块钱。

L：我还要拿 1 000 出来？

M：是的，你拿 1 000，建国兄弟相当于出 1 600 块。

L：这样啊。

M：大姐，这个事不仅仅是钱的事情，我听说建国兄弟是搞这一行的老师傅了。他出马帮你搞肯定比别人要尽心尽力。你要是请别人估计你多出四五百块搞出来还没他搞的好，你看是不是这个道理？

L：那就行吧。不过他这个要搞好几天吧，那估计要做饭吃。

M：大姐，我觉得你的房子搞好了，邻居关系也搞好了，这才是关键，做几顿饭招待师傅也是应该的。

L：那是啰，我不是小气。不过我年纪大了，怕一个人张罗搞不过来。

M：那这个简单啊，叫建国媳妇来帮忙做饭就是。

L：你去帮我说说？

M：没问题啊。三天五顿饭？

L：干脆六顿饭，花不了多少钱。

M：那当然好。那大姐，你们这个案子我觉得谈妥了，我再确认一下，建国兄弟不找你要重新修墙的钱，你也不找他要医药费；建国兄弟给你 800 块钱的材料，还帮你刷一面外墙，再把家里打上水泥地面，不收他自己的人工费。

L：是的。

M：还有他会带个徒弟当小工，你付 400 块工钱。再就是你得说说陈军，可以的话要他给建国兄弟道个歉。

L：好的。

M：好，那我去和建国兄弟确认一下。

调解员第四次与当事人张建国单独谈话

M：建国兄弟，我和大姐都谈好了。你们的问题都解决了。

Z：那好的，感谢你。

M：我再和你确认一下。你不找大姐要重新修墙的钱，大姐的医药费她自己负担。你把你家剩的大概 800 块钱的材料给大姐，还帮大姐粉刷靠你们家那面外墙，再帮大姐在家里打个水泥地面。

Z：我不收人工费，但是我的徒弟要收 400 块人工费。

M：是的是的。大姐刚刚还说了，你们三天时间六顿饭她都管了。

Z：哦，那我就不客气了。

M：你看，大姐也是很通人情的人嘛，是不是？

Z：是的，我从来没说大姐不通人情。

M：那还有，建国兄弟你也知道，大姐的子女都不在身边，你们是这么多年的邻居了，你们得多打点招呼。

Z：这个当然。

M：大姐挺喜欢串门的，又挺喜欢小明，你们就多欢迎大姐去你们家坐坐。

Z：好的，没问题。

M：那个零食的事大姐也答应了，有什么吃的拿给你，你说行才给小明吃。

Z：没问题呢，我知道了。

M：大姐也表态了，说要陈军给你道个歉。

Z：那就算了，也不是什么大事。

M：那挺好的，都圆满解决了。

Z：还要感谢你，辛苦了。

M：没事，这是我的工作，还要感谢你们的信任呢。

调解员陶某把李萍请到调解室，再次重复和解的方案。按照双方的意见，没有签署调解书，而是在案卷中记载了和解的方案并请双方签字按手印。至此案件顺利结案。

第四节　案例评析

本案案情简单，标的额不大，但是相当典型。我国农村地区的纠纷往往不是简单的法律上的权利义务纠纷，其中往往掺杂着当地习俗、情感、面子问题，涉及各种各样的利益问题，即使这些利益可能不属于法律调整的范围。

本案中，调解员并没有一上来就寻找法律规制，然后根据法律规制形成解决方案并不断劝说当事人接受调解员的方案。与之相反，调解员遵循了基本的调解原则，运用了很多行之有效的调解技术，从双方当事人的情感基础出发，挖掘当事人的利益诉求，并协助当事人形成方案，最终达成调解。本案当事人主要遵循了调解共赢原则，运用了利用称呼放松当事人的戒备、挖掘立场背后的利益、形成替代性方案、交换和解的形式或名义先行解决部分问题等技巧。

一、利用称呼放松当事人的戒备

在调解开始的阶段不直奔纠纷主题，而是通过一种和缓的方式分别与当事人讨论应该如何称呼双方，并且根据不同的案情确定一个能够让当事人感到受到尊重，又能够放松情绪的称呼；比如，称呼50岁左右姓李的中年男性为"老李"。利用称呼放松当事人的戒备是中国调解和西方调解的共同经验。在中国传统调解中，这个方法运用得比较普遍；西方调解对于该方法给出了原理性的解释，值得调解员学习了解——对人的称呼有抽象化和具象化两种方式，如称呼为"申请人"和"老李"，抽象化的称呼能够带来紧张感和距离感，而具象化的称呼带来放松感并且能够拉近距离。从心理学的角度，"申请人"这样的称呼抽离了当事人作为一个活生生的人所存在的各种品质和特点，强调其作为申请人的特质，自然带来距离感和紧张感。

本案的调解员非常好地利用了称呼来放松当事人的紧张情绪，为案件的顺利调解打下了良好基础。首先，调解员注意到了当事人的敏感心理，在确定对双方当事人的称呼时，一则对等，二则给出了客观理由。本案调解员称呼张建国为"建国兄弟"，称呼李萍为"大姐"。这是因为本案是个邻里纠纷而非商业纠纷，因此这样的称呼能够拉近距离感。这两个称呼的距离程度都差不多，调解员对两人一视同仁，自然两个当事人都能接受。调解员确定张建国的称呼时是这样表述："你是张建国吧？你看我比你大两岁，我喊你建国兄弟可以吧？"这样一句表述有三个值得注意的细节：第一，称呼张建国为建国兄弟是通过较为缓和的语气征求张建国的意见，能够为张建国所接受；第二，核对当事人是不是张建国，能够展示给李萍看调解员事先并不认识张建国；第三，给出了称呼张建国的客观理由——调解员比当事人张建国大两岁。需要强调的是，无论是核对张建国身份还是给出客观理由，话语更多是说给李萍听的，在本案中，李萍更加敏感，可能怀疑调解员的中立性，调解员在亲切称呼张建国时给出客观理由，就能避免李萍的怀疑。

其次，调解员间接点出自己是调解委员会安排的，而非在李萍不知情的情况下由张建国选择的。调解员说"我听我们主任说，建国兄弟是同意选我做调解员的"。这句话说明两点：第一，张建国是同意而非选定调解员进行调解，因此，调解员应该是调解委员会安排的；第二，调解员也是接受领导安排来处理案件，并非自己主动要求调解该案，所以自身与案件没有利害关系。这样一句话，向李萍传递了自己会中立公正处理案件的信息，令李萍无法拒绝其调解。

二、挖掘立场背后的利益

当然，要实现共赢，首先就必须知道当事人真实的利益诉求。因此，调解员挖掘当事人的利益是至关重要的一步，本案的调解员做得非常到位。本案的双方会谈时间比较简短，紧接着就进入了单方会谈。在单方会谈开始后，调解员并没有找出法律条文并依照条文对当事人做解释和劝说工作。比如在与张建国进行第一次单方会谈的时候，调解员并没有说有关重新修建院墙的事情，而是用开放性的问题询问两家的关系如何；而在与李萍进行第一次单方会谈的时候，调解员也是从李萍与张家的小儿子张小明的关系入手。通过多轮的会谈，调解员不但掌握了院墙垮塌的相关事实，还了解到双方发生争议的内在原因。调解员了解到自从张家重建房子之后，两家的关系开始恶化。从李萍的角度出发，主要有三个原因：一是与张家的房子对比起来，自家的房子显得非常寒酸；二是张家对自己的态度变得不友好；三是张家防着自己，不让小明和自己玩。而从张建国的角度出发，主要是因为李萍得了"红眼病"，说话很难听；再者，张建国担心李萍给儿子乱吃东西。正是因为调解员对双方的真正利益诉求都掌握得一清二楚，所以才能协助双方澄清误会，并形成解决方案。可以说本案调解员在挖掘当事人的利益上做得非常到位。

三、形成替代性方案

本案调解员还采用了形成替代性方案的调解方法。在很多案件中，即使调解员能够及时掌握当事人的真实利益诉求，也不见得能够直接形成双方都能接受的和解方案。这时候需要调解员保持思路清晰，能够创造性地提出替代性的方案。本案中，在金钱赔偿的问题上，调解员在经过一两轮单方会谈之后已经促使双方作出一定程度的让步了。比如张建国明确表态不主张重修院墙的费用；而李萍虽然没有明确表态，但是也暗示调解员其主张全部数额仅仅是谈判策略的考虑，可以接受部分赔偿。但是出乎调解员意外的是，在与张建国的后续会谈中，张建国表明完全不能给予赔偿，一分钱都不行。调解员很快明白了张建国态度如此坚决的原因：一两千块钱本身不是什么大事，但是如果给对方赔了哪怕一分钱，就意味着承认自己的过错。虽然调解员试图解释赔偿与过错不是一回事，但是张建国的态度非常坚决。因此本案调解员马上转变了策略，试图提出不用金钱赔偿的方法来解决问题。调解员知道张建国是从事建筑行业工作的，而李萍之所以心态不平衡很大的原因是因为自己家的房子外墙破烂因而显得寒酸。因此调解员试探性地问张建国是否可以接受一种不赔付金钱，但是提供服务的解决方案。因为两家原来的和睦关系，再加上调解员的引导，张建国很痛快地接受了调解员的想法，并自己提出了具体的操作方案。

本案的调解如果调解员不是及时转换策略，而是通过说服教育的方式要求张建国赔偿，就很难达成和解。张建国的想法不见得有道理，但是在农村地区却受到广泛认同。如果张建国愿意赔偿李萍部分医药费的话，在张建国的邻居们看来，无疑是代表他承认对李萍负伤承担责任了。因此调解员是无论如何也说服不了张建国的。本案调解员相当有经验，马上就改变策略，寻找替代性的解决方案，收到了良好的效果。

四、变换和解的形式或名义

变换和解的形式或名义是一种打破僵局的调解方法，一般来说在纠纷涉及面子、情感等问题时往往可以适用。变换和解的形式或名义是指在当事人愿意作出实质让步但是基于面子、情感等原因产生障碍的情况下，变换让步的名义从而打破让步的障碍。

在本案中，张建国家庭富裕，而且和李萍是多年邻居，有达成和解的良好情感基础。但是在张建国的观念里，赔偿李萍是万万不能接受的，张建国愿意给李萍几千元的费用进行治疗，但是不愿意接受张建国"赔偿"李萍的表述——因为是否赔偿涉及责任的认定——在张建国看来，给出赔偿就代表承认自己的过错。如果调解员回避这个问题，提出张建国并非"赔偿"李萍，能否直接打破僵局，形成方案呢？答案是否定的。因为本案中张建国和李萍两家之所以发生纠纷，本来就有意气之争的成分在，所以李萍是无论如何不能接受"没有名分"的"施舍"。从李萍的角度，张建国支付医疗费理所应当，而且支付这笔钱的名义只能是赔偿。

因此只有变换张建国补偿李萍的形式和名义，才能最终解决纠纷。在该案中，最终的和解方案是张建国出材料和人工帮李萍粉刷房屋，而不是赔偿李萍医疗费，纠纷得以解决。变换和解的形式或名义在使用时要注意以下几个问题：首先，该方法是一个典型的打破僵局的方法，因此，不适合在调解开始阶段使用。其次，变换和解的形式和名义必须是当事人愿意作出实质让步，但是无法接受对让步的表述——往往涉及面子或者情感，因此，调解员必须挖掘当事人的心理，了解当事人愿意让步却又存在障碍的理由；同时，调解员还必须与当事人一起思考，如何变换和解的形式和名义。再次，调解员除了考虑让步方能够接受哪种变换后的形式和名义，还必须考虑对方当事人能否接受的问题。因此，一定要处理好和解的形式和名义是否为对方所接受的问题。最后，在涉及法律规则比较明确而和解方案与法律规则有出入的情况，调解员要考虑两个问题：第一，该法律规则是强行性规则还是任意性规则，从法律上是否能采用该方案；第二，向当事人说明调解的自愿性原则，避免和解之后再次产生纠纷。

五、先行解决部分问题

本案的调解员还运用了"先行解决部分问题"的技巧。在一宗案件中当事人有好几项诉求的时候，如果其中的一项或者几项能够先行解决的话，先解决这些诉求往往有利于整个案件的解决。本案虽然案情比较简单，但是当事人也有好几项诉求。比如对张建国来说，他首先要求不赔偿李萍的医药费，其次要求李萍赔偿他重修院墙的费用，最后还要求李萍的儿子陈军赔礼道歉。本案调解员在整个调解过程中都没有分析本案的法律争议：李萍家里地面潮湿是否是由张建国家引起的，李萍是否有权在张家的地面上挖沟，院墙垮塌究竟是因为张家院墙修得不牢固还是李萍挖垮的或是下雨导致的。调解员之所以没有这样做主要有两个原因：第一，事实究竟如何很难判断，调解员如果武断地表明自己的立场就会失去一方的信任；第二，就算能够从法律上分清是非，也不见得有利于争议的解决。比如说本案中，在确认张家是另外开挖了一条沟排水的情况下，调解员认识到李萍家地面潮湿其实与张家没有关系，但是李萍不认可这个观点。这时候调解员并没有明确表示自己的看法，然后建议或者劝说李萍不去挖沟，而是寻求另外的解决办法——看张建国是否能够同意李萍挖沟。但这并不是说调解员不能有立场或者不能表明自己的立场，在有些事项上，表明自己的立场也可以立刻解决该部分问题。本案中，张建国的前两个诉求是否能解决，在调解的开始阶段还是未知数；但是张建国要求陈军道歉，其理由是非常充分的。在这个问题上，调解员表明了自己的立场，明确指出，陈军扬言要采取武力手段教训张建国是不对的，并且问李萍对此是什么意见。李萍表态说要教训陈军，并表示了歉意，因此在第一次双方会谈的阶段，张建国要求陈军道歉的诉求就得到了满足，这进一步推动张建国放弃对重修院墙费用的主张，即调解员先行解决道歉的问题，马上就对解决其他纠纷事项起到了立竿见影的效果。

图书在版编目(CIP)数据

调解经典案例评析/廖永安，覃斌武主编. --北京：中国人民大学出版社，2020.11
（中国调解研究文丛/廖永安总主编. 实务系列）
ISBN 978-7-300-28759-1

Ⅰ.①调… Ⅱ.①廖… ②覃… Ⅲ.①调解（诉讼法）—中国—高等学校—教材
Ⅳ.①D925.114.5

中国版本图书馆 CIP 数据核字（2020）第 216604 号

中国调解研究文丛（实务系列）
总主编　廖永安
调解经典案例评析
主　编　廖永安　覃斌武
副主编　段　明
Tiaojie Jingdian Anli Pingxi

出版发行	中国人民大学出版社		
社　　址	北京中关村大街 31 号	邮政编码	100080
电　　话	010 - 62511242（总编室）	010 - 62511770（质管部）	
	010 - 82501766（邮购部）	010 - 62514148（门市部）	
	010 - 62515195（发行公司）	010 - 62515275（盗版举报）	
网　　址	http://www.crup.com.cn		
经　　销	新华书店		
印　　刷	固安县铭成印刷有限公司		
规　　格	170 mm×228 mm　16 开本	版　　次	2020 年 11 月第 1 版
印　　张	17.25 插页 2	印　　次	2022 年 9 月第 2 次印刷
字　　数	257 000	定　　价	68.00 元